J. H. Steffens

Geschlechts-Geschichte des Hochadelichen Hauses von Campe auf

Isenbüttel

und Wettmarshagen etc.

J. H. Steffens

Geschlechts-Geschichte des Hochadelichen Hauses von Campe auf Isenbüttel
und Wettmarshagen etc.

ISBN/EAN: 9783743477292

Hergestellt in Europa, USA, Kanada, Australien, Japan

Cover: Foto ©ninafisch / pixelio.de

Weitere Bücher finden Sie auf **www.hansebooks.com**

Geschlechts - Geschichte

des

Hochadelichen Hauses

von Campe

auf Isenbüttel und Wettmarshagen ꝛc.

nebst

dazu gehörigen Stammtafeln, Wapen, Siegeln, und
andern gröſten Theils noch ungedruckten Urkunden
und Nachrichten

zuſammen getragen von

J. H. Steffens

Rector der Zell. Schule.

———————————————

Zelle,
gedruckt mit Schulziſchen Schriften. 1783.

Verzeichniß der Kupfer.

Einleitung.

Eigene Verdienste, nebst den angestammten Vorzügen der Geburt und des Alterthums so vieler noch blühenden Adelichen, Rittermäßigen Geschlechter in den Braunschweig-Lüneburgischen Landen, machen dieselben so respectabel, daß es auch schon der Wahl eines Panegyristen oft schwer fallen würde, wenn es darauf ankäme zu entscheiden, welches vor andern reichhaltiger an Stoff für seine Bearbeitung seyn mögte. Verwandt sind sie fast alle unter einander, das eine mehr oder weniger; nur diese Verwandschaft richtig zu bestimmen, die Abstammung der Descendenten von ihren Vorfahren nicht muthmaßlich, sondern mit Gewißheit anzugeben, das Ahnen-Register so weit in die grauen Zeiten zurück zuführen, als die zuverläßigen Quellen reichen, das ist die Arbeit des Genealogisten. Red-

neri-

nerische, weit gesuchte Ausschmückungen werde ich nicht
nöthig haben, da mir aufgetragen ist, die Geschlechts-
Geschichte des weiland Königl. Churfürstl. Braunschweig-Lüneburgischen Herrn Hofrichters zu Zelle,
Herrn Heinrich Wilhelm August von Campe,
Erbherrn auf Isenbüttel, Wettmarshagen und Neun-
hagen, Land- und Licent-Commißär zu Fallersleben,
Oberhauptmann und Amtsvoigt zu Eicklingen, genea-
logisch abzufassen. Denn, sobald man diesen Namen
nennt, weiß auch schon ein jeder, daß dieses Geschlecht
eines der ältesten und ausgebreitesten in den hiesigen
benachbarten Landen sey; aber um so viel schwerer wird
die Vollführung.

Bekanntermaßen sind seit langen Zeiten die Herren von Campen und von dem Campe auf Isenbüttel und Wettmarshagen nicht die einzigen, welche
diesen Geschlechts-Namen führen; man weiß, daß noch
andere gleiches Namens in dem Herzogthum Bremen,
jetzt zu Aschwerden ihren Sitz haben *a*).
Andere im Herzogthum Wolfenbüttel, auf Kirchberg, *b*) andere in der ehemaligen Grafschaft Eberstein, auf Deensen, *c*) noch andere in der Grafschaft Wölpe, zum Poggenhagen, *d*) derer zu geschweigen, die unter eben diesem Namen zu Bremen, Lübek
und Lüneburg Patricien gewesen sind.

Soll-

a) Ihre Genealogie beschreibt Mushard in monumen-
tis Nobil. Bremens. p. 178.
b) Harenbergs histor. Gandersch. p. 1041, 1554, 1369.
c) Letzners Daßelsche Chronik. p. 188.
d) Scheidts Anmerkung zu Mosers Staatsrechte. p. 406.

„Sollten" wenn aber diese verschiebene Familien
wol so sehr von einander unterschieben seyn, daß sie
sich gar nicht in einem Stamme vereinigen ließen?
Es wäre zu wünschen, daß der orthographische Unterschied in den Namen Campe, Campen, Kom-
pe, e) von einiger Bedeutung seyn möchte. Man
könnte wenigstens bei einigen Vorfällen etwas apo-
dictischer verfahren; man könnte alsdann, die Wappen
zu Hülfe genommen, also bald wissen, bei welcher Familie eine in den Documenten gefundene Person zu
suchen sei. Aber wird in den Urkunden auch das
Wappen gesagt? Und wenn auch das wäre, würde
sich aus den Wappen, wie sie jetzt sind, die Abstammung von dem Hauptstamme allezeit errathen lassen?

Es könnte geschehen, wenn sie nicht von jeher
so vielen Abänderungen unterworfen gewesen wären.
Fast eben so oft, als eine Stamm=Linie sich trennte,
und sich in verschiedene Zweige oder Neben=Linien

A 2

aus-

e) Letzners Daßelsche Chronik p. 188. In unsern Lüneburgischen Vaterlande hat man drey unterschiedliche
Adelgeschlechter, so die von Campe, etliche von Campen genannt werden; sie sind aber nicht alle einerley
Geschlechts und Herkommens, wie das die Wappen,
die Oerter, da sie wohnen, und die Final=Buchstaben
e und n klärlich unterscheiden. Die Etymologie des
Namens bleibt um deswegen doch immer dieselbe, und
es ist sehr wahrscheinlich, daß nicht die Oerter von dem
Besitzern, sondern umgekehrt, die Besitzer oft von den
Oertern dieselben angenommen haben; dergleichen
Beyspiele Pfeffinger in Vitriario illustrato T. II. p.
842 : 845 in großer Menge anführt.

4

ausbreitete, wurden auch einige Aenderungen in Ansehung der Stammzeichen, Zierrathen und Farbe gemacht. Bald ward etwas weggelassen, bald etwas hinzugesetzt, das etwa eine Beziehung auf die Aquisition neuer Dynastien, Lehn, oder erheyrathete Güter hatte. Dem besten Turnier-Voigte und Ehren-Holden *ee*) würde es vielleicht schwer, ja wol gar unmöglich fallen, bloß aus dem vorgezeigten Wappen mit Gewisheit zu entscheiden, zu welcher von den erstgenannten Linien oder Zweigen der von Campen, dieser oder jener zu rechnen sei, und noch viel weniger läßt sich daraus das Ahnen-Register bis in die ältesten Zeiten zurückführen. So sehr verändert sind die Stamm-Zeichen der Wappen mit den Namen auf unsere Zeiten gelanget. So hatte z. E. Ascho unter dem Namen Aschuini de Blankenborch im Jahr 1346 das Wappen mit einem Hirsch vermehrt, welches Jordanus de Campok noch im Jahr 1305

in

---

ee) Die Turnier waren in den mittlern Zeiten zur Uebung der Ritterschaft angestellte Kämpfe. Es ward niemand zugelassen, dem ein Ritterlicher Mann den Kampf weigern konnte, niemand, er sei denn von seinen vier Ahnen, Vater und Mutter edel, d. i. von väterlicher und mütterlicher Seite vier Ahnen aufweisen könnte. Die Alten waren darauf sehr aufmerksam. Es waren dazu eigene Turnier-Voigte und Ehrenholden bestellt, welche auf alle und jede Wappen zeigen, auf Balken und Sparren genau Acht geben, und solche untersuchen mußten, damit eines jeden Geschlecht daraus mögte erkannt werden, ob es ein Schild- oder Wappen-Genosse sey. Die Turniere sind zwar im Jahr 1487 in

in der Gestalt eines alten teutschen dreieckigten
Schilds geführt hatte, und gleichwohl waren beide
von einer Familie. Nach der Hand ist dieses Wappen auch noch mit einer Säule, Pfauenfedern und
andern Zierrathen bereichert worden f).

Wenn es blos mit der Aehnlichkeit des Namens ausgerichtet wäre, und man mit Wortspielen
zufrieden seyn wollte, so ließ sich vielleicht eben derselbe edle Römer Oselarius, der schon im Anfange
des ersten Jahrhunderts soll gelebt haben, eben so
leicht zum ersten Ahn-Herrn der Herrn von Campe
machen, als er für den Stamm-Vater der jetzt noch
noch blühenden adelichen Familie von Uslar angegeben wird. Denn von ihm soll Oslarius oder Uslarius de Doro Campo abstammen. Dieser wird
A 3   in

Abgang gerathen, aber hernach sind statt ihrer an Höfen die Caroussels, Ringekennen u. d. gl. eingeführet
worden. Diejenigen, die dazu gelassen wurden, müßten
ihren Geburts-Adel nicht blos mit 4 Ahnen beweisen,
sondern von väterlicher und mütterlicher Seite 8, und
endlich gar 16, und also insgesammt 32 Ahnen beibringen, und zwar nach dem Exempel der Dohm-Stif-
ter, welche, um den neuen Adel auszuschliessen, und den
Beweiß des alten Stiftsmäßigen Geburts-Adels zu er-
schweren, diese Zahl erst vestgesetzt haben. Cramer de
jurib. nobilitatis ævitæ. p. 353. 354. Strubens Nebenstunden, 3ter Theil, 21ste Abhandlungen, §. 8. Joh.
Mich. v. Loen Abhandlung vom Adel p. 168, 200. Franz
Telgmanns Abhandlung von der Ahnen-Zahl, §. 3. p. 64.
f) Joh. F. Pfeffingers Braunschw. Lüneb. Historie, 1ster
Theil. p. 6.

n Uslar von Doerfeld umgeschaffen, und zum ersten Besitzer des Hauses Kirchberg gemacht g). Wenn
gegen diese Deduction nichts zu erinnern wäre, so
würde freilich wol kein adeliches Geschlecht das von
Uslar an Alterthum übertreffen; es würden doch aber
immer die Herrn von Campen oder Campe, gleiche
Ansprüche auf dasselbe machen können. Denn da
der Name de Campo und von Campe einerlei bedeuten, so käme es nur darauf an, daß man dessen
Vornamen anzugeben wüßte, der den Zunamen von
Campe zuerst angenommen, und in welchem Jahr
es geschehen sei, daß sich beide Familien von einander getrennt hätten.

Dies ausfündig zu machen, gebe ich in Ermangelung hinlänglicher Urkunden alle Hofnung auf, und
überdem, wo sind die Urkunden, die uns wegen der
Abstammung von jenem edlen Römer Oselarius die
Gewähr leisten mögten? "Ich sage es frei, dieß sind
"die Worte eines verdienstvollen adelichen Schriftstel-
"lers, h) "daß ich noch wenig Stammregister gese-
"hen, deren richtige Proben über sechs bis sieben hun-
"dert Jahre hinausgelaufen wären. — Ich muß
"lachen, wenn einige teutsche Geschlechter sich von den
"alten Porciern, Gemmiern, Fabiern, Lentulieren,
Per-

g) Auf dieser Angabe in einer gedruckten Leichenpredigt auf
  Friedrich Franz von Uslar, der 1653 zu Braunschweig
  gestorben und begraben ist, gründet sich vermuthlich auch
  der in Kupfer gestochene Stammbaum der Uslarischen
  Familie.

h) v. Loen in der Abhandlung vom Abel. p. 164.

"Perleones u. f. w. herschreiben. — Eben so lustig
"ist es zu lesen, wenn man alle unsere Durchlauch-
"tigen Häuser, von den Carolingen, oder von den
"Wittekinden herleitet. Das beste ist, daß alle diese
"Abstammungen weiter keine Rechte nach sich ziehen,
"und also auch keines rechtsgültigen Beweises bedürfen.

"Spangenberg, Bucelinus, Bütkens, Ham-
"melmann, Reusner, Rittershausen, Schönleben,
"Imhoff, Spener, Lapriß, Humbracht, Herrgott
"und andere Genealogisten, welche den Ursprung der
"ältesten Geschlechter in Europa beschrieben haben,
"gelten hier weiter nichts, als die Proben, die sie
"mit einem historischen Glauben beybringen können.

Die Geschichtskunde gestattet keine bloße Muthmaßung, und wir sind über die Zeiten hinaus, da
sie nur eine Beschäftigung der Mönche in den Klöstern war. Wie viel Fabeln haben uns die nicht
hinterlassen, und gleichwol ist es gut, daß wir sie
haben. Sie dienen wenigstens dazu, manche Lücke
auszufüllen, und bisweilen bringen sie uns auch wol
auf die Wahrheit. Hätten unsere adelichen Geschlechter
etwas früher angefangen, für ihre Familien-Ar-
chive zu sorgen, und sich nicht blos damit begnügt, ihre
Ahnen nur so weit in ein Register oder einen Stamm-
Baum tragen zu lassen, als es etwa die Lehnsfolge
erforderte, oder die legitimation zu einem Kloster-Plaße
für die Fräuleins es nöthig machte, so würde das
freilich dem Genealogisten die Arbeit sehr erleichtern.

Wo aber das nicht ist, da müssen unzählige
Documente oft vergeblich durchgesucht werden, um

eini-

einige zu den vorhabenden Geschlechte gehörende Namen aus den ältern Zeiten auf zu spüren, und ist
davon eine beträgtliche Anzahl gefunden, so ist man
noch nicht versichert, ob sich nicht irgendwo noch andere aufhalten; alte Chroniken, alte Kauf- und
Lehns-Briefe, Receße, Vergleiche, Verschenkun-
gen, Ehepacten, Registraturen u. d. gl. halbver-
moderte Papiere, wo sie zu haben sind, Grabschrif-
ten, Personalien, Wappen in den Kirchen, Fenster-
scheiben u. d. gl. thun alsdann oft unerwartet die be-
ßesten Dienste, einen Zusammenhang herauszubrin-
gen, wenn sie mit der Zeit-Rechnung verglichen werden. Auch damit ist noch nicht alles bei so verschiedenen Familien, von eben demselben Namen, ausgerichtet. Der bloße Name der von Campe allein
genommen, ist an sich nicht so characteristisch, daß
nicht gar leicht die eine Familie mit der andern könnte verwechselt werden. Wie oft muß man nicht da
im Finstern tappen, wenn in den Urkunden weiter
nichts, als der bloße Name, ohne alle Zusätze angeführt wird. Der Ritter-Sitz, militairische Beinamen, Hofämter und andere Benennungen, sind die
gewöhnlichsten Unterscheidungs-Zeichen i), und wenn die
nicht angegeben werden, müßen bloß einige Neben-
umstände, die sich aber auch nicht allemal so leicht
finden lassen, die Spur zur Wahrheit zeigen. Nachdem Plane, dem ich bei dieser Geschlechts-Geschichte
zu folgen gedenke, zerlegt sich dieselbe in folgende Theile.

Erster

---

i) Ein Verzeichniß der Vorzehmsten wird hinten beygefügt,

Erster Theil.

Enthält die Geschlechts-Folge der von Campe auf Isenbüttel und Wettmarshagen.

Abschnitt I. So lange sie nur noch unter dem Namen der von Blankenburg vorkommen, nämlich von 1163 bis 1230.

Abschnitt II. Seitdem diese Familie angefangen hat den Namen von Campe zuführen, bis auf die Zeit, da sie zu Isenbüttel ihren Sitz genommen, von 1230 bis 1367.

Abschnitt. III. Erzählt die merkwürdigsten Umstände der Isenbüttelschen von Campen, bis auf unsere Zeit 1367-1782.

Zweiter Theil.

Von den Wappen und Branchen dieser Familie.

Abschnitt I. Macht die alten und neuen Wappen vorstellig.

Abschnitt II. Macht die Branchen nahmhaft, die mit der Campischen Linie einerlei Wappen führen.

    A. Die Bodenteichische.

    B. Die zu Nendorff.

    C. Die übrigen, nämlich die zu H. elingsberg, Löwensberge, Gersdorf und Elbingerode.

Abschnitt III. Bringt von den übrigen Campischen Hauptlinien so viel bei, als sich hier thun läßt.

    I. Der Deensische oder Stadt Oldendorp.

    II. Der von Poggenhagen.

    III. Der Kirchbergischen.

    IV. Der Brem- und Städischen.

B   Drit-

Dritter Theil.

Abschnitt I. Enthält einige größten Theils ungedruckte Urkunden und Nachrichten.
Abschnitt II. Erklärt einige vorkommende Beinahmen und Erb=Hof=Aemter.

Des ersten Theils
erster Abschnitt.

---

§. 1.

Vorausgesetzt, daß jetzige Braunschweigsche Amthaus Campe sei der Ort von dem die Herren von Campe auf Isenbüttel entweder den Namen erhalten, oder dem sie denselben gegeben; so
läßt sich doch hieraus nicht erzwingen, daß hier der
erste Anfang dieser sich in so vielen Seitenlinien ausgebreiteten Familie zu suchen sey. Wenn das wäre,
so würde Balduin, dessen zuerst im Jahre 1221,
nebst seinem Bruder Jordan gedacht wird *a*), der
1230 das Kreuz=Kloster bey Braunschweig soll angelegt haben *b*), und dessen in so manchen Urkunden unter
dem Namen von Campe gedacht wird: so müßte,
sage ich, derselbe der älteste Ahnherr dieser Familie
seyn.

Aber

---

a) Braunschw. Anzeigen vom Jahr 1751, p. 1091 - 1092.
b) Leibniz h. Br. T. II. narrat. de fundatione, hujus monasterii, Meibom. T. III. p. 553.

Aber eben dieſer Balduin von Campe heißet
in den Urkunden auch eben ſo oft Balduin von
Blankenburg, führet mit den damaligen Herrn
von Blankenburg einerlei Wappen c), und vermacht
1244 zu Anlegung einer Kirche und Pfarre zu Stein=
horſt, in der Inſpection Giffhorn, einen gewiſſen Ze=
henten d).

§. 2.

Sollte ſich nicht auch ſchon aus dieſen Umſtän=
den zuſammen genommen die Wahrſcheinlichkeit zu ei=
ner Gewisheit erhöhen, daß die damalige Campiſche
und Iſenbüttelſche Familie der Herrn von Campe
nichts anders ſei, als eine fortgeſetzte Linie der edlen
Herren von Blankenburg, die aus unbekannten Urſa=
chen, mit dem Grafen einerlei Namen und auch wol
etwas Aehnlichkeit in dem Wappen geführet haben e)?
Blos die Veränderung der Land=Sitze hat alſo die
Veränderung der Namen hervorgebracht.

§. 3.

Es kann ſeyn, daß die Abſtammung dieſer Her=
ren von Blankenburg noch wol weiter, als bis in die
Carolingiſchen Zeiten zurück reichet; wer getrauet ſich
B 2   aber

c) Br. Anzeigen 1747, p. 1668.
d) Die von dem Hildesheimſchen Biſchofe Conrad con-
firmirte donation iſt hinten N. 1. beygefügt.   Siehe
auch Hofmanns Regenten=Saal, p. 633.
e) Verſchiedene Namen der damaligen Grafen von Blan=
kenburg werden im Originibus Guelff T. IV. p. 191.
angeführet. Auch in der lüneburgiſche Amtsvoigtei Eſſel

aber jene Dunkelheit mit einigem Glücke zu durchdringen? Da wir uns nicht mit Muthmaßungen befangen wollen, so begnügen wir uns, da anzufangen, wo man mit Gewißheit anfangen kann.

1164 Schon im Jahr 1164 waren *Anno* de Blankenburg und *Ludolfus* de Blankenburg, jener als Camerarius, und dieser als dapifer am Hofe Herzogs, Heinrich, des Löwen.

Beide werden in dem Documente als Zeugen angeführt, als dieser große Fürst, den Jütländern (Gutensibus) und besonders den Wisbyer Seefahrern einige Freiheiten ertheilte f). Im Jahr 1164 wird Jordan und sein Bruder Jusarius (Jurius), beide aus dem Geschlechte der von Blankenburg, als Zeugen nahmhaft gemacht, da der Herzog Heinrich, das von seiner Groß-Mutter, der Kaiserin,

Ri-

ist noch ein Dorf oder Hof, Blankenburg, anzutreffen, welches wenigstens beweiset, daß dieser Name in den hiesigen Gegenden nicht ganz fremde gewesen sei. Auch bei Halberstadt soll ein Ort lütgen Blankenburg liegen, wo vielleicht der Sitz dieser adelichen Familie gewesen ist. Es ist mehr malen geschehn, daß sich adeliche Familien von den Schlössern, welche ihre besondere Grafen gleiches Namens zu Eigenthümern gehabt, geschrieben, weil sie Castrensis oder sonst Eingesessene daselbst gewesen sind. (Histor. Anmerkungen aus einem Mspt. des Herzogl. Braunschw. Geheimenraths, Herrn von Praun, 1750.)

f) O. G. T. III. p. 490. Rathleff von den ältesten Hof-Aemtern der Durchl. Häuser Br. Lüneb. § 19. p. 21.

Richenza, dotirte Kloster zu Northeim in seinen Schutz nahm g). Diese beiden Edelleute waren vorzügliche Günstlinge des Herzogs, und ob sie schon sich nicht durch militairische Ehren-Titel *), die erst in der Folge mehr in die Mode kamen, auszeichneten, so erwecket doch das schon eine große Meinung von ihnen, daß sie fast beständig an der Seite dieses Heldenmüthigen Fürsten waren. Ohne Zweifel waren sie auch mit unter den vielen Comitibus, et Nobilibus fere omnium circum jacentium pro- **1168** vinciarum et omnibus Ministerialibus, als der Herzog seine Königliche Braut Mathilde zu Minden heimhohlte h).

Im Jahr 1170 stiftet und beschencket der Her- **1170** zog eine Kirche zu Schwerin, und Jordan als Dapifer und Ministerialis steht unter den Zeugen i).

B 3   In

g) O. G. T. III. p. 424.

*) Dergleichen Benennungen waren: Miles, Famulus, Servus, Nobilis. Scheidt de nobilitate in praefat. ad Mantissam documentorum p. IX. Ministeriales bezeichnen solche Adeliche, die entweder im Kriege oder am Hofe ihr Glück machen konnten, die gezwungen waren einen Erb-Herrn zu dienen, übrigens aber gleiche Vorrechte mit den ganz Freien hatten, und die vornehmsten Bedienungen bekleideten. Zu den adelichen Hof-Beamten gehörten Marschalle, (Mareschalli) Truchsesse oder Drosten, (Dapiferi) Schenken, (princernae) Cammerer. (camerarii) Hinten wird mehr von ihnen gesagt werden.

h) O. G. ib. 591.

i) ibidem p. 513.

In eben demselben Jahre vertauschte der Herzog einige Güter zu Northeim; unter den dabei angeführten Zeugen stehen, Jordan Dapifer und Anno Camerarius *k*). Auch bestätiget der Herzog in demselben Jahre, die unter den Slaven drei angelegte Bisthümer Lübeck, Schwerin, Ratzeburg, und dabei ist der Dapifer Jordan nebst dem Bruder Jusarius, der hier Notarius genannt wird, Zeuge.

1171   Nicht weniger bezeuget dieser Jordan 1171, daß der Herzog einem gewissen von Machtenstäte die Erlaubniß gegeben, in einer niedrigen Gegend bei Bremen an der Weser, Dörfer nach holländischer
1172 Weise anzulegen *l*). Und als der Herzog 1172 eine Wallfahrt über Regensburg, Wien, Gran, Adrianopel, Constantinopel nach Jerusalem unternahm, befanden sich auch in dieser ansehnlichen Suite von Bischöfen, Prälaten, Grafen, Freien und Ministerialen, die Günstlinge Jusarius und Jordan. Der Günstling Jordan wäre aber bei der Ueberfahrt über die Donau beinahe ertruncken, wenn er sich nicht durchs Swimmen gerettet hätte *m*), und als der Herzog nach einigen Aufenthalt zu Constantinopel die Reise fortsetzte, und zu Jerusalem das heilige Grab mit 3 Lampen beschenket, und andere milde Stiftungen gemacht hatte, waren Zeugen die Geistlichen des Grabes, und de homini-

k) ibidem, p. 513.
l) Rathlef von den Hof-Aemtern, p. 25.
m) ibidem, p. 75.

minibus des Herzogs, unter andern *Jordanus* dapifer und *Jusarius* frater ejus *n*). Beide folgten
auch im Jahr 1175 ihrem Landesherrn nach Baiern 1175
und Italien, und waren mit dabei, als dem Kloster
Chremesmünster in Oberöstereich gewisse Schenkungen
bestätiget wurden *o*). Ja der Abt von Urspergen *p*)
meldet so gar, ein gewisser officialis ipsius ducis,
dies war Jordan, sei gegenwärtig gewesen, als der
Kaiser Friedrich I. den Herzog um seinen persönlichen
Beistand zu einem italiänischen Feldzuge angespro-
chen, und da der Kaiser bei der Verweigerung dieser
Hülfe, sich so gar auf die Knie habe werfen wollen,
der Herzog aber solche Demüthigung verbethen hätte,
habe Jordan zum Herzog gesagt: sinite, Domine,
ut corona imperialis veniat vobis ad pedes,
quia venit ad caput.

Noch im eben dem Jahre genehmiget der Herzog
dem Aegidien Kloster zu Braunschweig die von Ludolph
von Peine gemachte Schenkung, und dabei werden
Jordanus dapifer und Jusarius frater suus unter
den Zeugen nahmhaft gemacht *q*).

§ 4.

Der Herzog Heinrich der Löwe starb zwar erst im
Jahr 1195, aber in diesen 20 Jahren erscheinet *Jor-*
B 4 *danus*

n) ibidem, p. 75 et 517. Rathlef p. 25.
o) ibidem, p. 524.
p) in O. G. p. 85.
q) O. G. p. 531.

danus dapifer nur noch ein paarmal in den Urkunden,
1190 nämlich 1190 zu Schönigen, als der Herzog einige
Güter mit dem Kloster Riddagshausen vertauschte *r*),
1191 und zulezt 1191 in einem Documente, welches der
Herzog nebst seinem ältesten Sohne, Heinrich, dem
Pfalz = Grafen dem Kloster Walkenried, wegen des
Ankaufs einiger Güter hat ausfertigen lassen *s*). Bekanntermaßen waren inzwischen solche Unruhen einge-
treten, die diesen großen Fürsten nöthigten zweimal
aus seinen Ländern zu weichen, und da wird der Hof-
Staat gewiß sehr eingeschränckt gewesen seyn. Man
findet keine Nachricht, wo die sämtlichen Hof = Bediente
des Herzogs geblieben sind. Es kommen zwar in den meisten folgenden Jahren bis 1225 noch immer Jordans
und Jusarier vor; wenn es aber dieselben sollten gewesen
seyn, die seit 1164 am Hofe gewesen, so müßten sie ein
ungewöhnliches hohes Alter erreicht, und über 60 Jahre
dem Herzoge gedienet haben. Der Jordanus Dapifer
und sein Bruder Jusarius bei Heinrich dem Löwen
von 1164, müssen also wahrscheinlich von dem Jordan cum fratre Jusario unterschieden seyn, welche
der alte Herzog seinen 3 Söhnen 1195 hinterließ *t*).

§. 5.

r) O. G. T. III. p. 560.

s) ibidem, p. 573.

t) Dies ist die gegründete Anmerkung des oft angeführten Herrn Ratheleffs, §. 43. p. 41. und vermuthet er
noch, daß diese beide im Geschlechte de Blankenburg so
gewöhnliche Namen, etwa Familien = Namen könnten
gewesen seyn.

§ 5.

Von diesen 3 Prinzen war Heinrich der Pfalz-
Graf der älteste. Als das Haupt des fürstlichen Hauses führte er in den ersten Jahren über die unzertheil-
ten Erblande die Regierung allein; und so lange blieb es
mit den Hof-Bedienten vermuthlich in statu quo. Aber
nun war Otto 1198 zum römischen Kaiser erwählt worden, und verschiedene Umstände machten es nothwen-
dig, daß sich die Brüder auseinander setzen musten.
Das geschahe auch im Jahr 1203. Es läßt sich
nicht genau angeben, wie lange die alten Hof-Bedienten, Anno, Jordan und Jusarius gelebt haben.
Sind sie unter der einseitigen Regierung des Pfalz-Grafen nicht mehr da gewesen, wie es scheint: so waren
doch die Gebrüder Jordan II. und Jusarius II. an ihren
Platz gekommen. Ob aber Jordan I. oder Jusarius I. ihr
Vater gewesen? Das ist noch nicht ausgemacht, das erste
ist glaublicher. Genug 1196 bestättigt Heinrich, der 1196
Pfalz-Graf zu Braunschweig, einen Verkauf, und da
wird Jordanus dapifer, es sei nun der Vater
oder Sohn, als Zeuge angeführt u). In eben dem
Jahre bezeugen *Jordanus* dapifer und Anno von
Blankenburg die Bestätigung des Verkaufs einiger
Güter an das Kloster Ribdagshausen x), und als
1197 in subsidium peregrinationis eine Summe 1197
von dem Kloster Marienthal mußte angeliehen werden,
wird in der Verschreibung nebst vielen andern Zeugen

C   auch

u) O. G. ibidem p. 606.
x) ibidem p. 607.

auch Jordanus dapifer nahmhaft gemacht *η*). Auch
1199 1199 stehet Jordan in einem Schenkungs=Briefe
für Ridbagshausen unter den Zeugen mit oben an *a*).
1200 Im Jahre 1200 sind in einem Schenkungs=Briefe
für Walkenried Jordan und Jusarius Zeugen *h*).
Der Erzbischof, Adolf von Cöln, hatte dem Kaiser Otto
bei der Kaiserl. Wahl viel Gefälligkeiten erwiesen, und
zur Erkenntlichkeit hatte ihm der Prinz mit Genehmi=
gung der Brüder einige importante Güter in Engern
und Westphalen abgetreten. Und in dem darüber 1200
ausgestellten Recesse, mußte der Pincerna Jusarius,
nebst vielen andern sich eidlich verpflichten, dafür zu
sorgen, daß diese Verschenkung von den Brüdern nicht
angefochten würde *c*).

§. 6.

1203 Man hätte denken sollen, daß durch die 1203
gemachte Theilung unter den 3 Prinzen einjeder auch
seine Hofämter mit solchen Männern würde besetzt ha=
ben, die in dem zugefallenen Theile zu Hause gehörten.
Das war auch in dem Erbtheilungs=Vergleiche aus=
gemacht *d*). Der Pfalz=Graf, Heinrich, nahm Göt=
tingen, Nordtheim, Einbeck, Hannover, Zelle, Sta=
de, der römische Kaiser, Otto, behielt Braunschweig,
den Harz, und die an Heinrichs Erbtheil angrenzende
Länder, bis über Göttingen hinaus, Wilhelm aber
bekam

η) ibidem, p. 616.
a) ibidem, p. 621.
b) ibidem, p. 624.
c) ibidem, p. 763.
d) ibidem, p. 630.

bekam Lüneburg und den Elbstrich bis Hißacker, und auch Blankenburg, Regenstein, Leveberg, Heimburg, & totam proprietatem in Nendorp et omnes Ministeriales, qui intra praefatos terminos commorantur, præter *Jordanum*, et *Jusarium* et *Annonem.* Ein sehr merkwürdiger Umstand! davon sich aber die Ursach nicht völlig errathen läßt. Genug, gedachte 3 Männer blieben am Hofe der ältern Brüder in der Nähe bei Braunschweig, und vielleicht ist dies die Veranlassung gewesen, daß nach der Zeit der Siz der Herren von Blankenburg nach Campen ist verlegt worden.

§. 7.

Schon im Jahre 1204 nennet der Pfalz-Graf, Heinrich, Jordanum, ohne Zweifel den 2ten dieses Namens seinen dapifer, und überläßt mit väterlicher Einwilligung den Sohn, Jordan III. dem Kaiser Otto zum Ministerialis *e*), den er 1219 in Vergleichung mit dem Vater Jordanum juvenem nennet. Dieser Jordan der II. starb etwa ums Jahr 1222, und hinterließ fünf Söhne, Jordan den dritten dieses Namens oder juvenem, Boldewin, Jusarius, Lothevicus und Johannes. Jordan war wieder Dapifer, und Jusarius Pincerna. Inzwischen hatte der Tod gewaltige Revolutionen in dem fürstlichen Hause verursachet, die auch einen starken Einfluß in die Familie der Herren von Blankenburg hatten.

Herzog Wilhelm war 1212 mit Hinterlassung eines einzigen unmündigen Prinzen von zarten Jahren ge-

1204

1222

C 2

e) ibidem, p. 630.

geſtorben. Der Prinz hieß Otto, und in der Geſchichte hat er den Beinamen, Kind, beſtändig beibehalten. Unter dem Titul der Vormundſchaft gehörte dem Pfalz-Grafen Heinrich auch die Regierung
des Lüneburgiſchen Landes. Sechs Jahre hernach
ſtarb auch der Bruder, Kaiſer Otto IV., und nun
war das ganze Erb-Herzogthum, Heinrichs des Löwen,
gewiſſermaſſen in ſeine Hände gekommen. Der Pfalz-
Graf, Heinrich, ſtarb endlich gleichfalls 1227, und in
dieſer Zeit fehlte es dem Herrn von Blankenburg nicht
ganz an Gelegenheit, ſich an dem Hofe ihres Landesherrn zu zeigen.

1218   Im Jahr 1218, gleich nach dem Tode Kaiſers Otto, ſtiftete Heinrich Seelen-Meſſen zu Braunſchweig für
denſelben, und davon iſt nebſt vielen andern Zeuge
Jordanus dapifer *f*), und in einer andern Urkunde
dieſer Art, vom Hildesheimiſchen Biſchof Siegfried
wegen eines gewiſſen Vermächtniſſes vom Kaiſer Otto
an die Braunſchweigiſche Kirche S. Blaſii, ſind Zeugen *Jordanis* dapifer, und *Jordanis* filius ejus.

1219   Werden in einer Urkunde wegen Stade 1219 als
Zeugen nahmhaft gemacht: Lotharius, oder vielmehr
Juſarius pincerna, *Jordanis* juvenis *g*).

1221   Confirmirt der Pfalzgraf, Heinrich, den Verkauf
einiger Grundſtücke an die Kirche zu Nendorp, und
deſſen ſind Zeugen *Jordanus* dapifer, Baldewinus, juvenis (filius Jordani) *h*).

Giebt

f) O. G. T. III. p. 661.
g) ibidem, p. 664.
h) ibidem, p. 691.

Giebt der Pfalz-Graf seine Einwilligung, daß 1222
die Herren von Sülinge einige Ländereien in Hollen-
stadt, dem Kloster Fredesloh, verkaufen, und Jordanis
dapifer ist Zeuge i).

Im folgendem Jahre 1223 bestätigt der Pfalz- 1223
Graf eine Donation seiner Mutter, Mathilde, die sie
noch bei Lebzeiten ihres Gemahls dem Altar S. Mariæ
zu S. Blasii in Braunschweig gemacht hatte, und das
bezeugen nebst vielen andern Jordanus dapifer und
Baldewinus frater suus k). Dieser Balduin ist
auch vermuthlich der Stamm-Vater der von Herlingsberg, so wie von dessen Bruder Jusarius die Schenken von Nendorf abstammen.

In einer Urkunde vom Jahre 1224, worin der 1224
Verkauf eines Gartens an die S. Blasii-Kirche bestätigt wird, ist Jordanus dapifer noster, und Baldewinus frater dapiferi, Zeuge l).

In eben dem Jahre wird dem Kloster Marien-
berg ein wüstes Dorf geschenket, das hilft mit bezeugen
Jordanus dapifer m).

Der Probst zu Einbeck verkauft in eben dem Jahre etliche zu weit entlegene Grund-Stücke an den Abt
de Lapide S. Michaelis, um nähere zu kaufen, und
in der Bestätigung dieses Contracts ist Jordanus
dapifer Zeuge n).

C 3 Der

i) ibidem, p. 694.
k) ibidem, p. 677.
l) ibidem, p. 645.
m) ibidem, p. 606.
n) ibidem, p. 697.

Der Pfalz-Graf schenket in eben dem Jahre der Kirche zu Rendorp, im Höyischen, das Eigenthum der Güter in Linsberg, die ein gewisser Vasall aufgekündigt hatte. Solches bezeugen Jordanus dapifer o).

1225 Der Pfalz-Graf schenket 1225 dem Kloster Schinna, im Höyischen, seine Güter in Weltwidel, und das bezeuget *Jordanus,* dapifer noster p).

Auch die in eben dem Jahre dem Kloster Walkenried von eben demselben gemachte reiche Donation bezeugen Jordanus dapifer noster, Baldewin frater Jordanis dapiferi, Jusarius pincerna q)

1226 Vertauscht der Pfalz-Grafetliche Güter mit dem Abbate Vallis S. Mariæ, und Jordanis dapifer ist Zeuge r). In eben dem Jahre verleihet der Pfalz-Graf der Kirche S. Cyriaci die ihm resignirte advocatiam in Dennendorp, und dessen sind Zeugen, Jordanis dapifer, *Johannes* de Blankenbork, *Jusarius* frater dapiferi s).

Nicht weniger sind Jordanis dapifer noster, et fratres sui *Balduinus* et *Jusarius* in eben dem Jahre Zeugen, daß den Mönchen in villa Pollede die acquirirten Güter bestätigt werden t).

Und

o) ibidem, p. 698.
p) ibidem, p. 698.
q) ibidem, p. 699.
r) ibidem, p. 709.
s) ibidem, p. 712.
t) ibidem, p. 713.

Und endlich bestätigt auch der Pfalz = Graf,
Heinrich, auctoritate Regia et sua donationem
Schinuensem u)

§. 8.

Nun war auch der Pfalz = Graf, Heinrich, 1227 1227
gestorben, und Herzog Otto, das Kind hatte nun auch
alles, und zugleich auch alle Hof = Bedienten seiner bei=
den Onkels geerbt. Alle kan er sie nicht zugleich ge=
braucht haben, sondern es ist zu vermuthen, daß er sich
nach seinem verschiedenen Hoflager bald dieser, bald
jener werde bedient haben a)

Es ist hier der Ort nicht, sie alle nahmhaft zu ma=
chen, die in den Urkunden vorkommen; Nur die aus
der Blankenburgischen Familie dürfen nicht über=
gangen werden.

Im Jahre 1229 ermahnet der Herzog, Otto, die 1229
Einwohner zu Göttingen zur Treue gegen ihn, und ver=
spricht ihnen seinen Schutz. Die Mittels = Person ist
Bernhard von Hardenberg, und unter den Zeugen be=
finden sich Jordanis dapifer und Balduinus sein
Bruder b)

Im Jahre 1233 verspricht der Herzog der Aeb= 1233
tißin zu Gandersheim eine Ersetzung des Schadens,
den das Kloster während seiner Schwerinischen Gefan=
genschaf erlitten hatte, und Jordanis dapifer

C 4   stehet

u) ibidem, p. 678.
a) Rathlef l. c. p. 46.
b) O. G. T. IV. p. 112.

ſtehet mit unter den Zeugen c). Auch war dieſer
1234 Jordanis 1234 bei Ausfertigung eines Reglements,
wegen der alten Nonnen gegenwärtig. In eben dem
Jahre 1234 kündigt Baldewin de Blankenborg zugleich mit Henrico von Oſingen, Hertmann de Os-
berneshuſen und Johann de Wienhuſen der Aeb-
tißinn von Quedlinburg das Lehn Soltau auf.
(Erat. Cod. dipl. Quedlinb. p. 158) und iſt daher
glaublich, daß gedachte drei, Baldewins Schwäger
oder Schwiegerſöhne geweſen ſind.

1235   Unterſchreibt Jordanis dapifer eine Urkunde
zu Braunſchweig, in welcher Graf Sigtrid von Oſter-
burg dem Herzoge ſeine 2 Allodial-Güter, Olenſtorp
und Lengete, überläßt d). Und Juſarius pincerna
nebſt Jordano dapifero bezeugen zu Braunſchweig in
eben dem Jahre, daß der Herzog den Canonicis S.
Blaſii, pro denariis piſcinalibus etliche Grund-
Stücke giebt e). Auch iſt Jordanis dapifer Zeuge in dem Receſſe, den der Herzog mit der Fürſtin
Agneſe, der Stifterinn des Kloſters Wienhauſen, für
den Abtritt des Caſtri Tſelle errichtet ").

§. 9.

Bei der großen Verwandelung, da in dem Jahre
1235 die ſämtliche Beſitzungen des Herzogs Otto, des
Kindes zum beſondern Herzogthume von Braunſchw.
Lüne-

c) O. G. T. IV. p. 128.
d) ibidem, p. 144.
e) ibidem, p. 152.
") Pfeffinger, T. I. p. 77.

Lüneburg gemacht werden, blieben doch die damaligen
Hof-Bediente aus dem Blankenburgischen Geschlechte
bei Lebzeiten des Herzogs noch immer in Activität.

Als aber der Graf Sifrid von Osterburg 1236 **1236**
dem Herzoge Otto sein ganzes Eigenthum in Comitia
Stadensi mit allen Ministerialen, desgleichen zwischen
Saltzwede, Brone und Gardelege, wie auch von Zelle
bis Bremen verkaufte, ist auch J o r d a n i s dapifer
und B a l d e w i n u s de Blankenborch Zeuge *f*), und
in einem Vergleiche zwischen dem Kloster Woltingerode
und dem Capitul S. Blasii zu Braunschweig, wird *Anno*
filius Jordani dapiferi und *Jusarius* pincerna angeführt *g*).

Die Herren von Heimburg verkaufen dem Abt, **1237**
de Lapide S. Michaelis, eine gewisse Waldung;
dazu giebt der Herzog seine Einwilligung, und J o r d a n
dapifer noster, wie auch Ludolf Domini Annonis de Blankenborch filius sind Zeugen *h*).

J o r d a n i s dapifer und *Ludolfus* Camera- **1238**
rius bezeugen, daß der Herzog einige Länderei dem
Stifte S. Blasii zu Braunschweig confirmirt *i*).

J o r d a n dapifer und *Jusarius* pincerna un- **1239**
terschrieben als Zeugen einen zu Nordhausen mit dem
Erzbischof zu Mainz errichteten Transact *k*), und
B a l d u i n bezeuget, daß der Herzog der Stadt Oste-
                              rode

D

f) ibidem, p. 145.
g) ibidem, p. 171.
h) ibidem, p. 169.
i) ibidem, p. 176.
k) ibidem, p. 179. 180.

robe alle ihre jura beſtätige und ſie vom Zolle nach Braunſchweig befreie l).

1240 Erlaubt der Herzog den Bürgern in veteri vico zu Braunſchweig das Jus inſtituendi Collegium Mercatorum (Innunge), und das bezeuget Johannes frater *Jordanis* m).

1241 Das unter dem Siegel des Herzogs, Otto, und ſeines Sohnes der Stadt Hannover ertheilte Privilegium, unterſchreibet unter den Miniſterialen *Anno* dapifer n), und eben derſelbe bezeuget, daß der Biſchof Conrad zu Hildesheim den Herzog Otto mit dem heiligen Creutz gegen die Tartaren verwahret habe o).

1243 Waren zu Braunſchweig beim Herzoge *Juſarius* Pincerna, *Anno* dapifer und *Baldevin*, und unterſchrieben als Zeugen den Receß, in welchem der Herzog der Herzogin Agneſe, für den Goslariſchen Bergwerks Zehenden, den Ort Iſenhagen abtritt p). Und *Anno* dapifer und Balduinus de Blankenburg unterſchrieben die Donation des Herzogs als Zeugen für das Kloſter Iſenhagen q)

1246 Unterſchrieben als Zeugen die der Stadt Münden ertheilte Privilegia *Baldewinus* de Blankenborch, *Juſarius* frater ſuus, *Anno* dapifer noſter r).

Waren

l) ibidem, p. 181.
m) ibidem, p. 183.
n) ibidem, p. 185.
o) ibidem, p. 191.
p) O. G. T. III. p. 719.
q) ibidem, T. III. p. 74.
r) ibidem, T. IV. p. 202.

Waren zu Lüneburg alle fürstliche Hof-Bediente 1247 gegenwärtig, unter selbigen *Baldewinus* de Blankenborch, *Jusarius* pincerna noster, *Anno* dapifer noster *s*). In eben dem Jahre 1247 erschienen Balduin von Blankenburg, und Anno Dapifer nach dem Diplom. Nr. 25. im Anhange.

Bestätigt der Herzog der verwittweten Herzogin 1248 Agnese Testament, wegen der zu Wienhusen zuhaltenden Anniversarien; und solches unterschrieben nebst vielen andern B a l d e w i n u s de Blankenborch, *Jusarius* pincerna noster, et *Lotbewicus* frater suus, *Anno* dapifer noster *t*). Und als daher Mathildes, D. G. Ducissa de Brunswic, ihre in Lüneburg wohnende Leibeigene frei giebt, sind in der Urkunde mit Zeugen *Baldewimus* de Blankenborch, *Anno* dapifer **).

Unterschrieben *Jusarius* pincerna noster, und 1249 *Anno* dapifer noster eine Schenkung des Herzogs an das Kloster Ribdagshausen *u*)

Zuletzt waren noch *Baldewin* de Blankenburg 1252 und *Anno* dapifer, nebst dem Prinzen *Albert*, als Zeugen gegenwärtig, da der Herzog, Otto, zu Helmstädt eine Donation für das Kloster Marienthal (de valle B. Mariæ) bestätigt *x*); und starb bald darauf auf einer Reise nach Frankfurt.

D 2 Bal-

s) ibidem, p. 215.
t) ibidem, T. III. p. 723.
**) Ungedruckte lüneburgische Urkunde, Nr. XXV.
u) ibidem, T. IV. p. 231.
x) ibidem, p. 247.

Baldewin de Campe und Jordan Pincerna
1263 werden 1263 in Diplom. XXIV. genant. In eben dem
Jahre 1247 erscheinen Balduin von Blankenburg Anno dapifer in dem Diplom. Nr. XXV, im Anhange.

§. 10.

Die hinterlassenen Söhne des Herzogs Otto des
Kindes waren: Albert, Johannes, Otto Bischof zu Hildesheim, und Conrad, nachheri-
ger Bischof zu Verden. Anfangs war die Regierung
zwischen den beiden ältesten Prinzen gemeinschaftlich,
und bis 1267-1269 ***), da sie ihr Erbe theilten,
und Albert das Lüneburgische nahm, lieset man nichts
von einer Veränderung der Hof-Chargen. Nach der
Zeit wählte ein jeder Fürst seine eigene Hof-Bediente, und
seit der Zeit scheinet auch der Name der Herren von
Blankenburg in den Urkunden allmählig zu verschwin-
den. Als Herzogliche Dapiferi und Pincernae erscheinen sie freilich nicht mehr, aber sie behielten doch,
als Burg-Männer und edle Herren ihre angeerbte
Würde. Da sie, wo nicht länger, doch schon seit
1221 auf dem Schloße, Campe, ihren Haupt-Sitz
hatten a), so blieben sie seit jener Theilung 1267
Drosten von Campe, welchen Titel sie aber auch
im XIV. Seculo fahren ließen. Ob ihnen besagtes
Schloß als ein Allodial-Eigenthum zugehört, oder
ob sie es als ein Burg-Lehn besessen haben, das läßt
sich

***) Erath von der Erbtheilung, p. 9.
a) Braunschweigische Anzeigen vom Jahre 1751, p.
1091. 92.

ſich nur aus den Archiven und Lehns⸗Cammern ent⸗
ſcheiden.   Indeß iſt doch lezteres wahrſcheinlicher:
denn ſonſt hätte Herzog Wilhelm von Lüneburg daſ⸗
ſelbe nicht wol vom Herzog Magnus zu Braun⸗
ſchweig kaufen,   und es 1354 nebſt andern Gütern
dem Magiſtrate zu Braunſchweig verpfänden können b).
In wie fern die Belagerung beſagten Schloſſes zu
Ausgange des XIII. Seculi einen Einfluß in die Fa⸗
milien⸗Geſchichte der Herrn von Campe habe? auch
das bleibt uns verſchloſſen.   In der damaligen Fehde
zwiſchen den Herzogen von Braunſchweig und den Hil⸗
desheimiſchen Biſchof, Sifrid, hatten einige der vor⸗

D 3   nehm⸗

b) Erath Tabella Chronologica de anno 1345, Chron.
Brunſ. p. 116. Ein authentiſches Mspt., die Campi⸗
ſche und Neudorfiſche Familie betreffend, das den Hrn.
Geheimenrath von *Praun* zum Verfaſſer hat, ſaget: der
Stamm⸗Siz der von Campe ſei anfangs nicht das an
der Schunter zwiſchen Braunſchweig und Fallersleben
belegene Haus, iezo Amt Campen geweſen, ſondern
ein anderer Ort gleiches Namens auf dem Harze, im
Amte Langelsheim, nemlich: *Villa Campe, quae adia-
cet Allodio, quod dicitur Rode,* wie es in einer Ur⸗
kunde vom J. 1304 deſignirt wird, oder *Campenrode*
am Heidberg bei Wolfshagen, wie es in einer an⸗
dern Urkunde vom Jahr 1432 heiſſet. Noch an einem
andern Orte, genant *Bodenkamp,* habe die Familie 1325
gleichfalls ihr Weſen gehabt, und oberwehntem Hauſe
und Amte Campe habe ſie vermuthlich erſt den Namen
gegeben, als ſie ſich allda etabliret. Die Familie müſſe
es zwar nicht lange in ihrem Beſiz behalten haben, da
es von den Herzogen bereits Ao. 1346 an andere ver⸗
ſezt worden iſt, und die Herzoge Ao. 1367 von dem

nehmſten biſchöflichen Miniſterialen und Vaſallen jenes Schloß beſetzt. Die fürſtlichen Brüder, Heinrich,
Albert, Wilhelm machten daher gemeinſchaftliche Sache, belagerten und eroberten es, und machten an die
70 Gefangene in demſelben c). Wenn die Herren von
Campe dieſes Schloß nicht ſelbſt angelegt haben, ſo
muß es ſchon vor 1221 da geweſen ſeyn, und vielleicht iſt es der Siz der ausgegangenen adelichen Familie von Flechtorp geweſen. Wenigſtens macht ſol-
ches die Lage des Dorfes dieſes Namens, und das
jetzige Amthaus Campe ſehr wahrſcheinlich, daß aber
ehemals eine adeliche Familie dieſes Namens exiſtirt
habe, daran wird wol niemand zweifeln, wenn es anders

Stifte Merſebnrg mit dem Haus zum *Campe* beliehen
worden. Gleichwol gehöre ihr noch tezo die *Camp-*
Mühle bei *Flechtorf* vor dem *Campe*, wie ihr auch
bis 1684 der *Campenhof* beim Ritterborm, in der
Stadt Braunſchweig angehört habe; und die von *Nein-*
dorf noch zuletzt mit dem *Campberg* bei Drittſen belehnt worden. — Bekantermaßen iſt das Amt Campen 1429 in der Theilung zu der Braunſchw. Portion
geſchlagen, (*Erath* von der Erbtheilung p. 40.) in dem
Göttingiſchen Vergleich aber 1512 wieder an Lüneburg
abgetreten; doch daß die Dörfer Wenthauſen, Groß-
und Klein-Braunsrode davon genommen ſind. Hiebei
iſt es bis 1703 verblieben, da daſſelbe bei dem Verfall
des Herzogthums Lauenburg an H. Georg Wilhelm,
nach dem in eben dieſem Jahre mit H. Rudolpf Auguſt
errichteten Vergleich an das Fürſtl. Haus Wolfenbüttel
wieder iſt abgetreten worden (Scharfs Polit. Staat.
p. 12.)

c) Leibnitz T. I. p. 576.

ders wahr ist, daß unter den vielen Bischöfen, Prälaten, Grafen, Dynasten und Edelleuten auch da auf
dem von Kaiser Lothar 1130 zu Braunschweig ange-
stellten großen Reichstage Dietrich von Bodendike
und Gottfried von Flechtorp gewesen sey d) Soviel
ist indeß ausgemacht, Jordan und sein Bruder Jusarius, des Geschlechtes von Blankenburg, sind die ersten, von denen sich in ziemlich ununterbrochene Folge
die Familie der von Campe ableiten läßt. Sifrid
de Blankenburg, den Harenberg e) mit hieher gerechnet, wird aber in dem angeführten Diplom von
Herzog Heinrich den Löwen 1164 ausdrücklich Comes
genennet f), und Ericus de Blankenburg, zur Zeit
Kaisers Lothars g), ist uns zu entfernt. Wie es scheinet haben sich einige des Geschlechts von Blankenburg,
in Markgräfl. Brandenburg. Dienste begeben. Denn
man findet 1272, 1295, und 1319 einen Anselmus
de Blankenburg. (Lenz Marggräfl. Brandenb. Urkunden, I. p. 64. Gerken Cod. diplom. Brandenb.
T. V. p. 333.) und 1314, 1319 einen Henning
de Blankenburg, als Dapifer Waldemari Mar-
chionis Brandenb. (Lenz l. c. T. I. 191. 196. 212.
Gerken T. V. p. 177). Ein anderer Markgraf,
nemlich: Otto der lange, hatte 1292 einen Johannes
de Velde als Dapifer (Lenz l. c. T. II. p. 906) der in
einer andern Urkunde (ib. T. I. p. 122) Johannes

D 4   dictus

d) Bündings Chron. p. 128.
e) Harenb. Histor. Gandersh. p. 136.
f) Rethm. p. 328.
g) Heinec. antiquit. Gosler. p. 125.

dictus de Campo miles heiſſet. Nachdem die Zunamen von Nendorf und Campe üblich geworden ſind, finden ſich von ihnen keine weitere Spuren. Hier iſt es hinlänglich, wenn die Geſchlechts-Folge der von Blankenburg ſeit 1164 bis auf die Theilung des Herzogthums Braunſchweig-Lüneburg 1267 richtig angegeben iſt *h*). Dies wird eine Zeit von 103 Jahren ausmachen. Eine andere Linie hatte ſich nach Bodenteich gezogen, und von ſelbiger wird hernach, wie von den übrigen Seiten-Linien, geſprochen werden.

Abſchnitt II.
Die von Campe auf Campe.

§. 11.

Ob es gleich wahrſcheinlich iſt, daß Jordan II. nebſt ſeinem Bruder Juſarius, beide genannt de Blankenburg, ſich ſchon ſeit dem hätten von Campe nennen können, da ſie bei der erſten Theilung der Herzoglichen Erblande 1203 von Herzog Wilhelms zugetheilter Portion, zu welcher ſie doch eigentlich gehörten, und in welcher ſie angeſeſſen waren, abgenommen waren,

---

h) Die beigefügte Stammtafel N. 1. erzählt es ſchon ſelbſt, daß dabei Rathlefs Abhandlung von den älteſten Hof-Aemtern des Durchlauchtigſten Hauſes Braunſch. Lüneb. zum Grunde gelegt, und mit Vorbedacht alles weggelaſſen iſt, wovon man nicht genugſame Gewisheit hatte. Sie gehet zwar etwas weiter, als bis auf die angegebene Zeit, ſie dient doch aber dazu, den Zuſammenhang mit dem folgenden Abſchnitte deſto beſſer einzuſehen.

waren, §. 6. und Ihnen vielleicht deswegen eine Vergütung mit dem Schlosse Campe war gemacht worden: so ist es doch am sichersten bei dem Balduin I.
anzufangen, von dem man mit Uebereinstimmung aller
zuverläßigen Nachrichten weiß, daß er jenes Schloß
bewohnt habe. Was die öffentlichen Urkunden von
seinen Verrichtungen bei Hofe melden, das ist wol
größtentheils in dem vorigen angeführt worden. Er
war seit 1221 bis 1252 berühmt, und lebte in den
letzten Jahren Herzog Heinrichs des Pfalz-Grafen, und
unter der Regierung Herzogs Otto des Kindes. Er war
reich, und anderer Güter nicht zu gedenken, besaß er mit
Heinrich von Oesingen, Hartmann von Os-
berneshusen, und Johann von Wienhusen, die
vermuthlich seine Schwäger waren, das Quedlinburgische Lehngut, Saltowe, und resignirte es 1234 dem Stifte
a). Nichts verewigt seinen Namen mehr, als das von ihm
vor dem Petersthore zu Braunschweig, wo nicht ganz
neu erbauete, doch aufs neue eingerichtete und dotirte
Kloster zum heiligen Creuz b). Dergleichen geistliche
Stiftungen wurden in den damaligen Zeiten für die
verdienstlichsten guten Werke gehalten, und gemeinig-
lich wurde Wunder dabei zu Hülfe gerufen. Die Ein-
weihung des Klosters ist 1230 von dem damaligen Hildesheimischen Bischofe Conrad in Gegenwart vieler
Prä-

a) Erath. Dipl. Quedling. 158.
b) Narrationem de fundatione hujus Monasterii v.
Leibn. T. II. p. 469. Rechtmeyer Antiquit. Eccles.
Bruns. p. 42. seq.

C

Prälaten verrichtet worden; und vermuthlich war der Jordanus *Miles,* der zuerst in diesem Kloster ist begraben worden, Balduinus Bruder, aber um deßwegen kann solches doch erst einige Jahre später geschehen seyn. Das Kloster ist noch vorhanden, und ob es gleich viele traurige Schicksale bei den oft wiederhohlten Belagerungen der Stadt Braunschweig erfahren, und in der Belagernng 1606 von Herzog Heinrich Julius ganz abgebrannt ist, so ist es doch nachher wieder aufgebauet, und in den jetzigen Zustand gesetzt worden. Ausser dieser Stiftung hat ihm auch das Dorf Steinhorst, wie schon § 1. vorläufig bemerkt ist, die Kirche zu verdanken. Die Tradition mischet manche unglaubliche Anecdoten in die Geschichte, doch ist vieles aus Documenten erweißlich.

Er soll auf eben dem Platze, wo jetzt das Pfarrhaus stehet, seinen Land = Sitz, und einen einzigen Sohn, Namens Georg, gehabt haben. Dieser junge Mensch, sagt man ferner, sei durch einen unglücklichen Sturz mit dem Pferde auf dem Wege nach Steimcke, in dem Kirchspiel Hankensbüttel, wo eine Capelle gewesen, ums Leben gekommen, und durch diesen Unfall bewogen, habe er alsobald den Entschluß gefaßt, eine Kirche in dem Dorfe anzulegen und sein Haus zur Pfarre herzugeben. Zum Gedächtniß des verunglückten Sohns sei die Kirche in die Ehre des heiligen Georgs, dessen Bildniß noch lange an der Kirche gestanden, eingeweihet worden, und zum Unterhalt des Predigers, habe er einen Zehnten zu Gripelshorn, den er von dem Hildesheimischen Bischofe zum Lehn gehabt, resignirt, und

es

es bewirkt, daß selbiger der Kirche sei conferirt worden c). Den Stein an dem Orte, wo der unglückli-
che Fall soll geschehen seyn, will man noch mit einigen
unleserlichen Buchstaben zeigen, und die ungedruckte Urkunde wegen des Zehnten, der noch fortdauret, vom Bischof Conrad, 1244 ist hinten Nr. 1. abschriftlich beigefügt. Einer von seinen Nachkommen, Heinrich, nebst seinem Bruder Wiger, geheten von dem Campe, haben
dieses Vermächtniß, vielleicht durch sein Beispiel gereitzt,
noch mit einer Mühle und Köte im Dorfe, auch andern Einkünften 1372 vermehrt d).

§. 12.

Balduin starb daher unbeerbt. Die Tradition
sagt, er sei ausser Landes gegangen, und habe sich in
irgend ein Stift begeben. Wenigstens nach 1252
findet man nichts mehr von ihm. Sein Bruder
Jordan aber müßte ganz sicher schon 1230 todt gewesen seyn, wenn es wahr seyn sollte, daß derselbe im
besagten Jahre im Creuz Kloster sei begraben worden,
aber der lebte noch 1240, und wol noch später. Nach
unserer Berechnung sind Jordans III Söhne gewesen.
1). Jordanis Dapifer. 2) Henricus de Campis. 3) Bodo de Campis. 4) Anno. 5) Balduin.
6) Heino, und 7) Theodoricus.

E 2 Die

c) Hofemanns Regenten-Saal, p. 633. Dieser Auctor
will auch Nachricht haben, daß kurz vor der Reformation ein Prediger zu Steinhorst. Jacob Loßmann,
zugleich Amtmann zu Gifhorn, gewesen, der für die
Jura stolæ sein Amt durch einen Vicarium habe verrichten lassen.

d) Die Urkunde ist gleichfalls hinten beigefügt, Nr. X.

Die drei erſten, Jordan, Henricus und Bodo
1252 werden ausdrücklich in einer Urkunde vom Jahr 1252
fratres genennet e). Nach dieſer Urkunde überlaſſen
dieſe Gebrüder den Gebrüdern von Heimburg, deren
Vater, Anno de Heimburg, ſich ehemals in Tzelle
aufgehalten, die Zehnten im Lüßge, Ryderte, Hawe-
horſt, Kleinhelen.

Auch werden *Anno* und *Heinricus* fratres in
1258 einer Urkunde Herzog Alberts von Braunſchweig 1258
1263 als Zeugen angeführt f). 1263 werden Balduin de
Campe und Jordan pincerna in Dipl. Nr. XXIV.
nahmhaft gemacht, und Balduin iſt Zeuge wegen einer
bezahlten Steuer.

Heinricus und *Balduin* de Campe werden in
einer Urkunde der Herzoge, Albert und Johannes, an
den Senat zu Lüneburg als Zeugen genannt g).

1269 *Heino* de Campe hat ſich 1269 in der Abfindung der Herzoge, Albert und Johannes, mit
dem Bruder Conrad, præpoſito eccleſiæ Verdenſis, da dieſem unter andern jährlichen Hebungen auch aus
dem Zolle zu Tzelle eine nahmhafte Summe ausge-
ſetzt ward, als Zeugen unterſchrieben h), und in Diplom. Henrici D. de Brunſ. 1280 in Scheidts Anmerk. zum Moſer præfat. p. XXXV.

Bal-

e) Pfeffing. T. II. p. 1063.
f) ibidem, T. I p. 7.
g) Ludw. reliq Mspt. Vol. XII. p. 337.
h) Rethm. p. 507.

Balduin und Heinrich waren 1272 auf 1272
dem gewöhnlichen Landtage zu Braunschweig *i*)

Auch werden Balduin et Dominus Henricus
milites et fratres dicti de Campe 1274 in einer 1274
Urkunde Herzog Alberts als Zeugen nahmhaft gemacht,
da dem Kloster Stederburg der Kauf einiger Güter
bestätigt ward *k*), und in einem andern Bestätigungs-
Briefe 1280 Herzog Heinrichs von Grubenhagen für
Stederburg, haben beide gleichfalls als Zeugen sich unterschrieben, und heißt Balduin in specie, Notarius noster *).

Heino (Heymo) de Campe unterschrieb 1280 1280
als Zeuge die Schenkung einer Mühle an das Kloster
Marienthal, im Namen der herzoglichen Gebrüder
Heinrich, Albert, Wilhelm, Otto, Conrad,
Luderus *l*). Und in einer andern Urkunde 1282 er-
scheint er als Zeuge *m*). Auch 1272 in einer Urkunde,
nach welcher Ludolf Comes de Dassel dem Herzog
Albert einen Theil seiner Grafschaft abtritt *n*).

Theodoricus de Campe lebte 1279, und wird
Notar genenut. Ob Heinrich und Heino zwo
verschiedene Personen sind, das ist noch zweifelhaft.
Wenigstens sind sie bisher noch nicht zugleich in eben
denselben Urkunden vorgekommen. Andere haben
bereits angemerkt, daß der Name Heino zuweilen in
E 3 Urkun-

i) Pfeffing. T. I. p. 4.
k) Scheidt in Mantissa Documentor. p. 871.
*) Leibn. T. I. p. 838.
l) Scheidt Cod. Diplom. in præfat. p. 35.
m) ibidem, p 41.
n) ibidem, p. 578.

Urkunden andeute, es sei zu gleicher Zeit noch ein älterer Bruder gewesen, der den Namen Heinrich geführet habe.

§. 13.

Anno III. de Blankenburg, der schon bei Herzog Otto dem Kinde 1236 dapifer gewesen, und 1258 als gemeinschaftlicher Dapifer bei den fürstlichen Brüdern, Albrecht und Johannes, vorkommt *a)* scheinet keinen Sohn hinterlassen zu haben.

Denn der jüngere *Anno* IV. nennet sich 1330 in einer Urkunde, die hinten Nr. V. vorkommen wird, Dapiferum dictum de Kampe, filium Domini Jordani Dapiferi felicis memoriæ; und in Pfeffingers Mspt. findet sich vom Jahre 1327 ein wichtiges Document, welches über die Abstammung der Campischen Familie von der Blankenburgischen viel Licht verbreitet. Es fängt sich also an: Venerabile in Christo Patri, Domino Ottoni Hildesimensis ecclesiæ Episcopo, *Anno* de Campe famulus, dictus Dapifer promptam et benevolam ut tenetur ad omnia placita voluntatem.

Er kündigt darauf für sich und Jordanum seniorem und Jordanum juniorem milites de Campen dem Bischofe den Zehnten in Wester-Zelle auf, welchen von ihm Wilken de Olden-Zelle famulus, zum After-Lehn hatte, und welchen er nun dem Kloster Wienhusen überlassen hat. Auf dem Siegel mit 5 Spitzen steht die Umschrift: *S. Annen Droslen.*

Ist

a) Rathlefs, p. 49. 50.

Iſt aber dieſer Anno IV. ein Sohn Jordans
geweſen, ſo kann wol kein anderer Jordan gemeint
ſeyn, als der fünfte dieſes Namens, der in den Urkunden Strenuus Miles de Campe, ſenior dictus de
Campe heißet, und ſich auf einem alten Siegel an
einem Briefe im Kloſter Wienhuſen 1305 den Namen Jordanus de Campok giebt b).

§. 14.

Dieſer Jordan V. vertauſchte 1297 den Boden- 1297
dorpiſchen und Blekenſtediſchen Zehenten, und in der
Urkunde nennt er Jordanum militem Dapiferum
illuſtris Principis Alberti Ducis in Bruneswich
et Lüneburg dilectum ſuum Patruum.

Und wer ſollte wol ſonſt dieſer ſein dilectus Patruus ſeyn, als Jordan IV. Dapiſer de Campo,
deſſen Bruder Balduin II. de Campe geweſen. Als
Balduinus II. Söhne werden daher angegeben: 1)
Jordan V. 2) Bertram, 3) Heinrich, 4) Balduin
III. 5) Otto, 6) Johannes. Wenn aber Jordan IV.
Dapiſer, und Jordan Marechallus, beide zu gleicher Zeit, und zwar 1292 nach der Urkunde Nr. XIX,
XX, gelebt haben, und nach der Urkunde Nr. II. Jordan IV. Jordans Onkel geweſen iſt: ſo kann Jordan III,
der Vater Jordans IV, ſchwerlich ſchon 1237 geſtorben ſeyn, eben ſo wenig, als der Marſchall, Jordan
1252; und vielleicht wäre auch wol nachſtehende Abſtammung paſſender:

E 4 Bal-

b) Pfeffing. T. I, p. 6.

Balduin II.

Jordan V.	Jordan VI.
cujus uxor fuit	
Gerdrut de Wenden.	
	Anno IV.

Jordan VII, Ludolf, Henrich. u. f. w.

§. 15.

Außerdem, was schon von gedachtem Jordan V.
in dem vorigen gesagt ist, ist noch zu merken, daß er
1288 ums Jahr 1288 Herzogs, Heinrichs des wunderlichen,
1291 Dapifer gewesen ist. Im Jahre 1291 überließ er
den Gebrüdern von Heimburg, Heinrich, Herwig,
Conrad den Zehenten in Riderloh, welches nebst
andern auch Heinrich und Ludolf von Hohnhorst
1292 bezeugen d) Im Jahre 1292 wird er und sein Bruder Balduin in einer Convention zwischen den Herzogen, Otto und Albrecht, als Zeugen angeführt e), und
1294 1294 bezeugt derselbe, daß die fürstlichen Brüder Albert, Wilhelm, Lothar, Conrad und Otto des Herzogs Heinrichs Schenkung an das Kloster Stederburg
1296 genehmigen f). Im Jahr 1296 überläßt er nebst
seinen Brüdern Bertram, Heinrich, Otto dem
Kloster Wienhausen, einen Hof in Wester-Zelle g). Im
1318 Jahre 1318 war er nebst Ludolf de Wenden Schieds-
mann in der Streitigkeit, welche Gunzelius, Miles
dictus

d) Or. Guel. T. IV. præfat p. 21.
f) Scheid Cod. Diplom. præfat. p. 43.
g) Mspt. familiæ.

dictus de Bartesleve mit dem Kloſter Marienthal wegen der Achtworth in der Quernhorſtiſchen Waldung hatte *h*). Seine Gemalin iſt geweſen Gertrud von Wenden *i*). Balduin III. de Campe war 1298 1298 Praepoſitus an S. Blaſius zu Braunſchweig, und unterſchrieb nebſt ſeinem Bruder Jordan (Johannes) den Transact der Herzoge, Otto und Albrecht, mit der Stadt Göttingen *k*).

Johannes wird in einem Schenkungs-Briefe des Ratzeburgiſchen Biſchofs, Marquard, für das Kloſter Rene 1313 Magiſter genennet *l*). Es ſcheinet aber, 1313 daß dieſer Magiſter nicht hieher gehöre; es müßte denn ſeyn, daß er und der Johannes de Blankenburg ſacerdos 1321 beim Erath in Diplm. Quedlinb p. 392 einerlei wären. 1321

Otto war Abt am Michael Kloſter zu Hildesheim; aber er verwaltete dieſes Amt nicht lange. In dem Verzeichniſſe der Hildesheimiſchen Aebte *m*), heißt es von ihm: Otto nobilis de Kampen profeſſus rexit ad unum annum; poſtea reſignavit et retinuit ſibi aliqua bona et literas de Domo Hoſpitalis noſtri ad vitam, quae tamen omnia in

---

h) Scheid Mantiſſa docum. p. 365.

i) Piſtor. §. 63.

k) In der Göttingiſchen Geſchichts-Beſchreibung I. p. 68. ſtehet Johannes.

l) Pfeffing. T. II. p. 198.

m) Leibn. T. II. p. 401.

in ſeneſtute Monaſterio reſignavit. Da ſein
1297 Vorgänger E r n ſt 1297 geſtorben, und ſein Nach=
1298 folger Heinrich von Wenthuſen ſchon 1298 ſeinen
Platz wieder eingenommen hatte: ſo fällt es von ſelbſt
1317 weg, daß er 1317 oder 18, wie einige wiſſen wollen,
oder abgedankt habe. Eine andere Chronik n) die nicht
1318 lange nach 1521 ſcheint geſchrieben zu ſeyn, ſagt nicht
undeutlich, nach dem gemeinen Gerüchte ſei er ent=
hauptet worden. Er ſei gewißermaſſen noch ein Knabe
geweſen, als er zu jener Würde gelanget ſei, und habe
viele Abteiliche Güter verpfändet. Doch heißt es
weiter: Nec credibile eſt, quod ſit decapitatus
propter nefas quoddam, quia inveniuntur ali-
quae literae, quas poſt longum tempus in ſeneſtute Monaſterio tradidit, ſicut de domo hoſ-
pitali, quam a monaſterio in posſesſione cum
aliquibus bonis ad vitam, quam tandem monaſterio in ſeneſtute reliquit, pro certa pecunia,
ut eſt in certis literis ex copialibus. —

Aber nun trägt man ſich noch mit einer andern
Mordgeſchichte von gleichem Gepräge. In dem
continuirten gelehrten Preußen, Thoren 1725 o),
wird einer Chronick gedacht, welche erzählt, ein Otto
von Kampen ſei MCCCXLI. Abt zu S. Michael in
Lüneburg geweſen, der habe ſich heimlich entfernt,
eine

n) Ap. Meibom. T. II. p. 521.
o) S. Preußiſche Sammlung allerhand ungedruckter Ur=
kunden, Nachrichten und Abhandlungen, 3ter Band,
4tes Stück, 1749. 8. Nr. 2. Dieſe Chronick hat
ein gewiſſer Johann Lindenblatt, der im 14ten und 15ten

eine Frau genommen, und nachdem er endlich ent=
deckt worden, sei er zu Domnau in Preussen enthaup=
tet worden. Vermuthlich ist der Lüneburgische und
Hildesheimische Abt eben dieselbe Person, die von der
leichtgläubigen Tradition nach Gutbefinden ist umge=
schaffen worden. Zum wenigsten ist es gewiß, daß
an dem Kloster zu Lüneburg im XIV. und XV. Jahr=
hunderte ganz andere Männer, und niemals Personen
des von Campischen Geschlechts Aebte gewesen sind.
(Gebhardi diss. de re litter. coenobi S. Mich. in
urbe Lüneburga p. 46).

§. 16.

Die verschiedene Annos und Jordans verwi=
ckeln diesen Theil der Blankenburg = Campischen Ge=
nealogie am meisten. Ließe sich das Sterbe=Jahr ei=
nes jeden genau angeben, so ließen sich auch manche
Knoten leichter auflösen. Wir nehmen an, Jordan
V. sei etwa 30 Jahr alt gewesen, als er nach §. 14
anfieng sich 1287 und 88 hervor zuthun, so müßte er
ein Alter von beinahe 90 Jahren erreicht haben, im
Fall er erst 1346 gestorben wäre. Das ist wol nicht
zu vermuthen. Der Geschichte an sich entgehet durch
diesen Verstoß nichts; was er nicht gethan hat, das
bleibt für seine Söhne. Dieselben waren 1) Anno
IV. nach §. 13. 2) Jordan Miles, 3) Ludolf, 4)

F 2   Hein=

Seculo gelebt hat, zum Verfasser, und ist eigentlich
lateinisch geschrieben. Das lateinische Original ist
aber nicht mehr vorhanden, und man muß sich mit einer
elenden Ueberfetzung behelfen, wovon hinten Nr. XIII.
eine Probe gegeben wird.

44

Heinrich, 5) Conrad, 6) Bertram, 7) Jordan VII. famulus.

So werden sie in der Urkunde Nr. VI. vom Jahr 1344 angegeben, und so nennet sie auch das Peffingersche Mspt. und auch Piſtorius *).

Was den Anno IV. betrift, beziehe ich mich auf das, was schon §. 13 von ihm iſt beigebracht worden, und auſſerdem wird hernach noch mehr von ihm müſſen geſagt werden.

Heinrich und Jordan von Campe verkauften laut der Original = Urkunde Nr. VI. den Brüdern von
1344 Guſtedt 1344 den Zehnten zu Bodendorf mit Willen und Vollbort ihrer Brüder, Bertram, Ludolf, Con=

---

*) Die Urkunde beim Piſtorius (Chartular. Brunsuic. Hoſp. B. Mariae =virginis in W. F. v. Piſtorius amoenitat. hiſtorico juridicis VIII Th. p. 2365). fängt an: Nos Henricus, Jordanus, Ludolfus, Bertrammus, Conradus et Jordanus dicti de Campe, filii Strenui militis Domini Jordani de Campe ſenioris recognoſcismus quod — ad perpetuam ſalutem animarum noſtrarum et omnium parentum noſtrorum donavimus — decimam in Campis ville Wedesbüttel eccleſiae hoſpitalis S. Marie apud longum pontem in Brunsuic. 1341 feria 6. ante diem Beate Marie Magdalene.

Weil hier keines Bruders gedacht wird, ſo ſcheinet es faſt, als wenn Anno ihr Bruder nicht geweſen ſei. Doch kann er auch keinen Theil an Wedesbüttel gehabt, und keinen Theil an der Stiftung genommen haben.

Conrad, und leisteten die Gewähr für ihren jüngsten Bruder Jordan. Im Jahre 1346 sollen sie auch nach 1346 einer geschriebenen Familien-Nachricht, die auch andersswo angeführt seyn soll p), die Greveschopp ower Papendieck den Herrn von Brabeck überlassen haben. Es ist aber nicht glaublich, wenn das seine Richtigkeit hat, daß die Herzoge, Otto und Wilhelm, diese Greveschopp nebst Falleröleben schon 1337 von den Grafen von Woldenburg gekauft haben q).

Ludolf war 1328 Zeuge, daß die Herrn von Perseke einen Streit wegen einiger Prätensionen mit dem Kloster Barsinghausen aufgegeben haben r), vermuthlich ist er es auch von dem eine alte Urkunde 1328 sagt s): Anno 1354 sprac dit Recht Ludolf von Campen vor useme Herrn von Lüneburg uppe den Run-

F 3   tels-

P. 2355. sind in Alberti ducis de Brunswich diplom. Zeugen Jordanus et Jordanus de Campe 1296. Diese können Brüder gewesen seyn, und Anno wäre denn der Sohn des jüngern Jordans. Henriel de Wenden soror Gertrud war Jordani de Campis uxor 1307. ib. 2379. vermuthlich des ältern Jordans. Diese gelehrte Anmerkung bin ich nebst vielen andern dem verdienstvollen Herrn Professor Gebhardi in Lüneburg schuldig.

p) Im Nachtrage zum genealogischen Handbuch, I. 24.

q) Kochs Braunschw. lüneb. pragmatische Geschichte, p. 233. Grupen discept. forens. p. 693.

r) Scheid Mantissa doc. p. 400.

s) Grup. ib. p. 565. Die von Campen haben noch 1499 ein Familien-Haus vom Kloster Barsinghausen auf der

telshorm mit dem Graben von Hallermund, ꝛc. Das
muß unter der Regierung Herzog Wilhelms geschehen
seyn, und ist ein Beweis von dem großen Ansehen
dieses Mannes.

Aus den vielen Gründen, welche der seelige Koeh-
ler in der historischen Nachricht von den Erb-Hof-
Land-Aemtern p. 26. anführet, erhellet, daß dieser
Ludolf Präses des Marschalls-Gerichts gewesen ist, welches das Forum privilegiatum des eingesessenen
Land-Adels war. Ein solcher Marschall pflegte aus
der Ritterschaft von dem Landesherrn besonders dazu
bestellt zu werden, und war derselbe von dem Erb-
Marschall ganz unterschieden.

Jordanus VI. Miles und Jordanus VII.
1320 famulus dicti de Kampe resigniren 1320 der Aebtißin zu Quedlingburg 3½ Mansos prope urbem
sitos *t*). Und so scheinet ihr Vater Jordan V. nicht
mehr am Leben gewesen zu seyn. Das ist indessen
gewiß, daß Jordanus VI. Miles, Jordanus VII. famulus, und Anno IV. dapifer, Quedlinburgische Stifts-
Leute gewesen sind *u*).

§. 17.

Nach Pfeffingers Mspt. hinterließ Jordanus VII.
famulus einen Sohn Ascho, oder wie er sich in einer
Urkunde

Burgstraße zu Hannover gehabt, welches jetzt zur
Official Wohnung des ersten Ober-Hofpredigers mit
genommen ist. — Grupen Orig. et antiquit. Hannover, p. 364.
t) Kettner antiq. Quedl. p. 449.
u) Eraths Quedl. dipl. p. 390.

Urkunde vom Jahr 1346 nennt, Aſchuin van deme
Kampe, Knappe Herrn Jordanes Sohne van
deme Kampe v). Damals verkaufte derſelbe den
Gebrüdern van Guſtidde etliche Höfe mit Zubehör,
und in ſeinem Siegel nennt er ſich ſonſt Aſchvinum
de Blancenborch, welches vermuthlich Blankenborch oder Blankenburg zur Erinnerung der Abſtammung ſeyn ſoll. Auch hatte er bereits 1345 an Jahne
von Garſnebüttel und deſſen Bruder einen Hof in dem
Dorfe Eſſenrode verkauft, und in der zu Bodenteich
ausgefertigten Urkunde nennt er ſich Aſchwin van
dem Kampe). Die Herren von Garſnebüttel be-
ſaſſen auch zu Iſenbüttel ein paar Höfe, die ſie 1350 **1350**
von den Herrn von Wenden gekauft hatten), und
dieſe Höfe ſind es vermuthlich, welche hernach 1367 die **1367**
von Campe käuflich an ſich gebracht haben. Da
dieſe von Garſnebüttel ſchon lange zuvor Droſten
(Dapiferi) geweſen ſind, ehe die von Campe nach
Iſenbüttel gekommen ſind, ſo können ſie das Droſten-
Amt nicht von dieſen geerbt haben, und noch weniger
ein Campiſcher Zweig ſeyn. Ihre Ländereien beſitzen
gegenwärtig die Herren von Marenholz zur Dieckhorſt
und Schwülper.

Aſchens von Blankenburg Söhne ſollen geweſen ſeyn Gerhard oder Geverd, Helmold oder vielleicht Hermann, beide lebten uns Jahr 1364. **1364**

F 4 Abſchnitt

v) Pfeffing. T. II. p, 168.
) Dieſe Urkunde beſitzt der Herr Landrath von Bülau zu
Eſſenrode, und die Abſchrift ſteht hinten unter Nr. VII.
) Siehe Nr. VIII.

Abschnitt III.

Von den von Campe auf Isenbüttel und Wetmarshagen seit 1367 bis auf unsere Zeit.

§. 18.

Aus einer Original - Urkunde vom Jahr 1368 a)
ist ersichtlich, daß Jahn, Anno und Hans von dem
Campe dem Herzoge Albert to Brunswich und Ober-
walde, einen Zehnten von einigen Ländereien resigniren, daß dieser Zehnte zu einem Hofe in Isenbüttel
gehört habe, daß die von Campe diesen Hof von den
von Garsnebüttel gekauft, und daß erst genannte Brüder von Campe besagten Zehnten dem neuen Kloster
Isenhagen abtreten wollen; und eine eigenhändige Anmerkung des weiland Herrn Hofrichters von Campe
sagt, der Kauf sei 1367 geschehen, setzt aber zu den
erst genannten drei Brüdern den vierten Ludger oder
vielmehr Jurius hinzu, welcher Name aus der Blankenburgischen Geschlechts-Folge als bekannt voraus
gesetzt wird. Da nach der Urkunde Nr. V. Anno IV.
schon im Jahre 1330 seinen ganzen Zehnten (totalem
decimam quatuordecim Mansorum) dem Kloster
Isenhagen verkauft hat, und dieser Zehnte zu seiner
Curie in Isenbüttel gehört hatte, (ad curiam meam
in yfenbüttel pertinentium) so müssen die von Campe schon damals in Isenbüttel einigermaßen seßhaft
gewesen seyn, und ist es nicht sehr wahrscheinlich, daß
jener Ankauf 1367 nur eine Erweiterung des Gutes in
Isen-

a) Siehe Nr. IX.

Isenbüttel einigermaßen seßhaft gewesen seyn, und
ist es nicht sehr wahrscheinlich, daß jener Ankauf 1367
nur eine Erweiterung des Gutes in Isenbüttel müsse
gewesen seyn, **) und daß der Anno IV. vom Jahr
1330.

**) Aus dem schon angeführtem braunschw. Mspt.
vom J. 1750. das den Hrn. Geh. Rath von Praun
zum Verfasser hat, und hauptsächlich die Erläuterung
der gemeinsamen Abkunft derer von Campe zu Isenbüttel und derer Schenken von Neindorf zur Absicht hat,
wird angeführt, daß der Bischof Wolrad zu Halberstadt den Zehenten zu Wittmarshagen an das Kloster
St. Egidii in Braunschweig gegeben; und daß bereits
1307 Jordanus dapifer sich davon geschrieben
habe. Eben derselbe habe auch 2 Worden allda dem
Stifte S. Cyriaci in Braunschweig überlassen; Anno
1391 habe Herzog Friedrich zu Braunschw. lüneb. auch
das Schloß daselbst an Anno von dem Campe dem
Jüngern versetzt; und als die Herzoge Bernd und
Heinrich ersterwehnten Herzogs Friedr. ihres Bruders Wittwe, Anne mit den Schlössern Gifhorn und
Fallersleben beleibzüchtigten, wären die Schlösser Neu-
enbrück und Wittmarshagen nahmentlich davon
ausgezogen; wie es aber öfters geschehn, daß, was
anfangs Pfands- oder Wedde-Schatz weise verschrieben
gewesen, gegen einen Nachschuß nachhero zu Lehen angesetzt worden, möge es auch hier wohl also zugegan-
gen seyn.
Mit Isenbüttel, im Amte Gifhorn sei An. 1361 Jur-
ries (Jurius oder Jusarius) von dem Campe von
dem Herzoge Albrecht von Grubenhagen bereits
beliehen. Die Familie trage jetzt nach vom Stift Hildesheim zum Lehn unter andern das wüste Dorf Lüt-

G   gen

1330. und der vom Jahre 1367 nicht eben dieselbe
Person seyn könne, sondern daß zwischen den Anno
IV. und den Gebrüdern Anno, Jahn, Hans und
Jurius oder Jusarius von Campe kein anderes
Verhältniß anzutreffen sei, als zwischen Vater und
Söhnen.   Die Chronologie hat nichts dagegen, denn
auch Pfeffingers Mspt. bemerket, daß Jahn schon
1344, Anno 1347, Jurius 1347, Hans 1344
existirt haben.   Nach dieser Berechnung fängt die
zwote Stammtafel an, wo die erste aufhört.

§. 19.

Wenn es blos auf das Zeitalter ankäme, so lies-
sen sich zu den erstgenannten vier Brüdern, Anno,
Jahn,

gen Wendhausen im Amt Campen, nicht weit davon
liege auch das Gericht Wendhausen, womit die
von Dehn von den Herzogen Braunschw. Wolfenbüttel Theils belehnt sind. — Von diesem Gericht
Wendhausen sei ehemals eine Familie benahmt gewesen, in welcher man öfters, wie in der Familie von
Campe, die Nahmen Jordanes und Baldewinus
antreffe, und welche mit der Familie von Esbeck zusammen gehöret habe.   Dann in einer Urkunde vom Jahr
1231. würden Fridericus de Esbeke und Balduinus
de Wendhausen ausdrücklich Brüder genennet, wie
denn auch beiderlei Siegel ziemlich mit einander über-
einträfen; maßen die von Wendhausen 1335 in einem
queergetheilten Schilde oben eine französische Lilie, und
unten drei Rosen geführet, der von Esbeck Schild
gleichfalls quer getheilet, die obere Hälfte aber leer, und
die untere mit 3 Rosen besetzt gewesen. (Falke in Tradit. Corb. Tab. VIII. n. 8.)

Jahn, Hans, und Jurius von Campe auch
noch wohl ein paar andere hinzusetzen, die mit Recht
Anspruch auf einen Platz in dieser Familie machen
können, und um diese Zeit gelebt haben, ob man
gleich ihre Genealogie nicht sicher anzugeben weiß. Es
sind die Brüder Heinrich und Wiger geheten von
dem Kampe. Sie lebten 1372. Schon oben §. 1.
ist angeführt, daß Balduin im Jahre 1244 zu Anlegung einer Kirche und Pfarre zu Steinhorst einen
gewissen Zehenten laut der Urkunde Nr. 1. legirt habe,
und daß diese Kirche in die Ehre des Ritter Georgs
sei eingeweihet worden.

Der gedachte Zehnte dauert noch jetzt gewisser-
maßen fort, und die Brüder Heinrich und Wiger
hielten sich 128 Jahre hernach verpflichtet den Ritter
S. Georg und seine ihm geweihete Kirche auch noch
mit einer Mühle und Kote im Dorfe, wie die abge-
schriebene Urkunde Nr. X. bezeuget, zu beschenken.
Obgleich diese Donation jetzt nicht so beträchtlich
seyn mag, so war es doch in den damaligen Zeiten
nichts geringes; nur wäre es zu wünschen, daß sie
uns wegen ihrer Abkunft und Geschwister nicht so viel
zu errathen aufgegeben hätten. Ein sicherer Schriftsteller b) gedenket zwar eines gewissen Wigers vom
Jahr 1363. der seine Ansprüche an drei Höfe zu Ab- 1363
berode bei Braunschweig fahren läßt, aber dadurch
ist noch nicht erwiesen, ob er der rechte sei. Ueberhaupt sind einige Personen, die ihren Platz in der

G 2   Genea-

b) Gebhardi Nachricht von dem Stifte St. Matthäi in
Braunschweig. p. 98.

Genealogie bloß nach der Wahrscheinlichkeit erhalten
haben, zumal die, welche in eine ( ) eingeschlossen sind;
einige andere aber, deren Platz sich zur Zeit noch gar
nicht angeben läßt, sollen an gehörigem Orte angezeigt werden. Die zweite Stammtafel ist hauptsächlich aus des ältern Pfeffingers noch übrigen Manu-
scripten, die mir ein gütiger Gönner mitgetheilt hat,
zusammengetragen, welches durch das Zeichen Pf. an-
gedeutet wird. Ausführliche Personalien lassen sich
nicht allenthalben erwarten, und zwar um so viel weniger, je weiter sie in die ältern Zeiten zurück reichen.

§. 20.

Von den zuvor genannten Brüdern, Jahn,
Anno, Jurius und Hanns, ist Jahn I. der
berühmteste. Er und seine Frau Ilsebe kauften Güter zu Essenrode 1371 von den von Garßnebüttel,
und Hans von Campe war Bürge. S. Urkunde
N. XVIII. Sein und seiner Brüder Zeitalter fällt
unter die unruhige Regierung des Herzogs Magnus
II, Torquatus, in dessen Diensten er auch umge-
kommen ist; denn er ist ohne Zweifel der Campius ab
Isenbüttel c) der 1371 in der unglücklichen Ersteigung der Stadt Lüneburg erschlagen ward. Es heißt
fast durchgängig von ihm, er sei des erstgenannten
Herzogs Hauptmann und Voigt zu Wolfenbüttel gewesen

c) Sagittar. de urbe Lüneburg ad an. 1371. In Theod.
Garlixii Gedichte: Victoria triumphal. Luneburg.
olim contra Ducem Magnum divinitus concessa a.
1371. heißt er bloß Isenbüttelius.

wesen, nur in Schomackers Lüneburgischer geschrie-
bener Chronick bekommt er den Beinahmen Pöteker,
ein Titel den man sonst nirgends, als unter den Lüneburgischen und Bremischen Erb-Hof-Aemtern antrift.
Es würde uns zu weit von der Geschichte abführen,
wenn wir die verschiedenen Meinungen von der Bedeutung dieses Wortes hier anführen wollten, zumal
wir uns vorbehalten haben, in dem dritten Theile dieser Abhandlung das Nötigste anzuführen d). So
viel läßt sich hier zum voraus bemerken, es gehörte
das Pötker-oder Pütecker-Amt, welches nach Scheids
Anmerkung so viel, als einen Kellner bedeuten soll, e)
zu den vornehmsten adelichen Hofbedienungen, womit
Drosten und andere gleichen Ranges von den Landesherrn belehnt wurden. Aber nicht als Pöteker,
nicht als Droste, sondern als treuer Vasall seines
Fürsten und vielleicht als Hauptmann unter desselben
Truppen verlohr er das Leben. Etwas muß hier von
der Veranlaßung gesagt werden. Der Herzog von
Braunschweig Wolfenbüttel Magnus Torquatus
hatte Mittel gefunden, nach dem Tode seines Bruders
Ludewig, der die zwote Tochter Herzog Wilhelms
von Lüneburg zur Gemahlin gehabt hatte, und unbeerbt gestorben war, den Herzog Wilhelm dahin zu ver-
mögen, daß er ihn in den Platz des verstorbenen Bruders treten ließ, und ihn zu seinen Erben und Nach-

G 3   folger

d) Umständlicher handelt hiervon weil. Prof. Koßler zu
    Göttingen in der historischen Nachricht von den Erb-
    land-Hofämtern des Herzogth. Br. Lüneb. 1746,
e) Scheids Anmerkungen zum Moser p. 36.

folger im Fürstenthum Lüneburg ernannte, ihm auch
1367 von den Lüneburgischen Landesständen eventua-
liter huldigen ließ. Weil aber der Herzog Wilhelm
in Ermanglung männlicher Erben schon zuvor seine
ältere Tochter dem Ascanischen Herzoge von Sachsen-
Lauenburg, Otto, aus dem Chursächsischen Hause
zur Gemalin gegeben, und dessen Söhne Albrecht die
Succeßion in den Lüneburgischen Landen versprochen
hatte, auch sogar Ottos Brüder Churfürst Rudolf
und Wenzeslaus vom Kaiser Carl IV. auf diese Erbschaft waren beanwartet worden f), so erwartete man
mit Schrecken das Ungewitter, das schon seit 1355
als Ludwig zum Mitregenten war ernennet worden,
sich aufzuthürmen angefangen hatte, und sich erst mit
dem Jahr 1388 endigte. Kurz, die Sächsischen Prinzen suchten ihre Ansprüche geltend zu machen; sie im-
plorirten die Hülfe des Kaisers; dieser ertheilte den
Sächsischen Prinzen die förmliche Belehnung auf die
Lüneburgischen Lande, befahl den Landesständen diese
Prinzen für ihre Landesfürsten zu erkennen; und weil
Herzog Magnus sein in Besitz genommenes Land nicht
gutwillig wollte fahren lassen, so ward er, und alle,
die es mit ihm hielten, in die Acht erkläret. Dadurch
kam die Stadt Lüneburg vor andern ins Gedränge.
Der Herzog Magnus hatte derselben schon große Sum-
men abgepreßt, den alten Magistrat abgesetzt, sich
der Thürme, Thore, und der Festung auf dem Kalk-
berge bemächtiget, als es zwischen ihm und dem Her-

zog

f) Scheidl praefat. ad Cod. diplm. p. 58. Or. G. T. IV.
p. 25.

zog Albrecht zu Mecklenburg, dem die Vollziehung
der kaiserlichen Acht war aufgetragen worden, bei
Winsen an der Luhe zur Schlacht kam, welche Her=
zog Magnus mit Verluſt vieler Gefangenen verlohr.
Dieſe ſollten ausgelöſt werden, die Lüneburger ſollten
abermals Geld hergeben; das wollten ſie nicht, daher
erklärte er dieſelben für offenbare Feinde; und nun.
kündigten ſie ihm allen Gehorſam auf, überrumpel=
ten den Kalkberg, und nahmen ihn in Beſitz. Der.
Aſcaniſche Herzog Albrecht und Chürfürſt Wenzel hiel=
ten darauf ihren förmlichen Einzug in die Stadt, und
nahmen die Huldigung ein. Die andern Städte folg=
ten ihrem Beyſpiele, und nun ſuchte Herzog Magnus
ſein Land ſo gut zu retten, als es bei damaligen Um=
ſtänden möglich war. Es ward zu Uelzen ein Still=
ſtand errichtet, und ward verabredet, daß alles ſo
lange in ſtatu quo bleiben ſolle, bis der Kaiſer in
teutſchen Landen einen Tag anſetzen würde.

Die Sächſiſchen Prinzen kehreten darauf in ihre
Staaten zurück, aber während des Stillſtandes hatte
Herzog Magnus ſchon wieder einen gefährlichen An=
ſchlag gegen die Stadt Lüneburg gefaßt, und eben
der iſt es, den Jahn von Campe nebſt vielen andern
Rittern und Gemeinen mit dem Leben bezahlen muß=
ten. Es war nämlich den 21 Oct. 1371, als ein
rüſtiger Trupp wol verſuchter Leute gegen 700 Mann
ſtark die in aller Stille, und einzeln von Zelle aufbre=
chen, und ſich nicht weit von Lüneburg an einem an=
gewieſenen Orte verſammlen mußte, in der Abſicht, die
Stadtmauren des Nachts zu erſteigen, und die Stadt

zu züchtigen. Es geschahe; die Bürgerschaft, die nichts weniger, als diesen Ueberfall befürchtete, hatte sich gröstentheils zur Ruhe begeben; aber sie war früh genug wieder bei der Hand, alles niederzumachen, was ihnen in der Wuth aufstieß und sich nicht verstecken konnte g). Man hat angemerkt, daß in der so genannten bulla bannitoria des Kaisers Carls des IV. vom Jahre 1370 sehr viele Edelleute aus den Lüneburgischen Landen mit dem Herzog Magnus nahmentlich zugleich in die Acht sind erkläret worden, unter selbigen aber findet sich kein von Campen h). Anzeige genug, daß sie sich des Bannes nicht schuldig gemacht haben.

Hingegen, als nach dem Tode Herzog Albrechts, der in der Belagerung des Schloßes Ricklingen 1385 das Leben verlohren hatte, des Herzogs Magni Söhne Heinrich und Friedrich den 1386 mit dem Herzog Wenzeslaus errichteten Vergleich nicht halten wollten, ließen die patriotisch denkende Ritterschaft und Stände ein Abmahnungsschreiben an gedachte beide Prinzen ergehen, und da blieb von den damals lebenden von Campen kein einziger zurück, der sich nicht unterschrieben hätte i). Die Gemalin dieses verunglückten Jahns von Campe soll Ilsebe geheissen haben, für die er nicht lange vor seinem Ende,

laut

g) Rethmeier p. 646. seq.
h) Bilderbecks Widerlegung des Amtsanwaltlichen Berichts von den Landes-Recessen und Privilegien.
I) Scheid de Nobilitate p. 135.

laut einer Familien-Nachricht, einen Hof zu Essenrode
soll gekauft haben.

§. 21.

Anno 8 V. hinterlassene Söhne waren nach Pfef= **Tab.**
singers Angabe 1)Anno VI. der in den Jahren 1383, **II.**
1428. soll gelebt haben.

2) Geverd oder Gerhard von Campe
Knappe. Derselbe resignirte dem Sächsischen Herzoge
Albert von Lüneburg 1384 ein Lehn zu Süttorpe k),
und war 1386 mit unter den Edelleuten, die nach §.
20. ein Abmahnungsschreiben an die Prinzen Heinrich
und Friedrich ergehen ließen. Von demselben aber
scheinet der Geverd unterschieden zu seyn, der Aschen
von Blankenburg Sohn gewesen, und nebst dem Bru=
der Helmold 1364 gelebt haben soll.

3) Diederich lebte 1383. (Pfeffinger Mspt.)

§ 22.

Gerd oder Gerhards von Campe 4 Söhne heiß=
sen in dem oft gedachten Abmahnungsschreiben 1386,
Harbort, Ludolff, Statius und Hans. Es
wird aber daselbst noch eines andern Hans von Cam=
pe gedacht, und das müste wol der Bruder des er=
schlagenen Jahns I. gewesen seyn.

§. 23.

Im Jahre 1376. lebte ein Hermann von
Campe, der Zeuge war, als ein gewisser Empelde
Schele

k) Senkenberg differt. de Feudis Brunfuicenfibus. p. 32.

H

Schele von dem Gogräven Buchard von Wetberge dem Kloster Wennigessen einige Güter resignirte l), und an einem andern Orte m) werden Hermann und (Johann) Jahn, als Brüder angeführt. Aus diesem Grunde ist es nicht unwahrscheinlich, daß sie beide Annos VI. Söhne gewesen sind, und daß Hermann eben der Hermen sei, der 1386 den oft erwehnten Brief mit unterschrieben hat, und unter dem Nahmen Johann kein anderer versteckt liege, als Jahn II. der in den Jahren 1434, 1455, gelebt hat, und dessen Gemalin Metta soll soll geheissen haben. Eine ungenannte Schwester dieses Jahns war an Baldewin von dem Knesebeck verheirathet.

§. 24.

Ob Jahn II. mehrere Kinder hinterlassen, als Heinrich I? der 1462, 1482 gelebt hat, das läßt sich nicht mit Gewißheit sagen. Indessen scheint es doch, daß er Töchter gehabt habe, von welchen die eine an einen von Bothmer verheirathet gewesen. Denn in den alten Kl. Rechnungen zu St. Michael in Lüneburg vom J. 1479 wird der Schwestern des Prioris v. Bothmer gedacht, die aus dem Hause Campe gewesen, wenn nicht gar Jahns Wittwe diesen v. Bothmer wieder geheirathet hat, oder die Sorores können auch seine Halbschwestern gewesen seyn. (Gebhardi.)

§. 25.

l) Scheid in Mant. Docum. p. 457.
m) Falke in tradit. Corbeiens. p. 936.

§. 25.

Da die Isenbüttelsche Familie der von Campen bei dem damaligen Landesherrn in dem größten Ansehen stand, so war es auch nicht zu verwundern, daß ihnen auch so manche Lehne zuwuchsen. Man hat angemerkt, daß seit beinahe 200 Jahren, und zum Theil länger, sehr viele adeliche Häuser in den Braunschweig-Lüneburgischen Landen sehr ansehnliche Lehne von dieser Familie zum After-Lehne tragen, und daß dieselben ihre Lehne von dem Churhause Braunschweig-Lüneburg, von dem Hochfürstlichen Hause Braunschweig-Wolfenbüttel, von der Probstei zu Halberstadt, von den Herren Bischöf. zu Hildesheim ꝛc. releviren.

Es besaß dieselbe auch ehedem Güter zu Wahlingen und Kuppenberg, zu Silo (Silda) in der Grafschaft Mansfeld, welches letztere gegenwärtig die Freiherren von Marenholz seit 1604 besitzen. In welchem Jahre sie die Lehngüter zu Martensbüttel und Wedesbüttel erhalten haben, davon haben wir nicht Nachricht genug. Daß aber Wettmarshagen schon 1307 dem Jordanus Dapifer gehört habe, ist bereits zuvor in der Anmerkung §. 18. angezeigt worden. Genug, Heinrich v. Campe I. besaß diese Güter, und man findet daß sich nach seinem Tode die Familie in 2 Branchen getheilet habe, nemlich

A) In die Isenbüttelsche, wozu auch Wettmarshagen gehörte,

B) In die Martens und Wedesbüttelsche.

Weil die letztere 1639 zuerst ausgegangen ist, so mag dieselbe voran gehn.

H 2,   §. 26.

§. 26.

A) Die Martens und Wedesbüttel-
sche Branche.

Heinrichs I. hinterlaßene Söhne sollen gewe=
sen seyn, Jahn, Ernst und Lambert. So wer=
den sie vom Pfeffinger angegeben, und so werden sie
auch in einem Schemate Genealogico aufgeführt,
welches in Actis contra Grote in puncto des Ze=
henten zu Hohne vor einigen Jahren bei hiesigem ho=
hen Tribunale ist producirt worden. Dieser Jahn
III. war ohne Zweifel der Aelteste, und Lambrecht
der Jüngste, der sich aber vermuthlich mit einer an=
derweitigen Vergütung hat abfinden lassen. Er lebte
indessen noch 1488. In der Theilung erhielt Ernst
Wedesbüttel und Martensbüttel. Weil aber diese
Theilung vielleicht noch zu ungleich war, so sahe sich
der älteste Bruder Jahn genöthigt, diesen seinen
mittlern Bruder Ernst durch einen Vergleich zu be=
friedigen.

In der Amtsregistratur zu Gifhorn liegt das O=
riginalconcept eines Recesses, doch sine die et Con-
sule, wie man zu sagen pflegt, nach welchem Jahn
diesem seinen Bruder ein Capital von 4000 Rthlr.
ein für alles auszuzahlen, und jährlich 9 Scheffel Ha=
ber zu liefern sich erbietet. Ob? und wie ferne dieser
Vergleich zu Stande gekommen sei? ist uns unbe=
kannt. Wer die Gemalin dieses Ernst von Campe
gewesen, davon schweigen die Annalen, denn in den
damaligen Zeiten findet man deren Nahmen nur noch
höchst selten angeführt. Seine hinterlassene Söhne,

die

die man mit Gewißheit angeben kann, waren: 1) Rudolf, der im Jahr 1503, bis 1534 gelebt, und eine Tochter Ilse gehabt hat. 2) Ernst im Jahr 1518, bis 1535. Ob demselben noch ein dritter, Nahmens Richard, der 1548 gelebt hat, beizusetzen sei? das bleibt noch ungewiß, und eben so wenig ist es ausser Zweifel, ob die Anna von Campe, mit welcher Herzog Heinrich von Lüneburg, der Mittlere zubenahmt, noch bei Lebzeiten seiner Gemalin Margaretha aus Meissen heimlich zugehalten habe, und mit welcher er sich hernach trauen lassen, nachdem er 2 Söhne mit ihr gezeuget, zu dieser Familie gehöre? p). Wenn sie indessen hieher gehöret, welches dadurch sehr wahrscheinlich wird, weil es vielleicht durch sie geschehen ist, daß auch die Metta von Campe mit dem Herzoge Otto in Bekanntschaft gekommen ist: so ist sie von dieser Branche gewesen. Der Herzog Heinrich hatte 2 Söhne mit ihr erzeuget, von welchen der eine Franz Heinrich bei den Kaisern Maximilian und Ferdinand in großem Credit gestanden, wie er denn auch durch kaiserliche Vorschrift 1562 an die Landesstände ein Landesstück zu erhalten, nachgesucht hat, der andere aber ist, wie die Chronick meldet, im Lande geblieben, und in gefänglicher Haft gestorben.

§. 27.

Ernst der Jüngere von Campe lebte 1518, 1534, sein Sohn Rolef der 1569, 1596 in den

H 3 väter-

p) Die Geschichte ist aus Georg Hamsteds ungedruckter gleichzeitiger Chronick genommen, und wird, was hieher gehöret unter den ungedruckten Beilagen No. XV. abschriftlich mitgetheilet.

väterlichen Besitzungen war, ward 1590 nebst seinem
Vetter Jahn, Heinrichs II., aus der Isenbüttelschen
Branche, ältestem Sohne mit dem Wolfenbüttelschen
Lehne investiret a). Dieser Rolef hinterließ 2 Söhne,
Georg, der schon 1606 verstorben, und Heinrich
den letzten dieser Branche. Er hatte 1592 zu Wittenberg studirt, und von da einen kranken Körper zurück gebracht. Weil er nun bei den damaligen Krie-
gesunruhen und vielen Durchmärschen, die nöthige
Ruhe und Bequemlichkeit zu Wedesbüttel nicht haben
konnte: so miethete er sich zu Gifhorn in ein Bürger-
haus, wo er auch 1639 verstorben. Weil seine
Barschaft sich wohl nicht so weit mochte erstreckt haben,
daß die standesmäßige Begräbnißkosten hätten davon
bestritten werden können, und die Verwandte, von
der Isenbüttelschen Branche, ohne Zweifel schon
wußten, daß die von Grote bereits auf dieses Lehn,
welches nun offen ward, waren beanwartet worden:
so wollten sie sich auch nicht in den Vorschuß einlas-
sen. Die Leiche stand also ungewöhnlich lange über
der Erde, und der Wirth vom Hause sahe sich genöthigt

a) Pfeff. T. I. p. 4. Herz. Franz Otto expectivirte 1555
Mittewoch nach Palmar. so wie sein Nachfolger 1560,
1568, 1598. Jacobum fil. Thomae Groten und Otto
Aschen von Mandelslo auf die Lehngüter Rolefs von
Campen, der von Adelepsen, von Elten, von Rübbesbüttel. Da die von Rübbesbüttel ausstarben, überließ Otto Grote seine Hälfte den von Mandelslo neml.
Otto Aschens Wittwe und Jahn von Campen als Vor-
münder Cords von Mandelslo 1583. (Gebhardi.)

thigt bei der Juſtizcanzlei zu Zelle deswegen Vorſtellung zu thun, bis endlich Verfügung zur Erſtattung
des Vorſchuſſes gemacht, und die Leiche zu Gifhorn
beigeſetzt wurde. Seit dem ſind Martensbüttel und
Wedesbüttel nicht mehr bei der Familie der von Campe;
ſondern die Familie der von Grote iſt in dem Beſitze
derſelben.

B) Die Iſenbüttelſche und Wettmarshagener Branche.

§. 28.

Jahn der III. dieſes Nahmens, deſſen ſchon §.
26. iſt erwehnt worden, Heinrichs I. von Campe äl-
teſter Sohn, ſoll die Stelle eines herzoglichen Braunſchweigiſchen Lüneburgiſchen Hauptmannes zu Harburg
bekleidet, aber ſchon 1515 nicht mehr gelebt haben.
Daß er mit ſeinem Bruder Ernſt ſich wegen Iſenbüttel verglichen, und denſelben mit einer nahmhaften
Summe abgefunden, auch das iſt bereits aus den vorigen bekannt; daß er ſich aber in einem gewiſſen Revers, der gleichfalls noch in der Amtsregiſtratur zu
Gifhorn aufgehoben wird, ſelbſt Baſtard nennet, das
iſt ein Räthſel, deſſen gründliche Auflöſung bisher vergeblich iſt gewünſcht worden.

Es iſt zuverläßig, ſchreibt der erſte der dortigen
Herrn Beamten, daß ein Revers, welcher ſich anfängt:
Ich Jahn von Campen, Baſtard, in hieſi-
ger Amtsregiſtratur im Original exiſtirt, allein ich
kann denſelben jetzo nicht auffinden, da mir nicht ſinn-
lich iſt, in welcher Sache der Revers ausgeſtellt worden.

den. An der Exiſtenz dieſes ſeltenen Originals iſt alſo
wol nicht zu zweifeln, doch wünſchten wir es um deswegen ſelbſt zu ſehen, ob ſich etwa einige Veranlaßung
zu dieſem Beinahmen daraus errathen ließ. Weit
entfernet indeß, daß dieſer Beinahme in den damaligen Zeiten für ſchimpflich zu halten ſei. Machte ſich
doch William Conquæſtor, König von England,
eine Ehre daraus ſich alſo zu nennen b).

Vielleicht iſt auch hier der Fall geweſen, daß dieſer Jahn mit einer Mutter ungleichen Standes erzeugt,
und durch die Heirath iſt legitimirt worden, aber ſich
hat verpflichten müſſen, dieſen Nahmen öffentlich zu
führen, um dadurch gewiſſen Anſprüchen auf Erbſchaf-
ten u. d. gl. vorzubeugen. Eine Muthmaßung ver-
anlaßet die andere. Es bleiben aber immer Muthmaſ-
ſungen, ſo lange die Mutter nicht nähmhaft gemacht
wird.

Er blieb indeß in dem Beſitze der väterlichen Güter und ſeine Tochter Mathilde hatte ſogar die Ehre
zur Gemalin eines Herzogs erkohren zu werden; die
Söhne waren Heinrich, Rolef, Hanns.

§. 29.

b) Wachteri Gloſſar. p. 128. Hodie, ni fallor, ira
diſtinguunt, ut *Bancardus* ſit foetus vulgo quæſitus;
Baſtardus, cujus pater in aprico eſt; Ille matris
tantum haeres eſt, hic etiam patris, et in lineam
paternam poterat ſuccedere. — Inde eſt, quod
nec famoſum Angliæ ſubaſtorem, Gullielmum *Nor-
mannum* tituli hujus puduerit, dum epiſtolas ſuas ita
orditur: Ego Willielmus cognomento *Baſtardus*,
nec alios hodie pudeat.

§. 29.

Diese Mathilde oder Metta von Campen, wie sie insgemein genennet wird, war damals schon eine vaterlose Waise, als sie 1524 mit gedachtem Herzoge Otto von Braunschweig = Lüneburg vermälet ward. Bekanntermaßen war derselbe der älteste Sohn Herzog Heinrichs des Mittlern oder von der Heide; eben desselben, der schon dämals §. 26. mit der Anna von Campen einen vertrauten Umgang unterhalten. Es hatte dieser Herzog Heinrich, um der Reichs= acht auszuweichen, sich genöthigt gesehen, sich ausser Landes zu begeben, die Regierung niederzulegen, und sie 1520 seinen beiden ältesten Prinzen Otto und Ernst zu übertragen. Nicht lange hernach ward die protestantische Religion in den hiesigen Landen einge= führet, und weil die Umstände es nöthig machten, daß die Prinzen das Land oft durchreisen mußten, so kann es gar wol seyn, daß auf einer solchen Reise das Liebesverständniß zuerst entstanden sei. Der Herzog Otto war ein frommer, stiller Herr, der die Ruhe liebte. Er überließ also seinem Bruder Ernst die Re= gierung so lange allein, bis der dritte Bruder, F r a n z, mit dazu gezogen werden konnte, und begnügte sich mit einer gewissen Abfindung zu Harburg. Es ist über diese Heirath vieles geschrieben; das wesentlichste und zuverläßigste kann hier wol nicht ganz mit Still= schweigen übergangen werden c).

Erst

c) Scheids Anmerk. zu Mosers Staats=Rechte p. 54. u. Stru= bens Abhandl. von ungleichen Ehen in den Nebenstunden, 5tte Th. p. 247. seq. verdienen hier nachgelesen zu werden.

J

Erst im Jahre 1527 ward ein Vertrag wegen
der Succeßion zwischen den fürstlichen Brüdern errichtet. d) In diesem Vertrage werden ihr 400 Gold-
gülden zu ihrer Morgengabe nnd Leibzucht an jährlichen Einkünften, einem jeden Sohne aber, der aus
dieser Ehe erzeuget würde, 3000, und einer jeden Tochter 2000 Rheinl. Goldgulden zu ihrer ehelichen Aus-
stattung stipulirt, und im Fall des Herzogs männlicher Stamm ausgehn, dabei aber einige Töchter nach-
bleiben sollten, wurden denselben zusammen 6000
Rthlr. accordiret; eine Summe, die in den damaligen geldarmen Zeiten, und bei den großen Landes-
schulden noch beträglich genug war. In diesem Vertrage hatte sich auch Herzog Otto, und seinen Kindern das Erbfolgrecht ausdrücklich vorbehalten, im
Fall seine Herrn Brüder ohne männliche Erben ver-
sterben sollten. Daß sie in den Grafenstand sei erhoben worden, ihr Gemal aber es niemals habe dahin
bringen können, daß man sie, als eine Fürstin geehrt
hätte, ist ganz unerweißlich. Vielmehr ward sie auch
nach dem Tode ihres Gemals in allen Aufsätzen insgemein Herzogin genennet, und in einem Schreiben vom
Herzog Franz zu Gifhorn an die Befehlshaber zu Harburg 1549 nennet er sie, un sere geliebte Schwester, auch sie selbst nennet sich in verschiedenen noch
vorhandenen Hand-Schreiben Metta, selighen
Her-

d) Einige behaupten daher die Vermälung sei erst 1527
vor sich gegangen; allein nach Pfeffingers, Eraths
und anderer Angabe, waren schon 1526 Anna, 1527
die Zwillinge Otto und Franz, die aber bald wieder
gestorben, gebohren, und 1528 Otto der Jüngere.

Hertogsen Otten tho Bronswick und Lüneburgck nahgelatene Wedewe. Ja, als der Herzog Otto seinen Prinz Otto an dem Hofe des Churfürsten von Sachsen erziehen lassen wollte, und dieser Herr darin einige Schwierigkeiten zu finden schien, weil ihm hinterbracht sei, daß seine, Herzogs Otto Erben allererst nach gänzlicher Erlöschung des Stammes als Fürsten geachtet und gehalten werden sollten, schrieb der alte Herzog desfalls an seine Herren Brüder, und er bekam zur Antwort, sie wollten sehr bitten, er, Herzog Otto, mögte sie nicht im Verdacht haben, als ob sie dem Churfürsten dergleichen nachtheilige Begriffe gegen den Fürstlichen Stand seines Sohns beigebracht hätten. Und als es 1585 darauf ankam, daß der Prinz Friedrich, Herzog Ottos des Jüngern Sohn bei dem Hochstifte Magdeburg einen Attestat von seinen Agnaten wegen seiner Fürstlichen Vollbürtigkeit beibringen sollte, erstattete ihm solches in gehöriger Form, Julius & Henricus Duces Brunsuicenses cum Christophoro atque Johanne, Ducibus Megapolitanis coram Capitulo Magdeburgensi, und beehrten ausdrücklich die Metta von Campe mit dem Nahmen einer Hochgebohrnen Fürstin, Herzogin zu Braunschweig und Lüneburg e). Sie ward 1549 Witwe, und starb, 1580 den 16 October. Ihre jüngern Brüder Rolef, gebohren 1527, starb 1532; Hans, lebte 1527-1542 und eine Schwester, deren Nahme unbekannt ist, soll an einen Herrn von Hodenberg vermält gewesen seyn.

J 2 §. 30.

e) Scheidi Cod. diplm. p. 510.

§. 30.

Heinrich der 2te dieses Nähmens erbte Iſenbüttel und Wettmarshagen. Er lebte 1518, und
hatte ſich mit Magdalena von Mandelsloh vermält,
und aus einem Troſt-Schreiben f) welches Conrad
Kock Paſtor thor Harborgh 1546 an den Durchlauchtigſten, Hochgebohrnen Fürſten und Herren, Hertog-
ſen tho Brunswick und Lüneborgh ehelicken Gemael
Frouwen Metten ergehen laſſen, erſehn wir, daß derſelbe zn Braunſchweig vorräthlicken, heimelicken und
erbarmlicken is verwundet und gedödet worden. Der
gute Mann macht ihn ſogar zu einen Märterer. Mag
doch niemand ſeggen, heißt es im Verfolg, nachdem
viele Sprüche aus der Schrift zur Beruhigung der
Fürſtin angeführt worden; „Mag doch nemand ſeggen,
„dath he alſe eyn Oveldeder geledden hebbe, ſunder
„alſe ein unſchuldig Marteler, darum he nicht unbil-
„lick in den Tall der hiligen Marteler mag getellet
„werden, indem ſe nene rechte Sacke tho eme gehat
„hebben, dat ock ſyne Unſchult ganß Brunswick be-
„tüget und beklaget.„ Am Schluße ſetzt er hinzu:
„Ju wyllen ock Juwer lewen Süſter, ock de nagela-
„ten Wedewen unde Weſen dützes ſülften gelicken trö-
„ſten. — Wäre ide nu Godes Wylle geweſt, dat he
„im Lebende gebleven wär, alſe ide nicht geweſt is:
„ſo hedde he mith Godes Hülpe ſyner Frowen unde
„Kindern alſe eyn Mydell van Gode gegeven, helpen
„kont, alſe he ock truelick geſinnet was, dewile he
„ock

f) Schade! daß dieſes Troſtſchreiben zu lang iſt; indeß
wird es erlaubt ſeyn, einige hieher gehörige Stellen ein-
gerückt zu haben; und hinten daſſelbe in einem Auszuge
beizufügen.

„ock am latessen, do she hyt tho Harborgh was, uth
„christlicker redelicker guder Menynghe synne twe Sö-
„nes, Ernst und Hinrick, so he noch tho Huß
„hadde, mith my tho wesende in de Schole tho gande
„bestellede, up dat se in christlicken Dogenden tho der
„Ehre Godes mögten upretogen werden.„ Ohne diese
Anzeige würden wir kaum wissen, daß Heinrich II. ein
Bruder der Fürstin Metta von Campe gewesen sei;
die Umstände seines unnatürlichen Todes aber, bleiben
uns doch unbekant. Andern Nachrichten zur Folge
hinterließ er Jahn IV. Conrad, Ernst, Heinrich III.
Catharine, vermählt an Franz von Rheden, Anna, vermählt an Heinr. v. Bevesen auf Wickenstedt; und er ist es
auch ohne Zweifel, der nach Pfeffingers Mspt. 1531
Heinrich Hohgräven mit der Mühle zu Boysen und dem
Zehenten zu Eversen und Katensen belehnet hat.

§. 31.

Dieser Jahn IV. oder Johannes von Campe auf
Wettmarshagen, Isenbüttel, Walingen und Si-
loh ꝛc. ꝛc. Heinrichs II. ältester Sohn war Braun-
schweigischer Lüneburgischer Hauptmann zu Heimburg,
nicht zu Harburg, und lebte 1554, 1600. Er lebte unter
der Regier. der beiden Br. Lüneb. Herzoge, Heinrich u.
Wilhelm, beide die Jüngern genant, und von beiden
finden sich unter den alten Familien-Scripturen ein paar
an ihn geschriebene Original-Briefe vom J. 1569, ein
Beweis, wie sehr er bei diesen Prinzen accreditirt gewesen
sei. S. hinten Nro. XXXIV, XXXV. Seine
erste Gemalin war Sophia, eine Tochter Balthasars
von Ahlden, und Magdalenen von Spiegel, die 2te
Sophia, Levins von der Schulenburg auf Bezendorf,

und

und Ilsen von Lützow Tochter, die Geschwister, so viel
deren bekannt sind, stehn auf der 2ten Stammtafel.

Die Kinder der ersten Ehe waren:
Heinrich IV von Campen.
Balthasar 1573, — 1612.

Der zweiten:
Ilsa, Gemal. Heinrichs v. Knesebeck auf Kolborn und
Corvin; Sophia verm. 1612 mit Georg v. Danneberg.
Werner auf Isenbüttel.
Conrad Ernst 1599, stirbt 1640.
Clara, vermält an Joachim Georg von der Schulenburg.
Metta, vermält an Heinrich von der Schulenburg auf
Brohme.
Anna Margaretha, vermält an Jobst Heinrich von
Oberg 1642.

§. 32.

Heinrich IV. von Campe auf Wettmarshagen
und Walingen, vermälte sich 1599 mit Anna Sophia
von Krosigk. Herrn Volrath von Krosigk auf Kupper-
berg und Sophien von Troten Tochter, und starb 1618.

Werner v. Campe auf Isenbüttel, lebte 1573,
1638. Beide Halbbrüder haben sich also damals se-
parirt. Er hinterließ von einer unbekannten Gemalin eine Tochter Anna Ilsa, 1645, und einen Sohn
Heinrich, Ernst, der 1641 gestorben ist. Nach
dessen Tode ward Wettmarshagen und Isenbüttel wieder vereinigt.

Im Jahre 1612 hat Herzog Christian, Bischof
des Stifts Minden, Heinrichen von Campe, den ehr-
baren lieben getreuen, als Aeltesten, nebst seinen Brüdern

dern und ihren männlichen Leibes-Erben, als die rechte
Linien Dal mit den Feudis de Anno 1518 investirt,
welche auch Heinrich Volraths von Campe hinterlassene Wittwe, Frau Sophia Elisabeth von Spörcken,
durch ihren Gerichtshalter im Nahmen nachgelassener
Söhne hat renoviren laßen g). Auch schon 1607.
hatte derselbe, als der Aelteste des Geschlechts, von
Herrn Philipp Sigismund, postulirten Bischof
des Stifts Osnabrück und Verden, als Dom-Probst
zu Halberstadt einen Muthzettel (testimonium reno-
vationis) wegen der Lehn von 1515 erhalten, zu deren Empfang ihm aber erst der 1te Febr. 1619 zu Hart-
leben ist angesetzt worden. Dessen hinterlassene Kinder sind, Johann Vollrath, Julius Ernst
1618 † 1641. Maria Elisabeth verheiratet 1642
an Friedrich v. Germesen, wird Witwe 1648, stirbt
1666, Ilse Sophie lebte 1621, 1623. Anna, vermält an R. v. Stein Callenfels, Balthasar Oswald.

§. 33.

Balthasar Oswald von Campe auf Wettmarshagen, Isenbüttel rc. Heinrichs IV. ältester Sohn,
gebohren 1617. Nachdem er seinen Vater bereits
1618 verloren, begab er sich bei zunehmenden Jahren nach Zelle, und ward an dem Hofe Herzogs Christian, erwehlten Bischofs des Stifts Minden Page,
und nahm hernach als Volontair bei den damaligen
Kriegestroubeln unter dem Obersilieutenant Reinecke
Dienste. Weil ihn aber eine Bleßur am Arme zum
Dienste untüchtig gemacht hatte, und ohnedem seine

Frau

g) Pfeffinger. T. I, p. 5.

Frau Mutter bald darauf verstorben war, so widmete
er sich, seinen Geschwistern zum Besten, dem Hauswe=
sen. Durch das Ableben seines Onkels Werner von
Campe, und dessen Sohn, Heinrich Ernst, fiel auch
Isenbüttel 1641 wieder an ihn zurück. In dem 26.
Jahre seines Alters vermälte er sich den 13. Jul. 1643.
mit dem Fräulein Anna Magdalena von Wallmoden,
Herrn Thedel Burchard von Wallmoden auf Wall=
moden, Heinde., Wolfenbüttelschen Raths und Ober=
Hauptmanns, und Gertruden von Cramm nachgeblie=
bener Tochter. Dieselbe war gebohren den 12. Mai
1619, und starb 1664.

Er selbst starb 1674. Die hinterlassene Kinder
waren 1) Johann Burchard, 2) Heinrich Vollrath,
3) Sophia Gertrud, starb unverheirathet, 4) Anna
Maria, vermält mit Bartold Wilhelm von Gadenstedt,
5) Mathilde Magdalena unverheiratet, 6) Anna Mag=
dalena, geb. 1651. † 1672. 7) Anne Margaretha
Gem. N. v. Hake in Thüringen. 8) Hans Thedel.
Auch hinterließ er einen natürlichen Sohn Gerhard.

§. 34.

Johann Burchard von Campe war den
26. Sept. 1644. geboren. Er war den Studien ge=
widmet, und besuchte in der Absicht die Catharinen=
Schule zu Braunschweig, und 1663 bezog er nebst
seinem Bruder Heinrich Vollrath die Ritterschule
zu Lüneburg. Nach einiger Zeit gieng er nebst seiner
Frau Mutter Schwester Sohn, Thedel Johann von
Botmar, unter der Aufsicht eines Hofmeisters nach
Jena.

Jena. Da aber unterdeſſen ſeine Frau Mutter geſtorben war, kehrte er nach Hauſe zurück, gieng aber bald
wieder auf Reiſen, und beſuchte 1667 Leyden, wo
er ins dritte Jahr geblieben, und in der Rechtsge-
lehrſamkeit, mathematiſchen und politiſchen Wiſſen-
ſchaften, auch Ritterlichen Uebungen ſich ſehr hervor-
gethan. Als aber damals in den dortigen Gegenden
die epidemiſchen Fieber überhand nahmen, mußte er
den Vorſatz nach England und Frankreich zu reiſen
fahren laſſen, indem er 1670 krank nach Hauſe zu-
rückkam, und endlich 1674 wenige Tage vor ſeinem
Vater ſtarb, ſo daß beyde Leichen zugleich beerdigt
wurden. (Geſchriebene Perſonalien.)

Heinrich Vollrath von Campe auf Iſenbüttel und Wettmarshagen, war 1646 gebohren, ſtu-
dirte nebſt ſeinem Bruder Johann Burchard 1663 auf
der Ritter-Academie zu Lüneburg, vermälte ſich 1679
mit Sophien Eliſabeth, Werner Hermanns von
Spörke auf Langlingen, Lüneburgiſchen Landſchafts-
Directors im Fürſtenthum Zelle, und Eleonoren von
Lente Fräulein Tochter, und ſtarb 1689; die Gemalin aber folgte ihm erſt den 30. Jan. 1724 in die
Ewigkeit. (Gedruckte Ahnen-Tafel Annen
Eliſabeth von Laffert 1752).

Sein Vater Balthaſar Oswald hatte noch
einen natürlichen Sohn, Nahmens Gerhard hin-
terlaſſen; dem zum Beſten ſtellte er noch in ſeinem
Sterbejahre nachſtehenden Revers, der ſich noch unter den Familien-Nachrichten gefunden hat, von
ſich:

K   Ich

Ich Endes benannter thue hiemit urkunden,
und bekenne, daß dem Vorweiser dieses Gerhard Campe, als meines Vaters Balthasar
Oswalds von Campen unächtem Sohne, laut
des von mir und meinem Bruder, Hans Thedel
von Campen aufgerichteten Recesses, nicht
allein der allhier zu Isenbüttel am Kirchhofe
belegene Krug, insgemein der Tempelkrug
genannt, mit allen Zubehörungen die Tage
seines Lebens geschenkt und vermacht worden
ist, sondern auch, weil er von denen gleichfals laut ernieldeten Contracts vermachten
hundert Thalern bisher noch nichts gehoben,
und ich ihm Gerharden Campen selbige zu ent-
richten schuldig bin, daß er die zu Heyligen-
dorf an Evers Lande mir jährlich zukommende
funfzehn Rthlr. meinetwegen so lange empfangen und einnehmen soll, bis er obgedachte
hundert Thaler völlig zur Gnüge bezahlt erhalten hat. Habe ihm demnach zur Versiche-
rung diesen Schein mit meiner eigenhändigen
Unterschrift, und angedruckten angebohrnen
adelichen Pietschaft hiemit ertheilen wollen,
so geschehen Isenbüttel den 26. Febr. 1689.
(L. S.) Heinrich Vollrath von Campen.
Seine hinterlassene Kinder waren: 1) Anna E-
leonora gebohren 1683. den 2ten Nov. vermält, den
2ten Febr. 1706 mit Jacob Ernst von Hohnhorst, zu
Hohnhorst, Hofrichter und Landrath, Drost zu Meinersen, † 1740. (Gedruckte Ahnen-Tafel).
2)

2) Werner Heinrich, von welchem im folgenden §. wird gesprochen werden. 3) Georg Rudolf Ulrich Wilhelm, geboren 1685 den 15. Nov. Sächsischer Cornet. 4) Sophia Dorothea Elisabeth, geboren 1686. den 30. Nov., vermält mit Friedrich Schönberg von Wallmoden, Heßen Caßelschen Capitain, verwitwet 1736, starb 1746. (Hofr. Manecke geschrieb. Stammtaf. Br. Lüneb. Adelherrn.)

5) Ernst August geboren 1687. den 25 Nov. studirte 1703 — bis 1705 zu Lüneburg, nahm Königliche Großbrittanische, Churfürstliche, Braunschweigische-Lüneburgische, Kriegesdienste, und starb als Lieutenant 1738. (Manecke).

Hans Thedel von Campe, der dritte Sohn Balthasar Oswalds, Bruder Heinrich Vollraths, geboren den 19. Junius 1658, Cornet bei dem Gräfl. Lippischen Regimente zu Wolfenbüttel, heiratet 1688. Lucien von Dassel, die Tochter Georg Christophs von Dassel auf Wellersen und Hoppensen, starb ein Jahr hernach, und hinterließ eine Tochter, Magdalena Elisabeth, welche 1724 mit Ernst Conrad von Weyhe, Braunschweigischen Lüneburgischen Land-u. Schatz-Rath verheiratet ward. (Pfeffinger). Die Wittwe selbst heiratete abermals Burcharden von Campen zu Deensen. (Hofr. Manecke geschrieb. Stamm-Tafel).

Nach Ableben des Vaters Balthasar Oswalds, ließ Georg Friedrich, Graf zu Waldeck, Pirmont ꝛc. Dom-Probst zu Halberstadt, dessen hinterlassenen Söhnen, Heinrich Vollrath, und Hans Thedel nebst

K 2   ihren

ihren ehelichen männlichen Leibes-Erben die Belehnung wegen anfäßiger Güter 1675 den 14. Octob.
überkommen. (Pfeff. T. I. p. 5.)

§. 35.

Werner Heinrich von Campe weiland
Königlicher Groß-Brittanischer, wie auch Churfürst-
licher Braunschw. Lüneburgischer Hofrichter, und der
Hochlöbl. Zellischen Landschaft ältester Landrath, Erb-
und Gerichtsherr auf Isenbüttel und Wettmarshagen,
Heinrich Vollraths von Campen ältester Sohn, war
den 13. Oct. 1684 geboren, und war noch ein Kind,
als ihm der Vater durch den Tod entrissen ward. Da
er gleichwol viel Hang und Fähigkeit zum studiren
schon in den zartesten Jahren zeigte, so ließ auch seine
Frau Mutter nichts ermangeln, ihm den erforderlichen
Unterricht geben zu lassen.

Sie schickte ihn zu dem Ende schon 1697 nebst sei-
nem Herrn Bruder, Ernst Friedrich Vollrath nach
Hildesheim, in die Unterweisung des Magister, Dor-
gen, und 1760 kam er nach Lüneburg auf die Ritter-
Akademie. Hier blieb er biß 1700, und gieng von
da nach Halle, wo er des Unterrichts eines Gund-
lings, Stricks, Thomasius, und anderer großer
Männer genoß. Im Jahre 1707 gieng er nach Ley-
den, blieb daselbst bis 1709, begab sich darauf nach
Brabant, und wohnte als Volontair der blutigen
Schlacht bei Malplaquet bei. Er war willens auch
Frank-

Frankreich zu besuchen; aber die unruhigen Zeiten er-
laubten es nicht, weswegen er durch die Niederlande
seine Reise nach England fortsetzte. Nicht lange nach
seiner Zurückkunft, erhielt er 1712 die Stelle eines
Hofgerichts-Assessors zu Zelle, ward kurz darauf Rit-
terschaftlicher Deputirter, und 1716 Lüneburgischer
Landrath. Im Jahre 1738 ward er zum Vice-Hof-
richter, und 1740 nach dem Ableben des weiland
Herrn Hofrichters von Hohnhorst, in dessen Stelle
zum Hofrichter ernennet. Da er als ältester Landrath, nach dem Ableben des Herrn von Grote, das
Landschafts-Directorium fast 2 Jahr hindurch rühmlichst geführt hatte, so war er auch bereits Seiner Majestät dem Hochseligen Könige Georg II. zum Landschafts-Director präsentirt; aber der Tod zernichtete
auf einmal alle diese Aussichten. Es war im Jahr
1743, als der König seine teutsche Staaten besuchte,
weswegen nach geendigtem Landtage der weiland Herr
Hofrichter nach Hannover gegangen war, um Seiner
Majestät im Nahmen der Landschaft ihre Devotion zu
bezeugen. Diese Pflicht war abgestattet, und der Herr
Hofrichter war schon wieder zu Hause, als plötzlich
die Vorboten einer tödlichen Krankheit sich einstellten.
Um alles zu versuchen, die traurigen Folgen abzuwen-
den, kehrte derselbe krank nach Hannover zurück, sich
der Hülfe der dortigen berühmten Aerzte zu bedienen.
Allein es war umsonst, die Stunde des Todes schlug,
und er verschied den 16 Jul. 1743. Abends nach 9
Uhr, nachdem er 58 Jahr, 9 Monathe und 3 Tage
gelebt hatte. Von seiner Gemalin, Dorothea Luise

K 3   von

von Krosigk, weiland Herrn Bernhard Friedrich von
Krosigk auf Poplitz, Königl. Preußischen Geh. Raths
zwoter Tochter, mit der er sich den 16. Mai 1720
vermält hatte, und die 1749 gleichfals verstorben ist,
hat er hinterlaßen 3 Söhne und 3 Töchter. Die Söhne sind 1) Ernst Friedrich Vollrath von Campe,
2) Heinrich Wilhelm August von Campe,
3) Friedrich Georg Werner von Campe.
Die Töchter.   1) Agnese Dorothea Sophia, vermält
1754 mit Friedrich Conrad von Weyhe auf Fahren-
horst, nach dessen Ableben 1769 sie sich 1774 abermals mit Herrn Christian Ludewig von Bilderbeck,
Hofrath und Hofgerichts-Assessor zu Zelle vermälte,
und 1778 starb.

2) Magdal. Ehrengard Luise von Campe, vermält 1754 mit Heinrich Bernhard Schrader von
Schliestedt auf Schliestedt und Küblingen, weiland
Herzoglich Braunschweigischem Geheimden-Rath,
starb 1763 den 1. Jul.

3) Caroline Anna Hedewig, vermält 1) 1759
mit Adam Ferdinand von Torney auf Hedern und
Rheten, geschieden 1776. 2) Mit Georg Wilhelm
von Makphail, Amtsvoigt zu Winsen an der Aller.

§. 36.

Ernst Fridrich Vollrath von Campe *)
war geboren den 26. Mai 1721, nachdem derselbe
nebst seinen Brüdern von Privat-Lehrern in den Schul-
Studien

*) Desselben Ehrengedächeniß vom M. G. Eberhard
Schmauß, Zelle 1743 und Manecken Stammtafel.

Studien war unterrichtet, auch schon zu der Rechts-
Gelehrsamkeit vorläufig war angeführt worden, bezog
er nebst seinem 2ten Herrn Bruder, 1741 um Ostern
in Begleitung eines Hofmeisters, die Göttingische hohe
Schule, wo er durch den Unterricht eines Treuers,
Köhlers, Klaprooths, Böhmers, Schmauß ꝛc. in den
Wissenschaften sich zu vervollkommeren suchte, die man
von einem Manne erwartet, der dem Staate standesmäßige Dienste leisten soll. Nach Michael 1743
verließ er jene Academie in der Absicht, sich auch auf-
serhalb des Vaterlandes mit Erkentniß zu bereichern;
allein der Todt seines Herrn Vaters, und sein eigenes
bald darauf erfolgtes Ableben zernichtete diesen Plan.
Er erkrankte den 31 Jan. 1744 plötzlich und starb am
Frisel, und der Brustkrankheit den 5ten Febr. ebendes-
selben Jahrs *).

  Friedrich Georg Werner von Campe,
hatte 1745-1748 auf der Lüneburg. Ritter-Academie studieret, ward 1751 Herzogl. Braunschw. Hof-
Junker, 1753 Kammerjunker, 1760 Oberschenke,
1764 Ober-Marschall, starb 1768 als designirter
Ritter des teutschen Ordens.

  Heinrich Wilhelm August von Campe,
weil. Königl. Großbrittannischer, wie auch Churfürstl.
Braunschw. Lüneburg. Hofrichter, Oberhauptmann
zu Eicklingen, der Hochlöblich. Zellischen Landwirthsch.
Gesellschaft Mitglied, Erb- und Gerichtsherr auf Isenbüttel und Wettmarshagen auch Erbherr auf Nienhagen,
war auf dem Stammhause zu Isenbüttel, den 23 Mai
1722 gebohren. Von der alles regierenden Vorse-
              hung

*) Desselben Ehren-Gedächtniß von M. Schmauß 1744.

hung zu großen Unternehmungen und wichtigen Dien=
sten des Vaterlandes bestimmt, mit vielen natürlichen
Fähigkeiten ausgerüstet, von einer edlen Ruhmbegierde,
den Glanz seiner Ahnen zu erweitern angereißt, säumte er
nicht in seinen jugendlichen Jahren sich durch geschick=
te Privat-Lehrer zu den Erwartungen vorbereiten zu
lassen, die sich ein jeder von ihm versprach. Weit
über den Bezirk einer gemeinen Erkenntniß erhaben,
bezog er 1741 nebst seinem ältern Herrn Bruder von
einem Hofmeister begleitet, die Göttingische Akademie,
hörte daselbst in der Philosophie, der Rechtsgelehr=
samkeit und den damit verknüpften Wissenschaften die
größten Männer, und erwarb sich die Liebe und Be=
wunderung aller, die ihn näher zu kennen die Ehre
hatten. Der Tod seines Herrn Vaters verkürzte zwar
den Aufenthalt zu Göttingen in etwas, doch ward da=
durch die Wißbegierde nicht bei ihm verringert.

 . Reisen in fremde Länder sind nicht allemal die besten
Mittel zur Vollkommenheit; aber sie sind es, wenn
sie nach Grundsätzen der Vernunft und der Tugend
eingerichtet werden. Mit diesen - Voraussetzungen
übernahm derselbe seine Reisen durch Teutschland, bis
in Ungarn, und wie konte es fehlen, daß er nicht mit
einer ausgebreiteten Kentniß von Sachen, die sich nicht
zu Hause erlernen lassen, bereichert zurück kam? Sol=
che Talente bleiben nicht lange verborgen, und ihnen
ist es vorzüglich beizumessen, daß er bald von einer
Ehrenstelle zur andern fort eilte. Schon im J. 1747
ward er zum Land= und Licent-Commissair in Fallers=
leben; 1748 zum Hofgerichts-Assessor in Zelle; 1751

zum

zum Amts-Voigt in Jlten, 1755 zum Ordinarius im
Hof-Gerichte, und Oberhauptmann zu Eicklingen bestellet, und im folgenden Jahre 1758 geruheten des
Königs Georg II. Majestät ihm die Würde eines Hofrichters beizulegen. Gemächlichkeit und ruhige Tage
sind nicht immer mit solchen Posten vergesellschaftet,
und das erfuhr auch derselbe besonders im J. 1757.
Denn als er damals bei der französischen Invasion
zum Mitgliede des Collegii deputati war ernannt
worden, und den exorbitanten Forderungen des Obersten Befehlshabers der feindlichen Truppen nicht Gnüge leisten konnte, sahe er sich genöthigt seine Sicher-
heit in Hamburg bis zum Abzuge der französischen Völ-
ker, zu suchen. Ueberhaupt waren der Eifer in dem
Dienste des Königs, die Sorge für die Amts-Unter-
thanen, die Justiz-Pflege, und die Bemühung, als
Patriot Nutzen zu stiften, die Hauptzüge seines noblen
Characters. Die Beweise sind notorisch. Das Gut
zu Wettmarshagen hatte bisher sein Bruder, der Hof-
Marschall, Herr Friedr. Georg Wilhelm von
Campe inne gehabt, nachdem aber derselbe 1768
verstorben war, fiel dasselbe an den Herrn Hofrichter
zurück. Im Jahr 1760 hatte sich derselbe zu Jsenbüttel mit dem Fräulein Louise Antonetta Charlotte, weiland Herrn Wilhelm von Weferling, Herzogl. Braunschw. Obersten Tochter vermält; sie starb
aber den 27 Aug. 1775 unbeerbt. Es vermälte sich
also derselbe zum zweitenmale, mit der jetzt hinterlassenen Fr. Witwe, Frauen Wilhelmine, Charlotte, Amalia von Behr, Herrn Dietr.

S   Georg

Georg Ludew. von Behr, Herrn zu kleinen Häußlingen, Fräulein Tochter. Die Vermälung geschahe den 24. Jul. 1777 gleichfalls zu Isenbüttel. Es waren beinahe schon 4 Jahre verflossen, ehe sich eine Hofnung zum Erben zeigte, als die Erfüllung dieses Wunsches endlich eintrat, aber in so ferne zu spät, daß der Herr Gemal das Glück nicht haben sollte, die Entbindung seiner würdigen Gemalin zu erleben. Eine anfangs gering scheinende Unpäßlichkeit nahm schnell überhand, und machte alle versuchte Hülfe unwirksam. Das Ende seiner Tage war da, und er verschied am 12 Febr. 1781 in den Armen seiner schwangern Gemalin, nachdem er sein ruhmvolles Leben auf 58 Jahr, 9 Monate und 8 Tage gebracht hatte.

In den letzten Monaten ihrer Schwangerschaft begab sich die Fr. Wittwe hieher nach Zelle, um die Zeit ihrer Entbindung abzuwarten, und die erfolgte den 6. Aug. 1781. Abends um 9 Uhr von einem gesunden Erben, der in der Taufe am 10ten desselben Monats den Namen Ernst Georg Ludewig erhielt. Die Gevattern waren, Sr. Durchlauchten, Prinz Ernst von Mecklenburg Streliz, der Herr Ober-Appellations-Rath von Schlepegrell, der Herr Kammer-Junker, Freiherr von Spoerck, Herr Georg Ludew. v. Behr zu klein Häußling.

Die gnädige Vorsehung segne diesen einzigen Stammhalter einer Hochadelichen Familie, deren rühmliches Alterthum in das siebende Jahrhundert zurück reichet, und lasse ihn nebst der Fr. Mutter und Angehörigen ihrem gnädigen Schutze empfolen seyn!

Zwei-

Zweiter Theil.

Von den Wappen und Seiten-Linien, nebst den übrigen Hauptfamilien gleiches Namens.

Abschnitt I.

Von den alten und neuen Wappen.

§ 1.

Nach Pfeffingers Angabe (T. I. p. 6.) soll das älteste Wappen der Edlen Herren von Campe auf Isenbüttel vom Jahr 1305 seyn, und sich im Kloster Wienhusen an einem alten Briefe angehengt gefunden haben, mit der Umschrift: S. JORDANI DE CAMPOCK. Gegenwärtig will man von diesem Briefe zu Wienhusen nichts wissen. Es soll dasselbe aus einem alten teutschen Schilde bestehn, durch welchen ein Streifband oder Balken, oben mit 5, unten mit 4 Spitzen gehen soll, samt 2 halben Spitzen zur Seiten. Ohne die Zeichnung zu sehen, läßt sich diese Beschreibung schwerlich verstehen. Richtiger wird sie Heraldisch also angegeben; der Schild hat einen 12 mal eckig gezogenen Queerbalken, von dessen obern sieben Ecken zwei an des Schildes Rand stoßen. (Gebhardi).

Indessen läßt sich demselben ein noch älteres vom Jahr 1297 von eben demselben Jordan entgegen stellen. Es hänget dasselbe an dem Vertauschungsbriefe N. II. und hat die Gestalt wie N. (*). auf der Kupfer-

L 2   platte.

platte. Das alte teutſche dreyeckige Schild iſt eben=
falls da, auch der zackige Streif in dem Schilde, nur
in einer andern Lage und Geſtalt, die Umſchrift, die
zwar etwas abgeſtoßen iſt, ſich doch aber leicht ergänzen
läßt, lautet alſo: S. DOMINI. JORDANIS
DE C--PO. †

Auf verſchiedenen andern Siegeln von den Jah=
ren 1330 an der Urkunde N. V. 1344 an der Urkun=
de N. VI. 1368 an der Urkunde N. IX. ſind die Ha=
cken oder Spitzen auf dem dreieckigten Schilde eben
ſo geformet, nur iſt das Siegel mit der Umſchrift Zir=
ckel rund. Die ſpätern Siegel haben bald mehr, bald
weniger Spitzen. Doch mehrentheils fünf, ſelten viere,
und noch ſeltener drei.

Balduin de Blankenburg, der das Qued=
linburgiſche Lehn Saltowe beſaß, und es 1234 dem
Stifte reſignirte, (Erath dipl. Quedlinb.) führte
eben denſelben Balcken mit den Spitzen. Die von Boden=
dieck hatten ebenfalls viele Lehne um und von Quedlin=
burg, und brauchten ſtets den Blanckenburgiſchen Schild.

Von den Brüdern Bodo, Lippold, Henrick,
Henning de Bodendicke (Erath dipl. Quedlinb. p.
361), hatte einer vier Spitzen, und neben jeder Seite
des dreieckigten Schildes ein Hirſchhorn als ein Bei=
zeichen, da die übrigen fünf Spitzen und einen Helm
auf dem Schilde führten. Dieſe drei Hirſchhörner
können, wenn ſie nicht ein bloßer Zierrath ſind, eine
Anſpielung auf den Namen Blanckenburg abgeben.
Denn die Grafen von Blankenburg führten zu dieſer
Zeit ſchon ein einzelnes Hirſchhorn im Schilde, wie
man

man aus dem Kupfer in Leuckfelds antiquit. Blan-
kenburgicis siehet, und wahrscheinlich war damals
schon dieses Gräfliche Wappen ein Blanckenburgisches
Wappen geworden. Der Helm der übrigen Siegel
hat neun überhängende Federn zum Kleinod. (Kupfer-
tafel. N. 2.) In sigillo Jordani de Kampock,
Jordani de Blankenborch et Annonis Blankenburg, der im Documente Anno de Campe heisset,
(Erath l. c. p. 390.) sind 1320 eben diese Helm-Klei-
node nur merentheils von fünf Federn, oder vielmehr
von einem völligen Pfauenwedel (Kupfer-Tafel.
N. 1.) Eben diesen Helm und Schild haben auch die
vier Schencken von Niendorp in ihren Siegeln 1311.
(Kupfertafel. N. 3.) woraus erhellet, daß alle
Wapen der von Blanckenburg und aller von ihrem
Stammvater herrührender Geschlechter ein eckig gezogener Queerbalke im Schilde, und ein natürlicher
Pfauen-Wedel auf dem Helme gewesen ist. Den
Schild haben einige Zweige der Herren von Campen
und von Bodenteich beibehalten, denn man findet
ihn nicht nur in Siegeln von 1267, 1284, 1306,
1317, 1341, 1360, 1367, 1388, 1398, sondern
in einem alten Wappen-Buche vom Jahr 1330. Und
in Cord. von Döhring etwas jüngeren Lehn-Copial-
buche, welches in der Lehnlade der Herren von Döhring lieget, sind auch zwei Wappen der von Campe,
beide mit den silbernen geeckten Queerbalcken im rothen
Felde, allein mit verschiedenen Helm-Kleinodien: denn
auf dem einen Schilde von 1530 stehet ein Helm
(Kupfer-Tafel N. 4.) mit einem roth und weis ge-

L 3   wundenen

wundenen Wulſt und zwei rothen Stierhörnern, auf
deren jedem ein geſtürzter weiſſer Sparre lieget. Auf
dem andern iſt der grüne Pfauen-Schweif auf eine ſilberne Säule 'geſetzet, und neben ſelbiger läuft ein
ſchwarzer Hirſch, der mit einer rothen Turnierdecke
bekleidet iſt, auf welcher der weiße Balcke mit 6
Spitzen gezeichnet iſt. In einem Siegel Aſchwins de
Campe vom Jahr 1345, und einem andern Aſchwini
de Blankenborch, oder wie Pfeffinger irrig geleſen hat,
de Klacenborch, von 1346 findet ſich der Hirſch mit
ausgeſchlagener Zunge (Kupfer-Tafel. N. 7.) und
die Turnierdecke, die um den Hals herumläuft und in
zwei längern Streifen bis an die Klauen herabhanget.
In dem Siegel vom Jahr 1346 hat der Streif oder
Balcken oben nur 2 ganze, in dem von 1345 aber
fünf Spitzen. Es iſt wahrſcheinlich, daß dieſer Hirſch
ſich auf Blanckenburg beziehet, und von dem Campiſchen Haupt-Stamme als ein Zeichen der völligen Ab-
ſonderung von den übrigen Nebenzweigen angenommen iſt. Dieſe Nebenzweige behielten ihre alten Wappen, und man findet bloß den Queerbalcken mit 5 Spitzen 1321 und 1346. N. 16. In den Siegeln Hennings von Bodendieck (Pfeffingers Geſch. der von Bodenteich 1 Kapitel,) und Corts von Bodendick von
1375, (Kupfer-Tafel N. 17. Allein endlich folgten die von Bodenteich auch dem Beiſpiele der von
Campe, und ſo viel man finden kann, waren Werner
und Alperich von Bodenteich die erſten, die 1470 im
Schilde und auf dem Helme den Hirſch (Kupfer-Tafel. N. 12.) führten. Dieſer Hirſch und ein anderer
                                                    des

des jungen Alverichs vom Jahr 1519 N. 9. hatte
keine Decke *) Allein in dem gleichzeitigen Schilde der
Domina zu Lüne, Sophia von Bodendick, im
Kreutzgange zu Lüne ist ein gelber gehender Hirsch im
goldenen Felde mit einer rothen Decke, auf welcher
der weiſſe Queerbalcke bei der vierten Spitze nach dem
Halſe zuläuft. (Kupfer-Tafel N. 8.) **). Seit dieser Zeit ist das Helm-Kleinod der Herren von Campe
und von Bodenteich faſt einerlei (Kupfer-Tafel
N. 10.). Die von Bodenteich hatten im ſilbernen
Felde einen braunen rechts ſpringenden Hirſch, bekleidet mit einer rothen Decke, auf der ein viermal oben
geſpitzter oder zehnmal eckig gezogener ſilberner Queerbalcke

*) Conſiſt. R. Grupe hat in der Hiſtor. Nachricht von der
Stadt Hannover Götting 1748. p. 16. ein Siegel ohne
Helm mitgetheilet. Andere mit dem Helm finden ſich
an vielen Landſchaftl. Urkunden dieſer Zeit.

**) Die Beſchreibung des Bodenteichiſchen Wappens iſt
aus Pfeffingers Beſchreibung dieſes Geſchlechts genommen, nnd von demſelben nach Chriſtoph v. Bodenteichs
Wappen gemacht. An dem Sarge der Ilſe von Bodenteich, vermälte von Maiern in der St. Michael
Kirche zu Lüneburg, war der Balcken Gold, und auch
die Decke war unten nnt Gold eingefaßt, in Fürſtens
Nürnbergl. Wappen-Buche, 1 Th. p. 179. iſt die Säule
golden. In Lüneburg neml. ſoll im XV. und XVI.
Seculo üblich geweſen ſeyn, daß die Frau des Mannes oder Vaters Schild mit vertauſchten Metallen geführt habe; daher kommt es vielleicht, daß der Schild
der Domina und der Balcken der Maiern Gold iſt,
da die Männer beide ſilberne hatten. (Gebhardi.)

balcke lieget. Die von Campe haben den zehnmal gezogenen oder fünfspißigen silbernen Balcken im rothen Felde. N.' 13. Die Helmdecken der von Bodenteich und von Campe sind roth und Silber. Auf dem Bodenteichischen Helme, der mit einem roth und weissen Wulst beleget ist, stehet eine rothe mit einem grünen Pfauen-Schweif besetzte Säule, vor welcher der Hirsch des Schildes springt. Auf dem Campischen Helme ist die Säule golden, und auf selbiger sind 3 Strauß-Federn von sonderbarer Tinctur gesteckt. Denn die mittlere ist roth, der überhangende Theil aber weiß; die äussern sind weiß mit überhangenden rothen Theilen. Dem Bodenteichischen gleicht der Schild der von Medingen und von Lobeck, in welchen auch ein springender Hirsch gefunden wird; allein er läßt sich leicht von diesem unterscheiden: denn der Lobeckische Hirsch ist unbekleidet, und der Medingische hat in allen Siegeln zwar auch einen völligen Wappen-Rock, wie der Bodenteichische, allein seit dem XVI. Seculo trägt er nur eine von roth und Silber der Länge nach getheilte Decke über den Rücken. Uebrigens ist gewiß, daß die von Meding und Lobeck eines Geschlechts sind, allein ohngeachtet des ähnlichen Schildes haben sie doch wol in keiner Verbindung mit dem Blankenburgischen Geschlechte gestanden.

Die zu den von Blanckenburg gehörigen Herrn von Herlingsberge (Kupfer-Tafel. N. 5.) haben vermöge einer Zeichnung in dem vorgedachten Lehnbuche Cords von Herlingsberge im schwarzen Felde einen fünfspißigen oder vielmal eckig gezogenen goldenen

Balcken

Balcken gehabt. Im Siegel Ludwigs von Elvekin-
gerode vom Jahr 1331. (Erath dipl. Quedlinb. p.
421) war eben dieser Balcken (Kupfer-Tafel. N.
6.). Johannes de Gersdorphe hat 1267 (ibid.)
(Kupfer-Tafel. N. 4.) einen der Länge nach getheilten Schild, im lincken Felde den Balcken mit
drittehalb Spitzen, und rechts drei Queerbalcken, von
welchen der oberste angeschoben ist, und unter jedem
Balcken zwei Fahnen. Vermuthlich war das letzte
Feld ein Amts-Wappen. Denn man findet es auf
die Weise im Schilde Werneri de Medinge juvenis unter einem Löwen 1312, und auf der Hirschdecke
im Siegel Werneri de Medinge des Aeltern 1307,
und Wasmods von Medingen 1357, die insgesamt
Erb-Land-Marschälle waren.

Abschnitt II.
Die von Campischen Seiten-Linien.

§. 2.

A. Die Bodenteichische.

Die Geschichte dieser Familie hat der selige Rath
Joh. Fried. Pfeffinger ausgearbeitet, und als einen
dritten Theil dem historischen Berichte von der Ankunft
und dem Fortgange des uralten adelichen Geschlechts in
Sachsen, der von Meding angehenget, welche wich-
tige und mit vielen Urkunden versehene Handschrift
Sr. Hochwürden des Herrn Domherrn zu Naumburg
Christian Friedrich August von Medingen, besitzen.
In dieser sind viele Nachrichten, allein nicht so viele

M   als

als zu einem Stammbaume erfordert werden. Das
erste Kapitel handelt vom Ursprunge des Geschlechts,
das zweite vom Wappen und das dritte von den Personen. Im ersten Kapitel wird blos dargethan, daß
die von Bodenteich nicht zu den von Meding gehören,
und die Erzälung, daß die von Bodenteich 130 auf
einem Reichstage zu Braunschweig gewesen sind, für
eine Erdichtung erkläret. Zwey kürzere Bodenteichische Familien = Geschichten von W. C. sind im 60.
und 62. Stücke der Braunschweigischen Anzeigen von
1746, und im 80. Stücke des Jahrs 1760. Endlich findet man eine in den neuesten Zeiten vollständige
Stammtafel des Geschlechts vom Amtmann Behrens
im Sam. Walthers VI. Theil der Regularium Mag-
deburgicorum p. 54.

Daß die von Bodendick und von Blankenburg
von einem Stammvater herkommen, zeiget erst ihr
gemeinschaftliches Wappen und ferner die Gemein-
schaft der Güter, in welcher beide Geschlechter vermöge der Urkunden in der Erath Cod. Dipl. Quedlinb. im XIII. und XIV. Seculo gestanden haben.
Vermuthlich daurte die erste ziemlich lange, weil sie
noch im XVI. Jahrhunderte ihre Wappen gemeinschaftlich änderten. Wahrscheinlich war der Stamm-
vater der von Bodenteich ein Schloßgesessener oder
Pfandinhaber zu Bodenteich, und legte sich daher den
neuen Namen bei. Denn daß das Bodenteich ein Landes-
herrschaftliches Schloß, nicht aber ein adeliches Gut
im dreizehnten Jahre schon gewesen ist, muß man daraus vermuthen, weil ein Theil vom Herzogthume Lüneburg

neburg das Land Bodendike in einer herzoglichen Urkunde vom Jahr 1293 genannt wird. (S. Hannöverisches Magazin 1762. p. 911.) Die von Bodenteich blieben Pfandbesitzer des Schlosses und dazu gehörigen Kreises bis 1347, da Baldewin von Bodendick es für 650 Mark den Herzogen Otto und Wilhelm von Lüneburg abtrat (*) Nachher bekamen sie das Schloß wieder, denn sie vertheidigten es im Jahr 1371. im Namen des Herzogs Magnus gegen die sächsischen Churfürsten (Braunschw. Anzeigen 1746 p. 1387 und 1889), und Ludolf von Bodenteich war 1428 auf Bodendick beschlaßet. (Erath Nachricht von Br. Lüneb. Erbtheilungen p. 52. Baring Beschreib. der Lauensteinischen Saale p. 117). Dieser Ludolf mußte das Schloß auslösen laßen, und darauf ward es vom Herzog Wilhelm seiner Gemalin 1429 zum Wirthum verschrieben.

Der erste, der unter dem Namen von Bodendick in Urkunden vorkomt, ist Iohannes de Badendike, der 1226 in des Pfalzgrafen und Herzogs Heinrich Bestätigung eines das Kloster S. Aegydii in Braunschweig betreffenden Kaufs (**) gefunden wird. Vielleicht ist dieser und der oben angeführte Johann von Blankenburg Jordans II. Sohn ein Mann. Baldewinus von Bodenteich erscheint zugleich mit Jordan und Jusarius von Blankenburg 1237 in einer Urkunde Herzog Otto des Kindes (***) und war vielleicht

M 2   der

*) Merian und Zeilers Topog. Br. Luneb. p. 56.
**) Orig. Guelf. T. III. p. 710.
***) Orig. Guelf. T. IV. praef. p. 63.

der oben angeführte Bruder des Johann von Blankenburg, der auch den Namen von Campe zuweilen
führte. Ein anderer Johann lebte 1245, und wird
in Gräflich Dannebergischen Urkunden angetroffen,
(N. 21. *), und war entweder jener Johann der erste,
oder auch ein Sohn desselben. Nun zeigen sich zwei
Linien, eine Quedlinburgische und eine Lüneburgische.
Die Quedlinburgische stand unter der Dienstmanschaft
der Abtißin zu Quedlinburg: denn die Abtißin vertauschte 1266 an den Herzog von Braunschweig ihren
Ministerialis Hermann, den Sohn Lippoldi militis
de Bodendike gegen einen anderen edelen Dienst-
mann **). Hermann hatte 1272 einen jüngern Bruder Johann ***), welcher 1297 Dapifer oder Truchseß der Abtißin war ****), und also in der Dienstmanschaft verharrete. Bodo, Lippold, Henning und
Henrich, die wie oben bemerkt ist, den Bodendick-
schen Schild mit beiliegenden Hirschgeweihe und den
Pfauenschweif auf dem Helme im Siegel führten, verkauften 1311 dem Stifte S. Wiperti in Quedlinburg drei Höfe in Ergherenvelt *****), und können des
ersten Lippolds Enkel seyn. Lippold der Jüngere schloß
im Jahre 1300 einen Vergleich mit den Edelen von
Eßbeke, und hatte 1320 zwei Söhne, Erich und
Lippold ******)

In

---

*) Orig. Guelf. T. IV. p. 196.   **) Erath dipl.
   Quedl. p. 229. ***) Erath l. c. p. 257. ****) ib.
   p. 305.   *****) ib. p. 361.   ******) ib. p. 305,
   361, 389.

In der Lüneburgischen Linie sind die ersten Baldewin, Werner, Johann und Baldewin, die in der hinten mitgetheilten Urkunde, N. 16. wodurch sie 1286 ihr Recht an dem Zehnten zu Haßle dem Kloster Medingen schenken, zwar nicht ausdrücklich Brüder genannt werden, aber es dennoch gewesen zu seyn scheinen. Wenigstens findet man Johann und Werner öfters als Brüder beisammen, nemlich 1294, „da sie ihrer verstorbenen Mutter Ida, die eine Schwester Margarethens der Witwe Gebhards von Bortfeld, war, Jahr-Gedächtniß im Kloster Distorf stifteten a), und 1303 sowol in einer Urkunde des Klosters Medingen b), als auch bei dem Vergleiche des Herzogs Otto von Lüneburg, mit den Herzogen von Sachsen-Lauenburg Albrecht und Erich N. 22., und der Veräuserung der Grafschaft Danneberg an eben diesen Herzog Otto c). Beide waren 1303 Ritter. Johann kommt 1310 und 1318 d) noch in ungedruckten Gräflich Dannebergischen Urkunden N. 17. und 1320, und 1321 als Patruus der Söhne des damals schon verstorbenen Ritters Werner in andern Diplomen vor. Einer der beiden Baldewins ist in Medingischen Kloster-Urkunden von 1290 N. 23. und 1292, N. 15. sichtbar, und scheint der Vater eines Johannes de Badendike famuli zu seyn, der als Johannis Vetter

M 3

a) Gercken Diplomataria vet. March. T. I. p. 434.
b) Lysmanns Hist. Nachricht vom Ursprung des Kl. Meding, p. 14. c) Orig. Guelf. T. IV. Praefat. p. 22. d) Sammlung ungedruck. Urkunden 1 B. 1 St. p. 54.

ter 1318 und 1320 bey gewiffen Verträgen aufge-
führet wird.

Johann hatte drei Söhne, Anno, Boldewin, und
Werner. Die beiden erften verbürgeten fich 1320 nebft
ihrem Vater für ihre Vettern, die Söhne des Werners
verkauften 1317, mit Einwilligung ihres Bruders Werner, und unter der Bürgfchaft ihres Vetters
Johann von Bodendick, dem Klofter Ebftorf drei Höfe
zu Wefterweinde, nachher acht Höfe in Stadorp und
1321 am St. Johannis Tage unter der Bürgfchaft
ihrer Avunculorum Werner, und Werner von Boldenfele noch einen Hof in Stadorp ⁕). Ferner über-
ließen alle drei Brüder 1321 mit Zuziehung ihrer
Bettern dem Klofter Lüne die Lehuherrfchaft über Hof-
teln. Anno und Baldewin allein waren Zeugen 1324,
da die von Melzing dem Klofter Ebftorf Ländereien
verkauften ⁕⁕). Baldewin war 1328 Zeuge bei einem
Kaufe zu Ebftorf. Anno überließ 1318 dem Eckard
von Eftorf, deffen Tochter Ermegard er im Ehebette
hatte, mit Genemigung feines Sohns Henning, einen
Hof in Goghendorpe ⁕⁕⁕). Vielleicht ift er 1344 noch
im Leben gewefen, weil in diefem Jahre ein Anno Ritter

⁕) Pfeffingers Br. Lüneb. Gefch. 1 Th. S. 400.
⁕⁕) Pfeffingeri Hift. ML Bodenteich. Von Baldewin
ift eine Urkunde von 1324 in den Braunfchw. Anzeig.
1746. p. 1318 angeführet.
⁕⁕⁕) Scheid Mantiffa vom Adel, p. 429. wo eine Urkunde ftehet, durch welche Eggerd von Eftorpe, dilecto
generi fuo Annoni 2 Cafas in Ludbere verkauft. Die
Goghendorpfche Urkunde führet Pfeffinger Hift. Bodenteich. ML an.

tet mit seinem Sohne Henning dem Knappen, den
Edelherrn Conrad und Wolter von Boldensen einen
halben Hof in Holthusen verkaufte, und beide den
Jahren nach, er und Henning gewesen seyn können.

Werners Kinder waren Henning, Anno, Conrad, Boldewin, Werner, Margareta und Gisela,
und alle zeigen sich in einer Urkunde, durch welche die
Brüder am Abend vor Jakobi 1320 einen Hof in
Lindedhe unter der Bürgschaft ihrer Vettern Anno
und Boldewin, wie auch Johannis von Bodenteich,
und der Edelen von Boldensele dem Kloster Ebstorf
verkaufen, und zugleich ihre beiden Schwestern in dieses Kloster bringen. Im Jahr 1320 genemigten sie,
daß ihr Vetter der Ritter Henning von Bodenteich,
und dessen Söhne Anno und Boldewin sieben Höfe in
Stadorf Hildemaren von der Odeme verkauften. *)
N. 17. Werner verlor im Jahr 1312 seine Gemalin Margarethe, und stiftete laut der Pfeffingerischen
Geschichte am St. Gertruds Tage ihre Seelmesse im
Kloster Isenhagen durch das Geschenk der Mühle zu
Wittenwater. Er nennet bei dieser Gelegenheit Conrad

---

*) Pfeffingeri Hist. Bodenteich. Ms. Da die Söhne Jo-
hannis und Werners gleichfals Höfe in Stadorf besassen, so muß der Stammvater dieses Werners, Johannes, und Ritter Henninges, ein von der Quedlinburgischen Linie abgesonderter Mann, und den Jahren
nach, Johannes Vater und Hennings Großvater gewesen seyn. Vermöge der Zeitrechnung könnte dieser
der Hermann Lippolds Sohn seyn, der aus den Quedlinburgischen in die Braunschweigische Dienste 1266
kam.

rad Edelherren von Boldensele und Paridam u. d.
Knesebecke seine Avunculos. Allein, da eben diese
1317 als nahe Verwandte sich auch für seine Vettern
Anno und Boldewin verbürgten, so scheint es eher,
daß diese Männer zwei Schwestern seines Vaters, als
seiner Mutter in der Ehe gehabt haben. Henning
erscheinet 1318 in einer Verkauf-Urkunde der von
Melzing und des Klosters Ebstorf, N. 17. und scheint
der Olde Henningk von Bodendycke Knappe zu seyn,
der 1346 Bürge für Georg von Bodensted ward, als
dieser eine halbe Wiese dem Krüger zu Boddensted im
Amte Bodenteich, laut einer bei dem jetzigen Krüger
vorhandenen Urkunde, verkaufte.

Jener Ritter Henning verhandelte an das Kloster
Ebstorf 1321 einen Hof in Stadorf, und 1323 die
Vogtei eines Hofes zu Westerweynede (Hift. Pfeff.
Bodent.). Anno, sein ältester Sohn, überließ 1340
mit Genemigung seiner Brüder, Boldewin und Werner, den Zins eines Hofes zu Sovendorpe Gebharden
von Esche. Baldewin erscheinet 1328 als Zeuge, da
die von Melzing dem Kloster Meding ihre Güter zu
Alten-Ebstorf verkauften. N. 17. Da er 1340 noch
lebte, so ist er wahrscheinlich derjenige Balduin, dem
die Herzoge von Lüneburg seine Pfandschaft am Schlosse
Bodenteich 1347 ablöseten. Werner kann der Vater
Hennings und Anno seyn, die 1369 Werners Söhne
und des Ritters Baldewin nahe Vettern in dem Bürg-
scheine beim Verkauf der Nate-Mühle heissen. Beide
wurden 1371 vom Kaiser, weil sie dem Herzog Magnus von Braunschweig getreu blieben, am 13 Octobr.

im

in die Acht erkläret. *). Henning **) kam 1371, am
St. Ursula Tage im Dienste des Herzogs Magnus
von Braunschweig, bei der Ersteigung der Stadt Lüneburg um sein Leben, und ist wahrscheinlich auch derjenige Henning, dessen Sohn Dieterich 1380 in einer
Ebstorfer Kloster-Urkunde vorkomt ***) und 1403 Henrichs und Werners, der Söhne des Ritters Balduin,
Vetter genannt wird.

Dieser Ritter Balduin forderte 1369, da er
die Nate-Mühle Heinen Roggenmüller verkaufte, von
seinen Vettern Henning und Anno, als nächsten Ver-
wandten, ihre Genemigung, und muß demnach der Sohn
eines ihrer Vaternbrüder gewesen seyn. Im Jahe
1364 hatte er einen Bruder Alverich, dem das Schloß
Alvensleben damals gehörte (Pfeffinger H. Bodent.)
Seine Söhne waren laut des Verkauf-Instruments
vom Jahr 1369, Bertold, Baldewin, Gebhard
oder Gevert, Heinrich oder Henning und Werner.
Bertoldens wird nicht weiter gedacht. Boldewin
verlieret sich mit dem Jahre 1371 ****) soll aber zwei
Söhne

---

*) Dipl. in Scheid. Bibl. Hist. Goettingensi p. 153.
**) Vielleicht ist es dieser Henning, der mit dem Prädicat
   Herr, und also als Ritter 1350 in einer Urkunde Herzog Henrichs zeuget. Scheid Cod. dipl. zu den Anmerk. über Mosers Br. läneb. Staatsrecht Vor. p. 32.
***) Pfeffinger Hist. MC. Bodenteich. h. an.
****) Mit diesem Balduin fänge die Stammtafel des Amt-
   mann Behrens an. Vermöge selber gehörte ihm Apens-
   burg 1360, und er hatte zwei Söhne, Balduin und
   Johann, die 1416 lebten. Balduins Sohn war Alverich,

N

Söhne, Baldewin zu Apenburg und Johann, und
von dem älteren einen Enkel Alverich hinterlassen haben. Henrich liehe nebst Werner, seinem Bruder,
Hermann von Spörken, und Ludolf von Estorf, die
vielleicht seine Schwäger waren, 1380 Wilken und Her-
mannen von Woltorpe eine Summe Geldes auf Zins.
Nachher ward er Domherr zu Minden, und verkaufte
dem Kloster Ebstorf 1403 das Dorf Elleringsdorf *)
mit Zuziehung seines Bruders Werner und Geverts,
seiner Vettern Baldewin und Ludolfs seines Bruders
Werner Söhnen, Diderichs, Alverichs und Werners,
von welchen die beiden letztern wahrscheinlich seines
Vatern Bruders Kinder und Brüder gewesen sind.
Werner lebte noch 1409, und erscheinet als Zeuge in
einer Herzoglich Lüneburgischen Urkunde (Pfeff. H.
Bodent.) wie auch 1367 in einem andern Documente

verich, dessen Gemahlin 1450 die Schwester des Bischofs von Hildesheim und Verden, Berthold von Landesberg gewesen seyn soll, und diesen hält der Verfasser für Ludolfs auf Schnege Vater. Walther sing.
Magdeb. T. VI. p. 54. Die ersten Glieder können bei
dieser Stammtafel richtig seyn, nicht aber die letzten.
Den Johann hat Pfeffinger (Hist. Bodent.) gleichfals 1415 in einer Lüneburgischen Urkunde aufgefunden.

*) Heinrich heisst in einer Urkunde der Braunschw. Anz.
1746. p 1387 Henning. Ein gewisser Baldwin der
Ritter, und Werner der Knappe, kauften 1414 von
Otten und Anton von Thune Höfe in Bretze und Bar-
schamp, und waren Brüder. Allein da in der Urkunde keiner Söhne gedacht wird, so können sie wohl
nicht die hier genannten Werner und Baldwin zu Apenburg seyn.

mente a) Baldewin sein Sohn, war 1422 Zeuge
(Pfeff. H. Bodent.) und Ludolf 1415, der letzte hatte
eine zalreiche Nachkommenschaft, von der wir hernach
reden wollen.

Geverd oder Gebhard Ritter, besaß Osterwohlde in der Altenmark, und pfandweise auch das Schloß
Sandow im Magdeburgischen (Pfeff. Hift. Bodent.)
Der Brandenburgische Markgraf Johann verkaufte ihm
am Sonntage vor Misericordia 1431 eine Wiese zu
Rodewolde, und den Zins aus der Perwer-Mühle zu
Salzwedel b), schenkte ihm 1431 das Kirchlehen in
Osterwohlde c), und befreiete nach seinem Tode 1436
seine Kinder von der Gerichtsbarkeit des Hofge-
richts d). Im Jahr 1429 übernahm er die Bürgschaft für Herzog Wilhelm von Braunschweig Lüneburg,
in Betracht des der Herzogin verschriebenen Wittums
zu Bodendick e), und am Donnerstage von Kathari-
nen 1430 ward er Hauptmann der Altenmark f).
Seine Söhne Gebhard und Henrich errichteten 1452
nebst andern Schloßgesessenen einen Vertrag mit den
alt-

R 2

a) Gerken Diplomat. Brand. III. p. 328. Vermuthlich
ist dieser, derjenige Werner, der nebst Balduin und
Henrich 1387, den landschaftlichen Abmahnungs-
Brief an die Herzoge Friedrich und Helnrich sandte,
da diese den mit Churfürst Wenzeslas gemachten Frie-
den brechen wolten.

b) Gerken Cod. Dipl. Brandenb. T. VII. p. 274.

c) Lenz, Markgräfl. Brandenburgl. Urkunden II. Th.
p. 541. d) Lenz II, 566. e) Gerken Cod. dipl.
Brandenb. T. VII. p. 274. f) ib. T. VII. p. 218.

altmårkiſchen Stånden g). Der leşte hieß auch Hen-
ning und war ſehr unruhig, denn er befedete 1438
die Mindenſer h), und 1451 die Quedlinburger i).
Die leştern bekamen ihn aber gefangen. Der Mark=
graf Friedrich gab ihm einen durch Hans von Nimbeck
Tode erledigten Lehnhof zu Hindenbordy 1460 k).
Er war der leşte der Oſterwohlder Linie, und der
Markgraf verliehe ſeiner Gemalin Ermgard, und nach
deren Tode ſeiner Tochter Anaſtaſia, leşterer bis zu
ihrer Verheirathung 1465 ein Leibgeding in ihres
Vaters Lehn l). Er lebte noch im Jahr 1467 m).
Vielleicht war ſeine oder ſeines Bruders Tochter eine
gewiſſe Sophia, die 1515 dem Kloſter in Monte
Sion zu Quedlinburg als Priorißin vorſtand n). In
der Zeit, da die Oſterwoldiſche Linie blühete, waren
drei Geiſtliche dieſes Geſchlechts im Braunſchweigi=
ſchen und Brandenburgiſchen, die vielleicht zu ſelbi=
ger gehörten, nemlich Otto, Kirch= oder Pfarrherr
zu St. Magni in Braunſchweig, der 1396 ſtarb,
(Braunſchw. Anzeig. 1760). Heinrich, der zum
Biſchof zu Brandenburg 1393 erwählet ward, und
1406 o) verſchied, und Henning der 1404 Domherr
zu Minden und Archidiaconus zu Lubbecke war p).

Eine

g) Lenz II. 624. Gebhard ſcheint vor 1467 geſtorben
zu ſeyn. Gerken Diplom. T. II. p. 379.
h) Leibnitii Script. rer. Germ. T. II. i) Abel Chron.
Aſcanienſ. p. 572. k) Lenz II. 640. l) Gerken dipl. T. I. p. 509. 520. m) Ibid. T. II. p. 379.
n) ab Erath dipl. Quedl. p. 897. o) Lenz Diplomati=
ſche Stiftshiſt. von Brandenburg. p. 45.
p) Würdtwein ſubſidia dipl. T. X. p. 260.

Eine gewiſſe Anna von Bodendick hatte 1403 Al-
brechten von Wittorf zum Gemahl (Pfeffing. Hiſt.
Bodent.), und Cort von Bodendick war Zeuge in
des Archidiaconus zu Moderstorpe Johann von Bücken
Teſtamente.

Ludolf und Werner von Bodendick waren 1428
beſchloſſete zu Wartbeck, welches Schloß ihnen die
Herzoge von Lüneburg verſetzet hatten q). Eben dieſer Ludolf, wie es ſcheint, hatte auch das Schloß
Bodendick damals als ein fürſtliches Pfand in ſeiner
Gewalt, bekam 1428 vom Biſchof von Verden Johann von Azel einige Verdenſche Zehnten für das Geld,
was er zu der Einlöſung des Hauſes Rotenburg her-
gegeben hatte r) zum Pfande, und 1435 gleichfals
pfandweiſe einen Hof in Leſten und einen Hof zu Neu-
endorf von Boldewin von dem Kneſebeck (Pfeffinger
Hiſt. Bodent.) Im Jahr 1435 war er Schiedes-
richter bei dem Zwiſte des Erzbiſchofs Wilhelm von
Bremen mit den Braunſchweig. Lüneburgiſchen Herzogen Otto Wilhelm und Friedrich. Im Jahr 1436
kaufte er und ſein Sohn Alverich die Kneſebeckiſchen
Güter in Holthuſen von Boldewin und deſſen Sohne
Ludolf, wie auch von Bodo und Anno, Ludolfs Söhnen von dem Kneſebeck (Pfeff. Hiſt. Bodent.) Dieſer
Alverich wird in Verdenſchen Urkunden 1455, 1465,
1469 und 1475 s) gefunden, und war ein reicher,
brauchbarer und geſchäftiger Mann. Er verheerte

N 3　　1455

q) Erath von den Braunſch. lüneb. Erbtheilungen p. 52.
r) Spangenberg Verdenſche Chronick, p. 129.
s) Spangenberg, p. 148, 145.

1455 das Magdeburgische Gebiet als Herzogl. Braunschw. Feldherr t). Er bekam als Pfand für einen
Geldvorschuß von 12000 Gulden, vom Magdeburgischen Erzbischof Friedrich, das Amt Bebsfelde 1459
am Montage nach Petri Kettenfeier u). Er war zugleich in Verdenschen, Magdeburgischen und Lüneburgischen Diensten, und half 1458 den Vergleich
der Braunschweig. Lüneb. Herzoge mit dem Erzbischof
von Magdeburg über Klötze x), 1457 aber die Aus-
einandersetzung der Br. Lüneburgischen Herzoge zu
Stande bringen. Seine Gemalin soll nach der Ver-
sicherung des Amtmann Behrens, der ihm aber einen andern Vater giebt, eine Schwester des Bischofs
Berthold von Landesberg zu Verden und Hildesheim
gewesen seyn. In den Jahren 1471, 1477, 1478,
findet man ihn in Lüneburgischen Landschaftlichen Urkunden y), und 1472 war er Mitvormund des Herzog Henrichs. Er gebrauchte zuerst den Hirsch im
Schilde, und auf dem Helme zum Wappen. Im Jahr
1459 hätte er entweder noch keine Söhne, oder diese
waren noch sehr jung, denn man findet sie in der Obsfelder Urkunde nicht genannt, obgleich dieselbige auch
auf seine Erben gerichtet ist. Im Jahr 1477 gab er
mit seinen Söhnen Ludolf und Othrave den Bürgern
zu

t) Schomakers Lüneburg. Chronik. ad. an. 1455.
u) Walther sing. Magdeburg. IV. Th. p. 47. seq.
x) Gerken Cod. dipl. T. IV. p. 543.
y) In J. F. F v. Bülow Beschreibung des Geschlechts von
    Bülow, ist in der 69 Beilage vom Jahr 1478 Alver
    sich gleichfalls bemerkt.

zu Obsfelde gewisse Vorrechte in Absicht des Bier-
brauens z). Sowol er, als auch Ludolf sein ältester
Sohn müssen nicht lange nachher verschieden seyn,
denn seine übrigen Söhne Johann, Domherr zu Hildesheim, Ottrave Alverick und Werner, verkauften
1485 ihr Pfandrecht Georgen von Bülow a) welches
ohne seinen Beitritt nicht würde haben geschehen können, wenn er noch gelebt hätte.

Von seinen Söhnen starb Johann der Domherr
zu Hildesheim, im Jahr 1517 b) Ottrave legte
1470 eine Fede der von Kisleben und des Klosters
Marienthal bey c), befedete aber 1486 die Stadt
Helmstedt sehr hart d). Im Jahr 1486 war er Zeuge bei dem Testamente Heinrichs von Estorf, der damals nach Einsiedel walfartete (Pfessing. Hist. Bodenteich.) und vermuthlich starb er bald hernach,
weil seiner weder in den Abtei-Registern zu Lüneburg,
noch in Urkunden weiter gedacht wird. Von seinem
Bruder

z) Walther l. c. p. 56.

a) ib. p. 58. und v. Bülow Beschr. des Geschl. v. Bülow, 63 Beil.

b) Ungedrucktes Ausgabe-Register der Lünebnrg. Abtei,
vom Jahr 1517. Eine Urkunde von diesem Johann,
von 1504. stehet in Struben. Obferv. Iuris et Histor.
German. p 37. S. auch Lauenstein. Hist. dipl.
Epifc. Hildef. T. I. p. 226.

c) Maibomii Script. rer. Germ. T. III. p. 272. Wenn,
wie es wahrscheinlich ist, Ottrave die Auflösung übernahm, weil sein Vater nicht mehr lebte, so müßte dieser Vater 1478 gestorben seyn.

d) Meibom. ib. et p. 234.

Bruder Werner findet man auch nach dem Jahre
1485 keine Nachricht. Alverich verkaufte nebst seinen Brüdern Ottrave und Werner, dem Johann
Bremer, einem Vicario zu Medingen 1484 einen
Hof in Remstede. Vermöge der Stamm-Tafel des
Amtmann Behrens war seine Gemalin eine Fräulein
von Molzan, und sowol er als seine Brüder Ottrave
und Werner starben unbeerbt. Seine Schwester Margaretha war die Gemalin des Brandenburgischen
Raths und Erbkämmerers Burchard von der Schulenburg, der 1512 verschied (Behrens Stamm-Tafel. Pfeffing- Hist. Bodent.)

Der Bodenteichische Stamm ward fortgesetzet
durch Wernern, einen Vetter des Gebhards, der die
Osterwohldsche Linie stiftete. Dieser Werner erscheint
zuerst 1403 in dem Verkauf-Instrumente über Elleringsdorf. Im Jahr 1410 ward er als Lüneburgischer Landes-Rath bei dem Vergleich der Reichsstadt
Lübeck, mit den Herzogen von Sachsen-Lauenburg,
über die Vogtei Möllen gebraucht *). Im Jahr
1432 übernahm Werner von Bodendick, Werners
Sohn, die Bürgschaft für Otto und Heinrich von
Estorf, bei einem mit dem Kloster Isenhagen geschlos-
senen Verkaufe. (Pfeffing. Hist. Bodent.). Dieser Werner muß sein Sohn gewesen seyn, weil kein
anderer Werner als er, der den Jahren nach des jungen Werners Vater seyn konte, vorhanden war:
denn Werner, Gebhards Bruder, hatte unter seinen
Söhnen

---

*) Gründl. Nachricht von dem Dominio und der Advo-
catia Möllen. Beil. p. 81.

Söhnen keinen Werner. Im Jahr 1454 findet man den jüngern Werner, und seinen Sohn Werner, in einer Geldverschreibung. Im Jahr 1470 hieß er der ältere Werner in einer Urkunde, wodurch er einen Zwist, den er mit Rolev von Wyrten, dem ehemaligen Prior zu St. Michaelis in Lüneburg gehabt hatte, beilegte. Der Prior hatte seine Söhne im Kloster erzogen, und wollte dafür 100 Mark zurück behalten, die er als Bürge für ihn bezalet hatte. Das Kloster bezalte das Geld für seinen Prior, und dieser entsagte seiner Forderung. Den Vertrag unterzeichneten zwei seiner Söhne, Ludolf und Henrich, die vielleicht des Priors Zöglinge waren, mit ihm, zwei andere Söhne, Werner der jüngere und Alverich genehmigten ihn, und in den daran gehängeten Siegeln erscheint schon der Hirsch ohne Decke. Er verkaufte nebst seinen drei Söhnen Werner, Ludolf und Heinrich 1472 einen Hof zu Thodendorpe und zwei Höfe zu Lemgrave, dem Kloster Medingen, und weil er gleich nachher starb, so ließen die Söhne am Freitag nach St. Moritz, den Verkauf vom Herzoge Henrich bestätigen (Pfeff. Hist. Bodend. h. an.) Alverich ward vielleicht geistlich, und nahm daher keinen Theil an diesem Geschäfte, so wie auch Johann, Alverichs Bruder, laut der alten Lüneburgischen Abtei-Rechnungen des Jahrs 1478, Mönch zu St. Michaelis, 1470 und 1513, und von 1490 bis 1496 daselbst Hospitalarius, nach 1499 aber Senior war. Werner war 1475 mit einer Tochter Borchards v. d. Berge vermälet, (Kelnerei-Rechnung zu St. Mich. in Lüne.

O   burg,

burg, h. an.)Befehdete 1474 die Stadt Ulzen *), und
kommt noch 1478 und 1509, in den Lüneburgischen
Rechnungen vor. Henrich und seine Gemalin Anna
kauften 1482 einen Hof in Holdenstede, von Harneid
von Boldensen (Pfeff. MſC. Bod.) und wie es scheint,
ist sein Sohn Johann von Bodendick, Hinrichs Sohn,
der 1511 dem Kloster Ebstorf einen Zins aus zwei
Höfen in Wyren verkaufte, und noch im Jahre 1516
lebte (Pfeffing. Hiſt. Bodent.). Paul, eines Jo=
hannis und vermuthlich dieses Johannis Sohn, wohn=
te 1553 der Schlacht bei Sivershausen bei, in der er
geblieben seyn soll, wiewol er nach andern Nachrich=
ten noch 1562 gelebet hat **). Andreas von Boden=
dick, dieses Pauls Bruder und Johannis Sohn, er=
scheint 1546 und 1553 in Urkunden, (Abtei=Rechn.
Pfeffing. l. c.). Er erhielt nach Abgang des Ge=
schlecht von Wrested, das Gut Wrested im Herzog=
thum Lüneburg, welches seine vor 1560 geheiratete
Ehegattin Margarethe von der Schulenbnrg (Braun=
schw. Anzeig. 1760 l. c.) im Jahr 1594, laut den
alten Matrikeln, als Wittwe besaß, nachher aber
Ludolfs von Bodenteich Nachkommen erbten.

Ludolf auf Schnega ist derjenige des Geschlechts,
mit welchem die Ahnentafeln der von Bodenteich, die
den

*) Schilling Hiſt. Grundriß der Stadt Ulzen p. 65. In
den lüneburgischen Abtei=Rechnungen findet sich 1526,
ein Werner von Bodendick, der vielleicht von diesem,
so wie von dem Werner der Obsfelder Linie verschie=
den war.

**) Pfeffing. Hiſt. Bodent. Braunschw. Anzeig. 1746.

den Stamm beschloffen, anheben. Nach der Beh-
renschen Stammtafel soll er noch im Jahr 1486 gelebt haben. Seine Gemalin Ilſa von Bartensleben,
Jacobs und Lucien von Zerſſen Tochter *) findet ſich
1489 in alten Papieren, die Pfeffinger laut ſeiner Bodenteichiſchen Geſchichte geſehen hat. Sein Sohn
war Alverich), welcher 1502, 1516, 1518, Alverick Luleffes ſeligen Sohn, imgleichen Alf in Rechnungen und Urkunden, hingegen Albrecht in den Leichpredigten auch Chriſtoph und Oswald von Bodenteich
genannt wird. In den Abtei Regiſtern zu St. Michael in Lüneburg, heißet er 1508 Alverius de Bodendike in Snege. Der Abt Boldewin von Marenholz nennet ihn 1514 am Cecilius Tage ſeinen
Schwager, in einer Urkunde, durch welche der Abt
ihm zwey Höfe zu Melbeck für 200 Mark abkaufte.
In den Rechnungsbüchern dieſes Abts iſt bemerkt,
daß 1511 Alverici de Bodendike uxor in puer-
perio geweſen iſt, und daß 1507 Conradi des ältern
von Marenholz Schweſter, die von Bodenick geweſen ſei, folglich war eine Gemalin des Alverichs, eine
Schweſter des Abts Boldewin und des Conrads. In
den Leichpredigten wird eine Dorothea von Mandelsloh angegeben, daher man vermuthen kann, daß Alverich zweimal ſich verheirathet habe. Von der letzten
Gemalin war ſein Sohn Oswald: er war einer der
vorderſten der Lüneburgiſchen Ritterſchaft oder nach

jetzi-

*) Berens genealogiſche Vorſtellung derer von Steinberg.
    p. 59 Beilagen. Leichpredigt auf Oſtwald von Bo-
    denteich p. 75.

jetzigem Sprachgebrauche Landrath, und findet sich
daher in allen wichtigen Schriften derselben bis zum
Jahre 1520. Er ward 1517 am Dienstag nach Maria Geburt Bürge, bei dem Vertrage des Herzogs Henrichs und der Stadt Lüneburg, nannte sich 1519 einen der Heimgeladenen Rede Hertog Hinriks, oder
einen der Satthalter des Lüneburgischen Herzogs, der
sein Land hatte verlassen müssen, erneuerte 1519 nebst
andern Landständen die sogenannte Zate oder den Land-
feeden **), und verbürgte sich 1520 für die 5000
Gulden, die der Herzog von der Landschaft zu Bestrei-
tung seiner Reisekosten empfangen hatte ***).

Im Jahr 1510 am Mittwochen vor Ostern,
verkauften Alverick und Guntert von Bodendick, zwei
Brüder, dem Kloster St. Michaelis in Lüneburg, einen Zins aus zwei Höfen, und diese Höfe scheinen die
zu seyn, die Alverick, Luleffes Sohn, nach vier Jahren dem Kloster überließ.   Vermuthlich starb Guntert
bald hernach, weil seiner nirgends weiter gedacht wird.
Es finden sich zu dieser Zeit noch einige von Bodenteich, die Alverichs Geschwister oder Oheime und Vaters Schwestern gewesen seyn können, vielleicht aber
auch zu der Oebsfelder Linie gehöret haben, nemlich
Oswald, der 1516 schon bejahret war (Pfeffing. Hist.
Bodent.). Dorothea, die Gemalin eines von Jlten,
welche man in einer Ahnen-Tafel des Lüneburgischen
Klosterherrn Wolf Christian von Harling antrift. Ursula,

** Dipl. in Grupe hist. Nachr. von der Stadt Hannover,
    p. 14.
***) Braunschw. Anzeigen 1746. N. 60.

fula, Friedrichs von Bülow auf Gudow Gemalin *).
Joachim, Mönch zu St. Michael in Lüneburg 1521
(Kloster-Rechnungen h. an.), und Sophia, Domina
zu Lüne. Diese Sophia wurde 1481 vom Bischof
Bertold von Verden bei der Einführung der Burs-
felder Reformation, zu einer Priorißin des Klosters
Lüne, anstatt der abgedankten Priorißin Berta Hoyers,
verordnet **), und führte in ihrem Kloster eine bessere
Haushaltung und Ordnung ein. Sie hat viele Denk-
mäler im Kloster hinterlassen, denn man findet ihr
Wappen in den Kreuzgangsfenstern, an den Stühlen
der Klosterfräulein auf dem hohen Chore, und nebst
ihrem Bilde fast in Lebensgröße mit Farben einge-
brannt in einem Chorfenster. Auch sind zu der Ver-
zierung des Chors noch vier große genähete Tapeten
vorhanden, die die vornehmsten Begebenheiten des
Heilandes mit beigesetzten Erklärungen aus der Vul-
gata, den Stammbaum des Heilandes, und die Auf-
erstehung vorstellen, und auf ihren Befehl 1500, 1503
und 1504 verfertiget sind. Auf diesen lieset man
folgende Inschriften: Anno dominice incarnationis millesimo quingentesimo Domina Sophia
de Bodendike Priorissa procuravit, ac fecit

D 3   con-

---

*) v. Bülow Beschreib. des Geschl. v. Bülow, p. 187.
Friedrich von Bülow lebte 1555 noch.
**) Instrum. im Hannoverischen Magazin 1764 p. 981.
Eben daselbst ist ihr Sterbetag richtig angegeben, da
Pfeffinger in der Se. lüneburgl. Historie II. Th. p. 659.
ihn irrig, anstatt in vicesimum tertium, in quinqua-
gesimum tertium annum hinaussetzt.

confuere iftud Tapete Anno regiminis fui vicefimo per manus fororum, hic in monafterio
Lunenfi, tunc degentium ad Laudem et Honorem fummi Dei et fue dilecte Genetricis Marie
fanctique Bartholomei Regalis apoftoli gloriofi
Patroni noftri Anno octavo Prepofiture Reve-
rendi Domini ac Patris noftri Nicolai Schoma-
ckeri. Anno partus virginei Millefimo quin-
gentefimo quarto fecit venerabilis dompna pri-
oriffa Sophia de Badendike iftud tapete confuere per manus fororum monialium hic in lune
tunc degentium ad honorem dei et fue dilecte
matris Marié ac S. Bartholomei regalis apoftoli
gloriofi patroni noftri reformationis huius anno vicefimo tertio & ipfo anno eadem venerabilis dompna feliciter fuum diem claufit extre-
mum, cuius anima requiefcat in pace. Sie ſtarb
am 2 Februarius 1504, und iſt auf ihrem Leichſteine
betend abgebildet. Selbiger lieget im Kreuzgange vor
einem Altare, iſt aber abgetreten und unkentlich geworden.

Oswald von Bodenteich, Alverichs Sohn, war
1580 herzoglicher Hauptmann der Aemter Giffhorn,
Fallersleben und Campe, und von 1553 bis ins Jahr
1587, da er ſtarb, Lüneburgiſcher Ritterſchafts De-
putatus und Landrath. Er unterſiegelte daher die
Landtagsreceſſe von 1553, 1567, 1570, 1576 und
1579, und den Vergleich zwiſchen den Herzogen Henrich und Wilhelm dem jüngeren. Er ſchloß mit der
Stadt Ulzen einen Vergleich über den Tatern-
Hof

Hof *), und erbte von seinem Vater Schnege, so wie von seinem Vetter und Frauen Schwester Mann, Andreas von Bodenteich, die Güter Goddenstedt und Wrestedt. Er war der einige Mann seines Geschlechts, und setzte dieses durch Rixa von der Schulenburg, des Churbrandenburgischen Geheimen-Raths, Levin von der Schulenburg Tochter, fort. Seine Kinder waren a): ein Sohn der gleich verstarb. Ludolf, Urheber der Linie zu Schnege. Albrecht der vor 1628 verschied. Levin, Herzogs Julii zu Wolfenbüttel Hofjunker, der am 15. April 1588 starb b), Werner, Urheber der Göddenstedtischen Linie. Oswald, welcher 1591 zu Leipzig, so wie Barthold fast zu gleicher Zeit in Frankreich durch die Pocken getödtet wurde. Christoph, Urheber der Wrestedter Linie. Fünf jung verstorbene Töchter. Ilse, Gemalin des französischen Obristen Siegfried Edlen von Plotho, welche am 28 Julii 1593 verschied c). Agnese, Gemalin Klemens von Wangelin, und Rixa, Gemalin Lütkens von Möllendorf d), Dom-Seniors zu Magdeburg.

Chri-

*) Braunschw. Anzeigen 1746. N. 60. Oswalds Todesjahr findet man in Behrens Stamm-Tafel.

a) Auszug aus Christoph von Bodenteich Leichpredigt in den Braunschweigischen Anzeigen 1760. 80 Stück.
b) Epitaphium zu Braunschw. in den Br. Anz. a, 8,
c) Beckmann Historie des Fürstenth. Anhalt VII. Theil p. 252.
d) Dieser Herr heisset in Behrens Stammbaume vielleicht durch einen Druckfehler Titke.

Chriſtoph auf Wreſted, ward 1582 am Mitwo-
chen nach Lätare zu Gifhorn geboren, ſtudierte erſt
in der Johannis Schule zu Lüneburg, denn zwei Jahr
in Leipzig, und eben ſo lange in Jena, reiſete durch
Engelland, Frankreich und Niederland, und begab
ſich darauf auf des Guth Wreſted, welches ihm die
Brüder überlieſſen. Er ward 1624 Lüneburgiſcher
Landrath und darnach Hofrichter zu Zelle, ſtarb am
6. Februar 1652 und wurde zu Nettelkamp begraben e). Seine erſte Gemalin ward 1605 Dorothea
von Bünau, eine Tochter des Geheimen-Raths und
Großvogts zu Zelle Rudolf v. Bünau auf Elße, welche 1633 ſtarb, die zweite aber am 27 November
1639, Catharina Eliſabeth von Weihe, eine Tochter des Großvogts und Hofrichters zu Wolfenbüttel
Jobſt von Weihe auf Böhme Tochter.

. . Werner von Bodenteich bekam in der Theilung
Gbddenſtedt, und war 1614 Landrath f). Nach den
Pfeffingeriſchen Nachrichten war ſeine Gemalin He-
dewig von Bodenteich, welche einen Sohn Albrecht
und zwei Töchter gebahr, nemlich Hedewig, des Lü-
neburgiſchen Landraths Boldewin von dem Kneſebeck,
Ehegattin, und Agnes, die am 10. Mai 1663 den
Landrath und Hofrichter zu Zelle Antoh Detlev von
Plate heirathete, und 1673 Witwe wurde. Albrecht
heirathete 1643 Salome Dorothea von Heimburg,
des Wolfenbütteliſchen und Oldenburgiſchen Raths,
Jobſt Heinr. v. Heimburg, und Urſulen von Bünow
Tochter,

e) Braunſchw. Anzeig. 1760. 80 Stück.
f) Pfeffing. Hiſt. Bodenteich. Behrens Stamm-Tafel.

Tochter und starb 1685 am 29 Jenner. Ihre Kinder waren Werner Jobst, gebohren 1645 am 14 August, starb am 4. September 1659, Christoph starb 1664 im sechszehnten Jahre seines Alters, und Hedewig Ursula, geboren am 2. Sept. 1649 und verstorben am 17 August 1652.

Ludolf von Bodenteich auf Schnega, war 1594 Lüneburgischer Landrath, kam 1603 in den engern Ausschuß, starb 1628, und wurde am 22 September zu St. Michael in Lüneburg begraben a). Er vermälte sich 1592 mit Elisabeth von Bothmar, Lippolds von Bothmar, Hauptmanns zu Winsen, Medingen und Oldenstedt, und Maria Gese von Holle Tochter, welche 1646 starb b), und folgende Kinder gebahr: Lippold auf Schnega, starb am 7 Febr. 1656. Oswald. Maria Rixa starb 1604 c). Maria Gesa starb 1617 Ursula starb am 28 Mai 1665, und heiratete vor 1646 Herman von Ompteda, Drosten zu Nienbruchhausen auf Mörsen. Ilsa starb am 24 Jenner 1667, als Gemalin Anton von Meyern, königl. schwedischen Obristen, Lothringischen General-Majors und Herzogl. Braunschweig. Lüneburgischen Obristen der Garde und Commendanten des Kalkberges, welcher

a) Kirchen-Register zu S. Michael. Braunschw. Anzeig. 1746. N. 62. p. 1428.
b) Martin Reßburg, Pastors zu Schnega Leichenpredigt, auf Oswald von Bodenteich, Wolfenbüttel 1667, 4to p. 75. seq.
c) Behrens Bodenteichische Stamm-Tafel.

P

cher 1644 geadelt ist, und in der Michaelis-Kirche
zu Lüneburg begraben lieget. Engel Dorothea, welche 1666 Klosterfräulein zu Dambeck in der Alten-
Mark war. Agnesa, die am 24 Junius 1672 zu
Braunschweig starb *) Rixa, welche 1666 Canonißin
des Stifts auf dem Berge zu Herworden war, und
Dorothea, die 1646 und 1667 lebte.

Oswald war am 16. Mai 1595 zu Schnega gebohren, und erhielt den Unterricht in Wissenschaften
erst in der Schule zu Verden, dann von dem Haus-
lehrer der von Münchhausen zu Ehrenburg, darauf
in der St. Michaelis Schule zu Lüneburg, und endlich 3 Jahr zu Wittenberg. Im Jahr 1611 erhielte
er eine Domherren-Präbende zu Verden, reisete 1615
nach Lothringen und Frankreich, und wohnte zu Frankfurt der Krönung Kaisers Ferdinand II. bei. Im
Jahr 1620 begab er sich nach Verden, ward aber
1628 durch die Kaiserlichen Commissarien zur Vollziehung des Restitutions-Edicts vertrieben, weil er
ihres Zuredens ohngeachtet, sich nicht zu der catholi-
schen Kirche begeben wolte. Er wohnte darauf zu Schnege, bis daß das schwedische Heer die neueingesetzten
Domherren vertrieben hatte. Der damalige Dänische
Erbprinz und Bischof zu Verden, Friedrich, nahm ihn
als Hofjunker in Bestallung: allein da dieser Herr nach
Dännemark ging, danckte er ab, und begab sich wieder nach Schnege. Durch die Secularisation des
Stifts Verden 1648, verlor er seine Präbende. Allein er erbte vom Hofrichter Christoph 1652 Wrested,
von seinem Bruder Lippold 1656. Schnege, welches

*) Braunschw. Anzeig. 1760, p. 81.   er

er ihm 1652 überlassen hatte, und von dem jüngeren
Christoph 1664 Göddenstedt. Er ward 1645 Lüneburgischer Landrath, 1658 Schatz-Deputirter, und
1657 Commissarius im Amte Bodenteich. Er blieb
im ledigen Stande, starb am 24 December 1666,
und wurde erst am 3. September 1667 mit vieler
Pracht zu Schnege begraben. Weil er den Mannes-
stamm beschloß, so fielen seine Lehngüter an einige
damalige Staatsbediente, die die Anwartschaft auf
selbige erlanget hatten: nemlich Wrested an des Gros-
voigts zu Zelle Thomas Grote Erben, Göddenstedt
an den Kammer-Präsidenten Paul Joachim, Frei-
herrn von Bülow, und Schnege an den Geheimen-
Rath und Grosvogt Hildebrand Christof von Hardenberg, der es dem Landschafts-Director August Grote
verkaufte.

B. Der Nendorfische oder Neiendorfische Zweig.

§. 3.

Wenn man es als einen Grundsatz annehmen
kan, daß auch schon diejenigen adel. Familien in einer
nahen Verwandschaft stehen, die in ihren Wappens
auch nur einige Stammzeichen mit einer andern gemein
haben: so läßt sich um so viel mehr mit der größten
Wahrscheinlichkeit behaupten, daß die Familie, welche
ehemals zu Nendorf im Herzogth. Braunschweig ihren
Sitz gehabt, eben so wol, wie die von Campen Blan-

P 2   ken-

lenbürgischen Ursprungs sind e). Gewisse Geschlechts-
Namen, die in der einen gewöhnl. sind, finden sich
auch

e) Eben das sagen auch die Braunschweig. Anzeigen vom
Jahr 1747. p. 1668. und Scheid in den Anmerkungen über Mosers Staats-Recht §. 20. p. 39, 40. nimmt
es als ausgemacht an, daß der Jusarius Pincerna
sowol, als der Jordanus Dapifer, deren in den Urkunden H. Heinrichs des Löwen so oft Meldung gethan
wird, aus dem Hause der von Campen gewesen, und
daß die adel. Familie von Campe, Blankenburg und
Niendorf eines gemeinschaftlichen Ursprungs seyn. Der
erhabene Verfasser des oft belobten Braunschw. Mspt.
v. J. 1750, läßt keinen Zweifel übrig, daß diese, die
Schenken (Pincernae) von Nendorf, mit den von
Campen, (welche Erbtruchsesse oder Küchen-Meister
(Pincernae waren) zusammen gehören. Und solches
ergiebt nicht allein die durchgängige Gleichheit
des Wappens, welche sich in den ältesten Nein-
dorfischen Siegeln de annis 1251. 1289. 1299. 1319. ꝛc.
zeiget; sondern auch dieses, daß anno 1196. *Jusarius
Pincerna*, ein Bruder von *Jordane Dapifero* und
Annone de Blankenburg ausdrücklich genennet wird,
und daß 1296 *Jordanus Dapifer* selbst, sich de Nen-
dorpe nennet. Auf einander folgend kommen nach sei-
ner Berechnung vor:
   Jusarius Pincerna 1196-1212.
   Jusarius Pincerna 1223-1240, welcher auch anno
      1231 Caesarius Pincerna de Brunsuic heisset.
   Jordanus Pincerna de Blankenburg 1237-1238.
   Jusarius Pincerna et Lodevicus fratres 1248-1254.
   Jusarius Pincerna de Blankenburg 1251.
   Jordanes Pincerna de Nendorpe 1289.
   Ludevicus Pinc. de Nendorpe, oder de Nendorpe
      Pin-

auch in der andern; und die Wappen kommen in allen
Stücken völlig überein. Beide Familien unterschei-
P 3   den

Pincerna de Brunſv. 1273-1300.
Jordanes Pincerna de Nendorpe 1311, 1312, 1319.
1323.

Anbei, läßt der Herr Verfaſſer nicht unbemerkt, daß
die unterſchiedene Familien des Namens von Meindorf
nicht beſſer, als durch die beſondern Vornahmen und
Wappen können unterſchieden werden; Es waren auſ
ſer den Blankenburg. Campiſchen Schenken vornehml.
noch drei Familien, die zu Ende des XIII. und in der
Mitte des XIV. Seculi vorkommen; eine derſelben ſei,
wozu *Olricus et Theodoricus de Nendorpe*, cives
Magdeburgenſes, die 1282 vorkommen, gehören, und
in den Siegeln gleichfalls einen Queerbalken geführet
hätten, daher faſt die Vermuthung ſei, daß ſie eine
Seiten Branche von den Blankenburgiſchen Schenken
von Meindorp mögen ausgemacht haben. Von einer
andern Familie ſei geweſen *Henricus Miles de Nendorpe cognomine Meyer dictus*, deſſen Siegel de anno
1290 zween Pfäle aufweiſe; und wieder von einer
andern Familie wären geweſen, die *Milites et Famulï
de Nendorpe*, Caſtellani in Esbecke, die von 1350
bis 1363 in 4 Generationen vorkämen, und in ihrem
Siegeln de anno 1314, 1333 und 1362 drei krum̄-
me Widdershörner geführet hätten. Letztere beide ſchei-
nen zu den Schenken dieſes Namens nicht gehört zu ha-
ten.
Die alten Lehnsherren der von Campe und von Meins
dorf wären nicht allein die Herzoge von Braunſchweig, (an. 1245, 1255, 1267, 1300, 1332.)
und die Biſchöfe von Halberſtadt (an. 1270, 1302,
1306.) ſondern auch die Erzbiſchöfe von Magde-
burg

den sich nur durch die verschiedenen Ritter-Sitze. Wie
aus dem ersten Abschnitte des ersten Theils dieser Abhandlung erinnerlich seyn wird, erscheinen in den Urkunden die Brüder Jordan und Jusarius von
Blankenburg, beide unter der Regierung Herz. Heinrichs des Löwen; unter der Regierung Herz. Heinrichs des Pfalzgrafen ebenfalls, und nicht weniger an
dem Hofe Herz. Otto des Kindes, ist Jordan, und
ein Jusarius, beide Brüder. So wie jene Truchsesse
oder Erbküchen-Meister (Dapiferi) waren; so waren
diese Erbschenken (Pincernae). Bald erscheinen sie
in den Urkunden unter dem Namen von Nendorp,
bald heissen sie ebenfalls von Blanckenburg.

Im J. 1191 wird in der Bulle des Pabstes Cö-
lestinus III. eines Henricus de Neyndorp gedacht,
von
burg (1303). Die Grafen von Limbre (1209).
Die Grafen von Woelpe (1552). Die Grafen
von Schladen (1265). Die Grafen von Falkenstein (1273). Die Edele von Meinersen (1278).
Die Grafen von Schaumbnrg (1305), und die
Grafen von Wernigerode (1338) gewesen. Die
erste Urkunde, so einer aus der Familie selbst ausgestellet, sei vom J. 1229, und aus andern Familien würden sich auch nicht viel ältere auftreiben lassen.

Das Erb-Truchsessen oder Erb-Küchenmeister-
Amt, sei mit Anfange des XIV Seculi von der Campischen Familie ab, und auf andere gekommen; denn
An. 1307 hätten bereits die Herzoge Heinrich und
Albrecht denen Fratribus ordinis Prædicatorum,
*proprietatem curiæ seu areæ Domini Jordani Da-
piferi cum omnibus aliis areis s. Curiis ad ipsum officium pertinentibus*, geschenkt.

von dem das Kloster Marienthal einige Ländereien und eine Mühle gekauft hatte f).

Eben derselbe Henricus de Neyndorp ist auch 1192 Zeuge, da der Bischof zu Halberstadt und der Abt zu Ribbagshausen einige Güter vertauschen g), und vermuthlich ist er es auch, der 1197 als Zeuge angeführt wird, da der Graf Conrad von Regenstein eine gewisse Donation an das Kloster Michelstein genehmigt h).

1192

1197

Im J. 1212 wird in der Conföderation des Markgrafen Alberti M. v. Brandenburg, mit dem K. Otto IV. ein Albertus de Niendorp als Sacramentalis angeführt i). Es gehört aber derselbe nicht hieher, sondern nach Neindorpe im Herzogthum Magdeburg k).

1212

In einer Urkunde von 1223 wird ein *Jusarius Pincerna* an dem Hofe Herz. Otto des Kindes namhaft gemacht, und wie man aus dem gewöhnl. Vornamen schließt, war er zwar aus dem Geschlecht der von Blankenburg, gehörte doch aber eigentl. zu dem Nendorfischen Zweige l). Vielleicht ist es eben derselbe, der 1231 in einer Urkunde von Herz. Otto, unter dem Namen Ysarius erscheinet m).

1223

1231

Auch 1235 ist Jusarius Pincerna, und Jordanus Dapifer Zeuge, als Otto Dux den Canonicis St. Blasii in Brunswic pro denariis piscinalibus

1235

f) O. G. T. III. p. 565. g) Scheidii Mantissa p. 495. h) Scheid. Cod. diplom. p. 769. i) O. G. T. III. p. 813. k) Harenb. Hist. Gandersh. p. 1574. l) Scheides Anmerk. p. 40. m) O. G. T. IV. præf. p. 62.

nalibus quatuor manſos ſchenkte n), und kein an-
1236 derer, als eben derſelbe, war es, der 1236 in einem
Transact zwiſchen dem Kloſter Woltingerode und dem
Capitul St. Blaſii zu Braunſchw. wegen gewiſſer Gü-
ter als Zeuge angeführt wird o), und faſt ſo lange
dieſer Herz. Otto lebte, war ein Juſarius von
Blankenburg Nendorf p) Erbſchenke an ſeinem
Hofe.

Zwar wird nach dem Tode Herz. Otto des Kindes, der bekanntermaßen 1252 geſtorben iſt, unter
der gemeinſchaftlichen Regierung ſeiner Söhne, Herz.
Albrechts des Groſſen und Herz. Johannes,
1266 1266. eines Fridericus de Nenthorpe gedacht, aber
nicht dieſer, ſondern Jordanus war damals Pincerna q).

1288 In einer andern Urkunde 1288 wird Ludovi-
cus Pincerna de Niendorp miles, als Zeuge angeführt r).

1296 In einer Urkunde Herz. Henrici mirabilis, vom
Jahr 1296. das Kloſter Riddagshauſen betreffend,
wird Jordanus de Nendorpe Dapifer, als Zeuge
genannt s), und in dem bekannten Streite Herz. Alberts mit dem Ertz-Biſchof von Maynz, wird ein Magiſter

n) ib. p. 153.   o) ibid. p. 171.
p) Es kommt dieſer Name noch vor 1237. O. G. T.
  IV. præfat. p. 64. 1239, und præfat. p. 68. ib. p.
  179, 180, 1240 præf. p. 69. 1247. p. 213. ib. p. 230.
  231.   q) O. G. T. IV. p. 492.
r) Götting. Geſch. Beſchreib. II. B. p. 64.
s) Chron. Riddagsh. ap. Meibom. III. p. 415.

gister Iohannes de Nendorpe als Schiedes-
mann angeführt t).

Im J. 1311 lebte Jordan Pincerna de Neun- 1311
dorp, dessen Gemalin Jutha und Kinder, Ludewicus Canonicus Ecclesiae Merseburgensis, Jordanus Miles, Hedewig, Gemalin Gumberts von
Wanzleben, Ritters, Jutha, Gemalin Bussos, Edelen von Dorstat, Ludewig, Erich, Jordan, — Die
Urkunde ist in Ketners Antiquitat. Quedlinburg.
p. 437. Vielleicht finden sich daselbst noch mehrere
von Nendorp, Herlingsberge und Elvelingerode.

Hingegen heißt 1319 ein Jordanus de Nen- 1319
dorpe in einer Urkunde H. Ottos des Milden Pincerna u), und vermuthlich ist es eben derselbe, der 1322 1322
bezeuget, daß der H. Henricus Mirabilis dem Capitul St. Blasii zu Braunschw. erlaubet, zur Erweiterung ihrer Kirche einige benachbarte Häuser anzukau-
fen x). Auch in eben dem Jahre hat er die Verord-
nung H. Otto des Milden, wegen des Achtworths in
Ansehung wüster Dörfer, als Schencke und Zeuge unterschrieben y). Aus so vielen Exempeln widerlegt sich
die Meinung von selbst, daß die von Nendorf erst
seit 1494 Erbschencken des Fürstenthums Wolfenbüttel sollen gewesen seyn z). Im J. 1492 war Metta von
Niendorp bis 1494 Priorin zu Ebstorf. Es kann seyn, 1494
daß vielleicht nach Abgang des Mann-Stammes der

Nen-

t) O. G. T. IV. præfat. II. u) Leibn. T. I. p. 869.
x) Scheid. Cod. dipl. n. VII. p. 444. 45.
y) Scheidts Mantissa docum. p. 366.
z) Scheids Anmerkung. p. 38.

Q

Nendorf Blanckenburgischer Linie um diese Zeit eine andere Familie mit diesem Schencken-Amte ist belehnt worden, die auch von dem Gute, Nendorf, Besitz genommen, und in so ferne hätte das transferirte Erb-schencken-Amt damals zuerst angefangen. Denn ein Henning von Nendorf und Hilla von Veltheim, Tochter Anna von Nindorf, war lange vor 1540 mit dem Groß-Voigt und Statthalter Thomas Grote vermält und starb 1564. (Pfeff. Hift. Grot. Mfpt.) Ein Mißverstand liegt hier ohnfehlbar zum Grunde. Das ist gewiß, daß, nachdem durch das Absterben des Königl. Preußl. Hauptmanns, Carl Wilhelm von **1744** Neindorf, der Manns-Stamm dieser Linie 1744 gänzlich ausgegangen, der weil. Herzogl. Braunschw. Geheimde Rath und Regierungs-Präsident des Für-**1746** stenthums Blanckenburg von Cramm 1746 mit diesem Erbschencken-Amte ist belehnt worden; a) und nachdem sich dieser dessen begeben, hat der weil. Geheimde Rath von Schliestedt dasselbe erblich erhalten b).

C. Noch einige andere Zweige.

1. Der Herlingbergische. Ein grosser Geschichtskundiger unsers Vaterlandes c) behauptet aus vielen beigebrachten Beispielen, daß besonders in dem Calenbergischen fast kein Dorf anzutreffen sei, wovon nicht seit dem Ende des 11ten und Anfange des 12ten Jahrhunderts, eine adel. Familie den Namen geführet habe; so wie auch die Grafen seit dem angefangen

a) Die Urkunde steht in Scheidts Cod. dipl. p. 487.
b) Scheidts Anmerkung, p. 36, 37.
c) C. Ur. Grupen in discepta. forenf. p. 286.

fangen sich nach ihren Schlössern zu nennen. Dabei bemerckt derselbe als etwas besonderes, daß die Gebrüder von Campen, Jordan, Heinrich, Wedekind sich 1292 genant haben Gebrüder von Harlingsberg. Die Gleichförmigkeit ihrer Wappen mit den alten Blanckenburg-Campischen, und die Uebereinstimmung der Namen, mit denen, die so oft bei den von Blanckenburg und Nendorf vorkommen, läßt wol an dieser ihrer Abstammung nicht zweifeln; daß sie aber auch einen besondern Zweig ausgemacht haben, erhellet auch daraus, weil in der Urkunde H. Otto des Kindes, nach welcher derselbe 1243 der verwittweten Herzogin Agnese für den Goslarischen Zehnten, nebst einer nahmhaften Summe den Ort Isenhagen überläßt, zwei Jusarier zugleich, ein Jusarius Pincerna, und ein Jusarius von Herlingsberge als Zeugen angeführt werden d). Es war bekantermaßen dieses Herlingslingsberge ein jetzt wüstes Schloß unweit

1243

Q 2   Har-

d) O. G. T. III. p. 719. In dem zuvor genannten Mspt. die Campische und Nendorfische Familie betreffend, heißt es: *Baldewinus de Herlesberch*, (Herlingsberch) wird An. 1231 ausdrücklich ein Bruder von *Jordano Dapifero* genennet, und das Siegel von 1316 trist mit den andern Campischen Siegeln völlig überein. An. 1361 sind die v. Herlingsberge von dem H. Albrecht zu Grubenhagen annoch mit der Grefeschaft zu Bodendick beliehen. Letzteres bestärkt um so mehr, daß die von Bodendick mit zu denen von Campe gehört haben. Die Siegel haben bereits eine Vermuthung dessen an die Hand gegeben; wie denn auch dieses, daß die von Campe selbst einen Ort, Nahmens Bodens

Harlingerode im Amte Harzburg, welches K. Otto IV.
im Jahr 1189, (1201) gegen Goslar an der Ocker
zu der Zeit hatte anlegen laſſen, als er von ſeinem Gegen-Kaiſer Philipp mit einem feindl. Zuſpruch be-
drohet ward, und die Stadt Goslar dieſes Vorhaben
Philipps zu begünſtigen ſchien. Bis in das Jahr
1291, da dieſes Schloß in dem Kriege mit dem Biſchofe von Hildesheim iſt demolirt worden, hatten es
einige adel. Familien von den Landes-Fürſten zur Lehn
beſeſſen. Auch ſchon zuvor wird 1280 in einer Urkunde von Herz. Heinrich dem Wunderl. ein Jordan
von Herlingsberg als Zeuge genant e). Und noch
1290 hatte ebenderſelbe Herzog den von Wallmoden
ihren Antheil des Herlingbergiſchen Lehns genommen f). Dieſes Lehn (heredium) muß alſo wol ein
anſehnlicher Diſtrict geweſen ſeyn, entweder der von dem
Schloſſe, oder von dem das Schloß iſt genennet worden. Denn Aſchwin von Walmoden ſoll ſchon ums
Jahr 1239 eine Sophia von Herlingsberge, die Erbin
eines Theils von Herlingsberge, geheirathet haben,
nachdem die andern Erben entweder geſtorben, oder
ver-

dencamp, ehemalt in Beſiß gehabt, eine Reflexion
verdienet — — Es mag aber auch etwa der ganze
Ort ſo wenig, als ganz Lewenberge der Familie je-
mals angehört, ſondern dieſe an beiden Orten, wie
zu Blankenburg nur einen Siß gehabt haben.
e) Scheidt in praefat. ad Cod. diplom. p. 41.
f) Chron. Walmodenſe ap. Harenberg in hiſtor. Gan-
desheim. p. 1507. Anno 1290 hebben ok Henrich und Didrich den Herlingsberg boven Woltingerode verloren.

verbränget waren g). Nicht weit von dem zerstörten
Schloße soll der Hildesheimische Bischof Sigfried, das
Castell, Liebenburg, (Levenburg) angelegt haben h).
Dieser Herlingsberger Zweig scheinet nicht lange nach
1379 ausgegangen zu seyn; denn in besagtem Jahre
wurden laut des Lehn-Buches, Curds von Döhrin-
gen, die von Döhringe von Heinrich v. Herlingsberge
beliehen, und nahmen 1431 nach der von Herlingsberge Abgange die Lehne von den von Samplcben. Es
scheinet aber von den von Herlinsberge oder Her-
tingsberge, ein Zweig nach Lüneburg gekommen zu
seyn, wo er zu den Patricien gehörte i). Aber zu
                                                    der
                         Q 3

g) Harenb. ib. p. 1506 u. 1510.
h) Harenb. ib. p. 775. 1507.
l) In J. H. Büttners Collectaneis ad Familias Lune-
    burgicas Mfpt. findet sich davon folgendes:
    Tidericus de Hertesberge Senator Lune-
    burg. emit Plauftr. falis in domo Budfinghe ab
    Hermanno de Wenkfternen 1297 in die annunc.
    dominicae. Tider. de H. dederat filiabus fuis
    Monialibus in Walsrode 1 pl. falis, cuius medie-
    tatem Nicol. de Schildftein a conventu fibi com-
    paratum vendit D. Ioh. de Remftede 1329.
    Ioh. Hertberge fit cluis Luneb. 1293. Vi-
    cariam primam S. Catharinae ad S. Johannem in
    Luneb. fundavit Theodorus de Harzberge,
    praefentationem fiue ius Patronatus ad eius here-
    des et poftea ad Archidiaconum in Modestorp,
    cuius vices nunc (1532) habet praepofitus Lune-
    burg. Jam habent illi de Spörken, poffederunt
    vero, Albert Verle, Joachim Ruwe, Wärner.
    Sporcke, qui. refignavit 1552, Georg. Spörcke
                                                    infti-

der Blanckenburg-Campischen Familie gehörten wahrscheinlich

2) Die

Inſtitutus 27 Ianuar. 1553. Ioh. Sporcke Juſti filius inſtit. 17. Jan. 1565, Henricus a Meding inſtit. 23. Mai. 1576. Wilh. Spörcke, Erneſtl filius
1586, Gebhard Sporcke, Warneri in Dalenborg
filius, inſtit. Octobr. m. 1595, Jul. Sporcke 1612.
10. Mai, Joh. Phil. Sporcke 1618, 9. Jan. Chriſtian Feuerſchütz 1630. 20 Nov. Werner Herm.
Sporcke 1. Aug. 1636, Io. Frantz Sporcke 1651
17 Nov. Io. Georg Burmeiſter 1661. 8. Febr.
Frnſt Wilh. Sporcke 1668. 23 Noy. Werner,
Hermann v. Campen 1690. 4 Aug. Frantz
Ludew. Spörke 1711. 9. Dec. Ernſt Wilh. Spörcke 1717. 1. Mai, Ernſt Ludew. Wagenfeld 1725
2 Mart. Ernſt Wilh. Bilderbeck 1733. 11. Mai.
Andr. Wilh. Saffe 20 Nov. 1745, Georg. Io.
Chriſtian v. Ramdohr 1757. 6. April.

Da dieſe von Herzberge od. Hirſchberg, vermöge
eines lüneburg. Geſchlechts-Buchs des XVI. Jahrhunderts ein mit den Campiſchen oder Herlingesbergiſchen
übereinſtimmendes Wappen haben, und ihr Gut den
von Spörcken als nächſten Vettern, vermuthlich durch
Verheirathung mit einer von Hertesberg, hinterlaßen
haben, ſo ſind ſie adelich, und wahrſcheinlich Agn aten
der von Herlingsberg am Harze.

Das Wappen iſt im blauen Felde ein von grüner
Erde auffſpringender ſilberner Hirſch mit ausgeſchlagener rother Zunge und einer über den Rücken gelegten
ſchwarzen Decke, auf der 2 übereinander liegende 6mal
eckigt gezogene ſilberne Queerbalcken ſind; Helmdecken
und Wulſt blau und Silber, und das Helmkleid iſt
ein wachſender ſilberner Hirſch. (Kupfer-Tafel
N. 15.

2) Die von Lewenberge und Gersdorf.

Um eben die Zeit, da ein Jordanus Miles de Nendorp. und ein Jusarius, dessen Bruder, beide aus dem Blanckenburg-Campischen Geschlechte, der erste als Dapifer, der andere als Pincerna, am Hofe Herz. Otto des Kindes standen, erscheinet auch in einer Urkunde von eben demselben Herzoge 1248 ein Jordanus Miles und Ministerialis de Lewenberch, nebst seinem Bruder Jusarius k). Es ist nicht glaublich, daß sich solches ganz von ohngefehr so solle gefüget haben, und daß die Nendorfischen und Lewenbergischen Jordans und Jusarier ganz verschiedener Abkunft seyn sollten, wo sie nicht gar eben dieselben Personen sind, die verschiedene Ritter-Sitze gehabt, und nach Beschaffenheit der Umstände bald nach dem einen, bald nach dem andern den Namen geführet haben. Die Wappen müßten hier entscheiden, aber die sollen mit dem alten Blanckenburg-Campischen völlig übereinstimmen. Wenn auch das seyn sollte, daß sie blos nach der Verschiedenheit der Oerter sich genennet haben; so waren sie doch ein Zweig des Blanckenburg-Campischen Stammes, und können auch als ein solcher behandelt werden.

Gedachter Jordan von Lewenberge verkaufte mit Einwilligung seines Bruders Jusarius dem Kloster Stein fünf Hufen eigenthümlichen Landes bei Gerstorp, nebst 2 areis in diesem Dorfe. Gerstorp lag in dem Quedlinburgischen Territorio l). Und
Lewen-

k) O. G. T. IV. praefat. p. 71. l) Kettner antiquit. Quedlinb. p. 143.

Lewenberg, wie im Orig. G. m) aus überzeugen-
den Gründen gezeiget wird, kann unmöglich das Lö-
wenberg (Lauenburg) an der Elbe bedeuten, sondern
es muß ein von den am Harz gelegenen Schlössern gewesen seyn, welche in der Theilung 1203 dem Prinz
Wilhelm zugefallen waren, wie es denn auch ausdrücklich
in dem Theilungs-Briefe unter diesen Schlössern namhaft gemacht wird n), und muß in der Nachbarschaft
von Regenstein, Blanckenburg und Heimburg, nicht
weit von dem ehemaligen Lichtenberge, hinwerts nach
Quedlinburg gelegen gewesen seyn o). Die meisten
von

m) O. G. T. IV. p. 9. n) O. G. T. III. p. 852.
o) Lewenberge, Lewenburg, oder die alte Lauenburg, so nebst Gerstorf hinter Quedlinburg unweit
Stapelburg belegen, sagt das Braunschweigische Mspt.
des Herrn G. R. von Praun, gehörte ehemals denen
Pfalz-Grafen von Sommerschenburg. Graf Albrecht hat noch 1164 eine Urkunde von daher datirt.
Gleich darauf ist dieser Ort an Herz. Heinrich den Löwen gekommen. An. 1267 haben Jordanus de Gers-
torpe, dessen Sohn Gevehardus und dessen Brüder
Arnoldus de Monte, Iohannes de Monte, und Fridericus de Gerendorp. Die Kirche zu Gerstorp an
das Kl. St. Marien auf dem Berge Sion vor Quedlinburg verehret, und sich dafür in der Kloster-Kirche
ein Erbbegräbniß ausbedungen. Jordanus und Jusarius von Lewenberge hatten an. 1248 ihre eigenthümlichen Güter zu Gerstorf an das Kloster Michaelstein
bereits verkauft, und an. 1351 sind Lewenburg und
Gerstorf von den Grafen von Blanckenburg und Regenstein, welche es inzwischen an sich gebracht, an den
Bischof Albrecht von Halberstadt, einen gebohrnen
Her-

von der alten Blanckenburg-Campiſchen Familie hatten
in dem Quedlinburgiſchen Stifte Güter; und obgleich
hieraus nicht folget, daß die Edelleute von Gersdorf
mit den von Leivenberge verwandt geweſen ſind, ſo läßt
ſich doch aus dem getheilten Schilde, welches ein Jordanus von Gersdorph 1267 im Siegel führte,
und deſſen eine Hälfte zum Blanckenburgiſchen Wappen gehörte, die andere aber mit Schachen ausgefül-
let iſt, einige Verwandſchaft ſchlieſſen.

Laut dieſer Urkunde vom J. 1267 ſchenckte dieſer Jordan von Gersdorf nebſt ſeinem Sohne Gebhard die erledigten Pfarr-Güter der Kirche im Dorfe
dem Kloſter Monzion-Berg (Mons Sion) bei
Qued-

Herzog zu Braunſchweig, abgetreten worden. Auch
ſoll ſich noch eine adeliche Familie von Blanckenburg
in der Marck, Pommern, Mecklenburg und Groß-
Polen ausgebreitet haben, die einen ihrer Sitze mit
dem Namen Gerstorf belegt, vermuthlich in Erinnerung deſſen, daß ihre Vorfahren das Gerstorf
hinter Quedlinburg ehemals beſeſſen. Ob ſie gleich
ein ganz anderes Wappen führet, nemlich einen auf-
ſteigenden Steinbock im Schilde, und einen Pelican
auf dem Helme hat. (Nürnberg Wappenbuch
I. p. 172.) ſo habe ſie doch ohne Zweifel ihre alte
Abkunft daher. Auch könnten die von Gerstorf, wovon eine Branche in den Gravenſtand erhoben, und
gar anſehnliche Güter in der Laußnitz beſitzt, dazu gehören. Jedoch müſſe man das dahin geſtellt ſeyn
laſſen, da ein gleichlautender Name es allein nicht aus-
mache. —

R

Quedlinburg, und erlaubte, daß die Kirche des Dorfes eingieng, und nach besagtem Kloster transferirt ward *).

Ohne Zweifel laffen sich noch andere einzelne Sproffen antreffen, die eben so wol zu dem Blancken-burg-Campischen Stamme gehören; aber die eigentliche Folge ihrer Abstammung erweisen wollen, würde zu kühn und am öftersten unmöglich seyn. Ein solcher Zweig war auch

    3) Zu **Elbingerode** (Eluelingerode).

Von demselben ist uns der einzige **L o d e w i ch** aus Eraths Codice diplom. Quedlinb. p. 421 bekant, der 1331 sein Officium Pincernae der Aebtißin zu Quedlinburg resignirt, und sich in der Urkunde filium sororis Pincernae de Quedlinburg nennet. Daß er zu dem Blanckenburg-Campischen Geschlechte gehöre, davon ist sein Schild und Wappen der vorzüglichste Beweis.

*) In diesem ehemals berühmten Kloster, auf dem Münz-berge vor Quedlinburg, vermeinte man vor einigen Jahren des Kaisers Heinrich Grab entdeckt zu haben, aber der angebliche Stein des Kaisers, gehörte einem von Hoym.

Drit-

Dritter Theil.

Abschnitt I.
Von den übrigen Stamm-Linien der von Campe, oder Campen.

§ 1.

Diese Familien-Geschichte der von Campen auf Isenbüttel würde zwar schon bestehen können, wenn auch die übrigen Familien gleiches Namens, aber vielleicht verschiedenen Ursprungs, übergangen würden. Das hätte geschehen können, wenn nicht hie und da Umstände einträten, die eine Vermengung befürchten ließen. Mit der größten Behutsamkeit läßt sich dieser Fehler nicht allemal vermeiden, daß Personen der einen Familie zugeschrieben werden, die zu einer andern gehören. Um gegen diese Besorgniß etwas mehr gesichert zu seyn, wäre es zu wünschen, daß irgends wo ein genaues und ausführliches Verzeichniß aller adel. Personen, die den Namen von Campe in unserm Vaterlande führen, und geführet haben, in chronologischer Ordnung zu haben wäre. Da dieß aber nicht ist, und auch die besten Adels-Lexica uns diesen Dienst versagen: so müssen wir uns mit den zerstreuten Brocken begnügen, die sich sammlen ließen. Diese noch rückständigen Stamm-Familien sind, wie schon oben bemercket ist,

I. Die

I. Die Deenſer (Deenhuſiſche), oder Stadt Olden-
dorfiſche, in der ehemaligen Grafſchaft Eberſtein.

II. Die Poggenhagener, in der ehemaligen Grafſchaft Wölpe.

III. Die Kirchbergiſche, in dem Herzogthum
Braunſchweig Wolfenbüttel.

IV. Die Oſter-Stadiſche auf Aſchwarden, in dem
Herzogthum Bremen.

§. 2.

**I. Die Deenſer, oder Stadt-Oldendorf-
ſche Familie der von Campen.**

Wenn man ſich darauf verlaſſen könte, daß der
Stammtafel vom J. 1596. welche Letzner ſeiner Daſ-
ſelſchen und Einbeckiſchen Chronick von dieſer Familie beigefügt hat, in allen Stücken zu trauen wäre,
und dieſelbe bis auf unſere Zeiten reichte: ſo könnte
man gerade zu ſich nur auf dieſelbe berufen. Indeſſen
müſſen wir doch dieſelbe, in Ermangelung einer beſſe-
ren, zum Grunde legen. Es heißt daſelbſt, dieſe Familie habe in dem Dorfe Deenſen (Dedeſen) vor dem
Solinger Walde, in der ehemaligen Grafſchaft Eberſtein ihren Sitz gehabt, nicht weit von dem Städtgen
Oldendorf unter Homburg, und habe von dem Go-
ſen von Daſſel viele Lehne gehabt.

Als der Aelteſte derſelben wird ein Bodo angegeben, der im J. 1186 ſoll gelebt haben; aber ſchon
lange vor demſelben wird in den Annalibus Corbei-
enſibus (Leibn. T. III. p. 306.) eines Otto von
Campen gedacht, der nebſt einigen andern Wolthä-
tern

tern des Klosters in die Brüderschaft S. Viti ist auf-
genommen worden.

Von den beiden Söhnen jenes Bodo, soll der
eine Boldewin, bei den edlen Herrn und Rittern
von Roßdorf, in guter Kundschaft gestanden, und
noch 1209 gelebt, aber keinen Erben hinterlassen haben; der andere Heinrich von Campen habe gleichfalls 2 Söhne, Gottfried und Hartung hinterlassen.

Gottfried soll Herzogs Otto des Quaden an
der Leine (Göttingen) Schild-Junge (Armiger) und
hernach dessen Hof-Juncker gewesen seyn, habe auch
nach dessen Ableben der verwittweten Herzogin Margaretha von Berge zu Hardessen getreulich bis an sein
Ende 1438 zu Hofe gedienet, und sei auch daselbst
in der Kirche begraben. Welcher Sprung in der Chronologie! Wenn er schon bei Lebzeiten des Vaters, wie
doch wohl zu vermuthen steht, da gewesen, und erst
1438 gestorben ist, wie alt müßte er nicht alsdann
geworden seyn? Das ist wol gewiß, zur Zeit dieses
Herzoges kan er nicht gelebt haben; denn selbiger kam
erst 1368 zur Regierung, und starb 1394. Zu dem
ist unter den Rittern und Knappen, die in den Jahren 1370, 1374, 1376, den Turnieren zu Göttingen beigewohnt haben, kein Gottfried von Campe anzutreffen, er müßte denn unter denen seyn, die
nicht aufgeschrieben sind *).

A 3   Das

----

*) Das Verzeichniß derselben steht in der Götting. Ge-
schichts-Beschreibung, p. 25, 27.

Was läßt sich nun von der Geschichte seines Bruders Hartung, vermuten? Derselbe soll in seiner Jugend bei den Banherrn zu Homburg sich hurtig und wol gehalten, auch etliche Züge mit ihm gethan, und von demselben das Jagd-Haus zum Brack, zwischen dem Solinger Walde und dem Holz-Häuser Berge mit besondern Privilegien erhalten haben. Das müßte doch auch wol unter der Regierung Herzogs Otto, des Quaden geschehen seyn; und so wäre hier in Ansehung dieser beiden Brüder ein Irrthum, entweder in der Genealogie, oder in der Chronologie, oder wol gar in beiden zugleich vorgefallen.

Hartungs von Campen Söhne sollen gewesen seyn 1) Asche oder Ascanius, 2) Gord oder Gotthard. Der erste hat zu Eberstein gewohnet, und von seiner ungenanten Gattin zwo Töchter hinterlassen, die eine Elisabeth, ist unverheirathet gestorben, und die andere, Berta, ist im Kloster Hockeln Nonne gewesen.

Der andere, Gord, hat zu Deensen gewohnt, hatte aber auch zu Stadt Oldendorf einen freien Hof mit Burgmanns Gerechtigkeit. Der Name seiner Gemalin ist nicht bekant. Er liegt zu Amelungsbort begraben, und hinterließ einen Sohn

Bartold I.

Dieser ist zwar von Letznern nicht angeführt, wird aber aus einem Familien-Manuscript eingeschaltet. Er soll 1430-1470 auf den Gütern zu Stadt Oldendorp und Deensen gelebt haben. Seine Gemalin wird Aung. von Amelungen genant, von welcher 2 Söhne

Söhne waren, und eine Tochter, an Bruno von Be-
dern verheiratet. Die Söhne hießen 1) Jan, oder
Johannes. 2) Gord II. welche sich 1501 der-
gestalt getheilet haben, daß der erste Stadt Oldendorp und Giesenberg, der andere Deensen bekam. Daher entstanden 2 Linien.

A. Die Oldendorfische und
B. Die Deenser Linie.

A. Die Stadt Oldendorfische Branche.

Jan oder Johannes

Bartolds I. Sohn, setzte die Deenser Linie fort;
Seine Gemalin soll Johann Wetten von Moringen
Tochter gewesen seyn, mit welcher er erzeuget

Bartold II.

Derselbe hat Ludolfs von Amelungen Schwester zur
Gemalin gehabt, mit welcher ein Sohn Otto, und
6 Töchter, Anna, Maria, Ermegard, Judith, Bar-
bara, Edelind, sind erzeuget worden.

Otto I.

war nach dem Letzner gebohren 1568, nach dem Fa-
milien-Mspt. aber 1558, und hatte zur Gemalin eine
von Hacken. Sein Sohn ist nach eben demselben
Familien-Manuscpt. gewesen.

Otto II.

Er hat zur Gemalin gehabt eine von Heistermann, mit
welcher er erzeuget

Burchard Heinrich

dessen Gemalin war eine v. Hacken, von welcher 3 Söhne
waren und eine Tochter Anna Cathar. die an Burchard v.
Campe zu Deensen ist verh. worden. Die Söhne waren;

1) Jobst

1) Jobst Heinrich Christoph, der sich mit Jlse Armgard von Hacken zum Buchhagen vermält, aber ohne Erben verstorben ist.

2) Otto ist in Wolfenbüttelschen Krieges-Diensten in Ungarn geblieben.

3) Diedrich Julius vermält mit Engel Elisabeth von Oldershausen, von welcher 2 Töchter waren, Anna Catharina, und Luise Christine, die beide in der Jugend verstorben sind.

Die beiden Brüder Jobst Heinrich Christoph, und Diedrich Julius, haben sich 1704 getheilet, daß ersterer Stadt Oldendorf, und letzterer Giesenberg erhielt, welche Güter aber nach deren Ableben an die Deenser Branche zurück fielen.

B. Die Deenser Branche.
Gord II. von Campe.

Bertolds I. Sohn, Jans Bruder setzte diese Branche fort. Seine Gemalin war Godelem von Bolten, von welcher 2 Kinder waren, eine Tochter Anna, vermält an Waldebrand von Reden und ein Sohn Aschen, oder Ascanius.

Asche II.

der 1554 auf der Schlüsselburg gestorben, und im Kloster Loccum begraben ist. Mit seiner Gemalin Catharina von Münchhausen, die gleichfalls 1554 gestorben, und im Kloster Amelunxborn begraben liegt, hat er 2 Söhne gehabt, 1) Hilmer, der weggekommen ist, ohne von ihm weiter einige Nachricht zu erhalten, 2) Gord III. ob. Gordian und eine Tochter, die zu Dassel an einen von Garmir verheiratet gewesen ist.

Gord

Gord III.

Hat sich zweimal verheiratet 1) mit Edelind v. Closter, 2) mit Magdalena von Wrisberg. Er ist 1576 gestorben, und im Kloster Amelunrborn begraben. Aus der ersten Ehe waren 5 Söhne. 1) Aschen III. geb. 1555 † 1565, 2) Burchard. 3) Statius Wilhelm † 1563. 4) Hilmar, soll außer Landes gezogen seyn, welches sicher eine Vermengung mit dem vorigen ist. 5) Aschen IV. ist im Stifte zu Minden als Domherr gestorben. Aus der zweiten Ehe waren Gord und Catharina verheiratet an Otto Raben v. Landsberg zu Stadthagen und Wormsthal, lebte noch 1595. Den Stamm setzte fort

Burchard I. von Campen

Drost zum Fürstenberge 1595, hat mit seiner Gemalin Agnesa von Hacken zu Ohr 8 Kinder erzeuget, die aber alle früh verstorben sind, bis auf einen Sohn

Hilmer Elmershausen von Campe

lebte 1670, und hat sich zweimal vermält, 1) mit einem Fräulein von Spiegel zu Dorickhausen, 2) mit Margar. Lucie von Friesenhausen zu Belle. Aus der ersten Ehe waren 5 Töchter, a) Magdalena Dorothea † unverheiratet, b). Christian gleichfalls, c) Anna Catharina, Stifts-Fräulein zu Lippstadt, d) Amalia, e) Edeling Margaretha Sophia.

Aus der zweiten Ehe waren a) Agnesa Elisabeth, an Lev von Freytag vermält. b) Jobst Arend ist als Lieutenant in den Niederlanden unverheiratet gestorben und

S   c) Bur-

c) **Burchard II. von Campe**
hat als Lieutenant Abschied genommen, vermält sich
1) mit Anna Catharine von Campe, Burchards Henr.
zu Stadt Oldendorf Tochter 1692. 2) Mit Hedewig Lucien von Dassel zu Wellersen, der Wittwe Hans
Thedels von Campe auf Wettmarshagen. Aus der
ersten Ehe war Burchard Hilmer, aus der zweiten
a) Joh. Georg Christoph, b) Friedr. Aschen, c) Anna
Charlotte, Hof-Fräulein zu Bevern.

Burchard Hilmer v. Campe.
hatte zur Gemalin Luisen Sophien Eleon. v. Campe
zu Altenhausen, mit der er 2 Söhne erzeuget. a) Ernst
August Burchard an ein Fräulein von Loheisen verheiratet. b) Otto Carl Wilhelm an ein Fräulein von
Runnen verheiratet, und sechs Töchter 1) Sophia
Justina Charlotte Wilhelmine Amalia an einen Rittmeister von T — — verheiratet. 2) Anna Catharine
Johannetta, verheiratet an den Major von Benning
in Cassel. 3) Sophia Christiana Caroline Amalia,
verheiratet an den Hauptmann von Ahlen. 4) Luise
Charlotte, verheiratet an den Lieut. von Schmidt.
5) Augusta Wilhelmina, verm. an Hauptmann von
Geyse. 6) Friderica Eleon. Christine.

Der Bruder Joh. Georg Christoph von Campe,
hat gleichfalls 2 Gemalinnen gehabt, 1) Anna Christ.
Charlotte Goetz von Ohlenhausen. 2) Christine Charlotte Vitzthum von Eckstedt.
Aus der ersten Ehe waren 3 Söhne, a) Ludew. Wilhelm, früh verstorben. b) Burchard Gustav Joh.
Wilhelm, gleichfalls, c) Johann Burchard Carl Wilhelm. Aus

Aus der 2ten Ehe waren 6 Söhne und 8 Töchter.

Die Söhne: 1) Jobst Hartm. Christian Friederich jung verstorben. 2) Adam Gottlob, gleichfalls. 3)Theod. Joh. Gotthard, gleichfalls. 4) Friedr. Georg Johann, gleichfalls. 5) Carl Friedr. Ferdinand. 6) Theodor Ludew. Hartmann.

Die Töchter : 1) Hedewig Sophia Christina Charlotte, jung verstorb. 2) Christiana Henr. Friderica, verheiratet an Herr v. Grow, jung verstorb. 3) Sophia Charl. Wilhelmine, gleichf. 4) Magdalena Augusta Carolina, gleichf. 5) Johan. Christiana Dorothea, gleichf. 6) Sophia Wilhelmina, gleichf. 7) Eva Mariana, gleichfalls. 8) Albertina Charlotte, gleichfalls.

Vielleicht gehört zu den Söhnen auch Bernhard Adolph, der 1694 auf der Ritter-Academie zu Wolfenbüttel gewesen. Den Stamm setzte daher fort Johann Burchard Carl Wilhelm v. Campen zu Giesenberg bei Stadt Oldendorp, lebte noch 1776. Gemalin Charlotte Doroth. Henriette von Weyhe, eine Tochter Ernst Conr. v. Weyhe, und Magdal. Elisab. von Campe, aus dem Hause Isenbüttel und Wetmarshagen, deren Tochter Friderica Albertina von Campe 1776. Stifts-Fräulein im Kl. Steterburg ward.

Die Verschwägerung der beiden Familien von Campe, der Deensischen und Isenbüttelschen, macht vielleicht nachstehender Entwurf etwas deutlicher.

G 2   Deen-

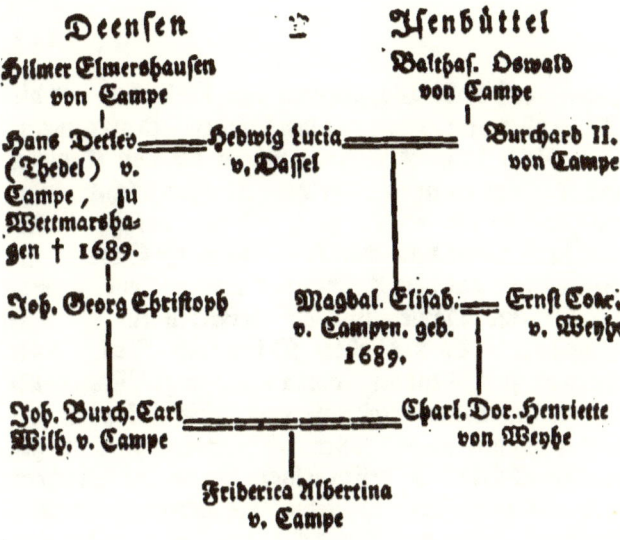

Deenſen   **Iſenbüttel**

Hilmer Elmershauſen von Campe

Balthaſ. Oswald von Campe

Hans Detlev (Thedel) v. Campe, zu Wettmarsha= gen † 1689. —— Hedwig Lucia v. Daſſel

Burchard II. von Campe

Joh. Georg Chriſtoph

Magdal. Eliſab. v. Campen, geb. 1689. —— Ernſt Conc. v. Weyhe

Joh. Burch. Carl Wilh. v. Campe —————— Charl. Dor. Henriette von Weyhe

Friderica Albertina v. Campe

§. 3.

Auf Hohmanns Charte vom Herzogthum Braunſchweig mit einigen beigedruckten Wappens, die vermuthlich nach J. W. Schelen Zeichnung gemacht ſind,
ſtehet bei dem Gute Deenſen und Olvendorf, der
alte Campen-Bodenteich-Blanckenbnrgiſche Schild,
mit dem ſparrigen Queer-Streife, wie ſolcher noch
jetzt im Gebrauch iſt. Wenn man hierauf allein bauen
könte, ſo müßten freilich die Herrn von Campe auf
Deenſen mit den Herren von Campe auf Iſenbüttel einerlei Abſtammung haben; allein zu geſchweigen, daß jetzt
die Stammzeichen im Schilde ganz verſchieden ſind, ſo
haben

haben auch beide Wappen von den Kleinoden nur die Säule über dem Helme mit den Pfauen-Federn gemein.

Nach Letzners Angabe führen die von Campen auf Deensen einen in 2 Felder getheilten Schild, von welchen das zur rechten ganz gelb ist, das zur linken aber in 6 weisse und eben so viel schwarze Schache getheilet war; auf dem Helme war eine goldene Krone, darüber eine Säule, und auf derselben ein Pfauen-Schwanz. Es hat aber Dietrich Jul. von Campe zu Oldendorf, damals, als er zu Wolfenbüttel auf der Ritter-Academie war, sein Wappen folgender maßen malen lassen: Ein perpendiculair getheilter Schild, in dessen einer Helfte zur Rechten roth und weisse Schache stehn, die andere ist ein ganz schwarzes Feld; auf dem gekrönten Helme stehet eine pyramidal rothe Mütze, oder vielmehr Spitz-Säule, auf welcher ein Pfauen-Schwanz stecket. Die Helm-Decken sind nicht Gold und schwarz, sondern Gold und roth *); und so stehet er auch auf der Charte bei Poggenhagen.

§. 4.

Daß ehemals noch wol mehr Familien in hiesigen Gegenden gewesen sind, die den Namen von einem Campe, den sie zuerst bewohnet, bekommen haben, ist gar nicht unwahrscheinlich. So erwehnet Baring **) einer solchen Familie, die bei dem ausgegangenen

S 3   Dorfe

---

*) Alb. studiosor. Nobil. Academ. Equ. Wolfenb. p. 18. Nürnberg. Wappenb. P. I. p. 179. n. 7.
**) In der Beschreibung der Saale im Amte Lauenstein des Fürstenthums Calenberg, p. 61, 67.

Dorfe Gerdeſſen oder Jerſen in dem Calenbergi-
ſchen Amte Lauenſtein ihren Siß gehabt habe. Das
iſt gewiß, in einem After-Lehn-Briefe vom J. 1637
belehnet der Canzler Arnold Engelbrecht einen
Franz von Campe, anders genannt Mordebotter, und deſſen Nachkommen, die jetzt in Salß-
Hemmerdorf wohnen ſollen, mit gewiſſen Gütern, die
zuvor ein Chriſtoph Boch zum Lehn gehabt. Gedachter Baring ſetzt hinzu, man habe von dieſer Familie eine bekante Nachricht, daß dieſelbe zu Jardeſ-
ſen in einem Campe gewohnet, daß die erſten Einwohner in Salz-Hemmerndorf ihr daher den Namen
vom Campe beigelegt, welchen Namen die Nachkommen angenommen, ihren Geſchlechts-Namen, Mordebotter, aber hätten ſie fahren laſſen; noch wären in
der Gegend des ehemaligen Dorfes verſchiedene Brincke oder Campe, und in einem derſelben würden noch
oft viele loſe rothe Steine, als Ueberbleibſel ehemals
daſelbſt geſtandener Häuſer, ausgegraben, indem man
wiſſe, daß dieſes Dorf an einem Pfingſt-Tage, da die
Leute zu Salz-Hemmerndorf in der Kirche geweſen,
in einer Feuers-Brunſt aufgegangen, und hernach nicht
wieder aufgebauet ſei. Wenn auch das alles ſeine
Richtigkeit hat, ſo läßt ſich doch weiter nichts daraus
beweiſen, als daß auch dieſe Familie von einem bebaueten Brincke oder Campe den Namen erhalten habe.
Ob aber Mordebotter mit ſeiner Nachkommenſchaft
um deswegen zu den alten adelichen Familien zu rechnen ſei? das müſſen wir dahin geſtellt ſeyn laſſen.
Aelter als ſeit 1637 ſcheinet wenigſtens dieſer Adel
nicht

nicht zu seyn; denn die vorigen Besitzer des Gutes zu
Jarsen, hieſſen nicht von Campe, und wenn Mordebotter etwa ein Abkömling von der Deenſiſchen
Familie von Campe ſeyn ſollte, ſo käme es darauf
an, ob er auch ihr Schild und Wappen geführet habe?

§. 5.

II. Die von Campen zu Poggenhagen.

Jo. Wilh. Frantz Freiherr von Krohne verſi-
chert in ſeinem 1774 herausgegebenen allgemeinen
Adels-Lexicon, daß dieſes Geſchlecht der von Campen zu Poggenhagen im Fürſtenthum Calenberg eines
der älteſten in Nieder-Sachſen ſei; daß ſie vormals
Nobiles Domini de Lo oder Lohe geheiſſen, und
verſchiedene Caſtra zwiſchen Neuſtadt am Rübenberge
und Wunſtorf beſeſſen, als das Caſtrum zu Bordenau, allwo ſie auch die Pfarre fundiret, imgleichen
die Caſtra Lüneburg und Lockhauſen, welche
beiderſeits an der Leine gelegen geweſen, aber beiderſeits im 13ten Seculo wären zerſtört worden. Es
könne aus Documenten erwieſen werden, daß ſie um
erwehnte Zeit Nobiles Domini de Lo, dicti a
Campe wären genennet worden; denn da im Jahr
1293 Ludolphus dictus de Lo, dem Kloster Locum eine Wieſe zu Muntzel verkauft, und dieſer ſich
nicht a Campo genennet habe, ſo ſei daraus zu ſchlieſſen, daß die jetzigen Herrn von Campe ex Caſtro
Luneburg abſtammen; daher erlange auch eine alte
Tradition deſto mehr Wahrſcheinlichkeit, daß nemlich
im 13ten Seculo einer dieſes Geſchlechts ex Caſtro
Luneburg gegen ſeinen Landesherrn ſich agblich

vergangen, weswegen seine Veste, Lüneburg sei zerstört worden, und nachdem er wieder Gnade erlanget,
habe er sich zu Poggenhagen angebauet. Den Fa-
milien-Namen de Lo aber habe er gänzlich ablegen,
und dagegen den a Campo beibehalten müssen.

Bei genauerer Erkundigung wird versichert, und
aus hinten beigefügter Beilage N. XI. *) bestärket, daß
im Jahr 1202 ein Arnold von dem Lohe wirkl.
zu Bordenau sein Schloß gehabt, indem er daselbst
eine Capelle angelegt, und einen Vicarium damit belehnt habe. Diese Capelle sollte auch von seinen Vettern zu Luchhausen mit begifftet werden, und nach der
Beilage N. XII. erscheinet erst hundert Jahr hernach,
1306 ein Arnold v. Dom — anders geheten von
Campen, Dirkes eines Ridders Sohn, der seiner
Vettern Capelle zu der Bordenau mit einer Hufe Landes dotiret. Wäre das Siegel noch an diesen Urkunden,
so ließe sich mehr mit Gewißheit davon sagen. Indeß erhellet doch so viel daraus, daß Arnold von der
Loh, und der Arnold von Dom — geheten von Campen, Nachbaren und Vettern gewesen. Daß aber die
Castra Lüneburg und Lockhausen bereits im 13
Seculo wären zerstöret und die Besitzer besagter Schlösser Nobiles Domini de Lo dictis a Campo genennet worden; das verdiente wol eine genauere Untersu-
chung

a) Gedachte Beilage ist aus dortigen Gegenden nebst
andern Nachrichten von glaubhaften Freunden mitgetheilet; nur Schade, daß wegen der Zeit-Rechnung
nicht alle Bedencklichkeit wegfällt, und von der Geschlechts-Folge in den ältern Zeiten sich wenig zusam-
menhangendes herausbringen läßt.

dung. Wenigstens läßt sich die Folge nicht klar genug einsehen: weil Ludolphus dictus de Lo, der
1293 dem Kloster Lockum eine Wiese verkauft, sich
nicht a Campo genannt habe, so müßten die jetzigen
Herrn von Campen ex Castro Lüneburg abstammen.
Auch Bernhardus Nobilis dictus de Lo hatte 1282
diesem Kloster den Zehnten in Peine verkauft *), was
läßt sich aber daraus erzwingen?

Das Castrum Lüneburg anlangend, so hat dasselbe laut sichern Nachrichten, auf einer Anhöhe an der
Leine, zwischen dem jetzigen Schloße Poggenhagen und
Neustadt am Rübenberge gestanden. Der Platz soll
noch jetzt der Lüneburger-Wald (Wall) heissen. Nach
einer etwas verbesserten Tradition, die aber nicht in
jene Zeiten zurück reichet, soll der letzte Besitzer dieses
Schlosses Arnold geheissen haben, der auch in Neustadt sein Wesen gehabt, und dem Herzoge Erich oft
im Spiele daselbst Gesellschaft geleistet. Einstmalen
hätten sie sich darüber entzweiet, und da es zu Thät-
lichkeiten gekommen, habe sich der Junker an dem Herzoge vergriffen, weswegen er landflüchtig habe werden
müssen, das Schloß zum Lüneburger-Wald sei damals
zerstöret und die Güter des Edelmannes eingezogen
worden. Nachdem er aber endlich wieder begnadigt
worden, sei er zwar auch wieder zum Besitze seiner übrigen Güter gelanget, aber das Schloß auf dem Lüneburger Walde habe er nicht wieder bauen dürfen, dagegen sei ihm ein sumpfiger Platz, wo sich viel Pog-

gen

*) Treuers Münchhauf. Geschl. Geschichte in den Bella-
gen p. 16. T

gen aufgehalten, zum Anbau angewiesen, und sein al=
tes Wappen beizubehalten sei ihm auch erlaubt worden.
Wenn von der ganzen Geschichte etwas wahr ist, und
man dem copeilichen Auszuge eines fürstl. Vertrages
vom Jahr 1573 (Nro. XIII. Beilagen), wegen des
Juris Patronatus der Kirche zu Bordenau, den Her=
zog Erich, und Ludolf v. Campen eigenhändig unter=
schrieben, trauen darf, so kann sich jene Begebenheit
nicht so früh zugetragen haben, aber auch wol nicht
unter der Regierung Herzogs Erich, des Vaters,
denn der war schon 1540 gestorben, und Herzog Erich,
der Sohn, erwehnet in dem Recesse einer Zeit, ehe
sein seelig geliebter Herr Vetter, Hochlöbl. Ge=
dächtnisses, unter andern, der von Campen Gütern, den
Poggenhagen in Sitz bekommen. Es müßte denn
anstatt Vetter, gelesen werden, Vater; aber auch
dann war Poggenhagen schon da.

 Bernardus Nobilis dictus de Lo, und Ju=
stacius gener eius, dictus de Monckhusen,
führten 1282 in ihrem Schilde einen Löwen,
der über einem auf 3 oder 4 senckrecht ste=
henden Pfeilern ruhenden Queerbalcken fortschreitet[*]).
Auch Henricus Miles de Monchhusen, hatte 1316
einen solchen Schild[**]), nicht weniger die Gebrüder
Bernardus, Wedekind, Olricus von Landsberghe
1322[***]), und in so ferne die Edlen Herrn von
Campe zu Poggenhagen eben diese Stammzeichen, den
Löwen nemlich über 3 oder 4 senckrechten Pfeilern füh=
ren

---

[*]) Treuer ibid. im Anhange Tab. X.
[**]) ib. Tab. XII, XIII. [***]) ib. Tab. XIV.

ren, läßt sich die nahe Verwandschaft erstgedachter
Familien nicht bezweifeln, aber mit dem Isenbüttelschen Schilde hat solches nichts gemein. Ehemals haben diese von Campen auch in Neustadt gewohnt; jetzt
aber sind seit 1715 nur noch Haushaltungs-Gebäude
auf dem Gute daselbst, seit dem der weiland Königl.
Großbrittannische und Churfürstl. Braunschw. Lüneburgische General, Christian Wilhelm von Campen, das
Haus Poggenhagen in den jetzigen Stand gesetzet hat.

Zu Bordenau hat diese adeliche Familie ihr Erb-
Begräbniß, wie wol auch einige Leichen derselben zu
Neustadt beigesetzet sind. Aus den Neustadt-und Bor-
denauischen Kirchen-Büchern sind uns folgende Personen dieser Familie bekant gemacht.

1683 den 27 Jan. hat Amalia Dorothea von
Stolzenberg ihren seligen Ehe-Herrn, Friedrich von
Campen allhier zu Neustadt in ihr Erb-Begräbniß se-
tzen lassen, alt 72 Jahr.

1712 den 17 Jul. ist auf dem Hause Poggenhagen geboren, und den 18. daselbst getauft, Clamer
Wilhelm von Campen.

1713 den 11. Aug. ist daselbst geboren, und den
13. getauft, Friedr. August v. Campen.

1714 den 27. Dec. daselbst geboren und den 29.
getauft, Christian Werner v. Campen.

1716 den 26. Jul. daselbst geboren und den
29. getauft, Fräulein Melosina Sophia v. Campen.

1721 den 8. August daselbst geboren, und den
10. getauft, Georg Philipp von Campen.

1722

1722 den 20. Nov. daselbst geboren, und den
22. getauft, Fräulein Amalia Charlotte v. Campen.

1725 den 2. Aug. daselbst geboren, und den 6.
getauft, Ludew. Ernst v. Campen.

1710 den 23. Febr. starb Georg Ludew. v. Campen, und ward zu Bordenau den 25. ejusd. begraben,
alt 13 Mon. und 7 Tage.

1712 den 5. Jan. ward zu Neustadt begraben,
Friedr. von Campen, alt 64 Jahr.

1717 den 9. Jan. starb Philipp Wilhelm von
Campen, begraben zu Bordenau.

1715 den 8. Mertz starb Christian Werner von
Campen, begraben zu Bordenau, alt 10 W. 1 Tag.

1721 den 22 Mertz starb zu Hannover Fräulein
Amalia Sophia von Campen, begraben zu Bordenau,
alt 14 Jahr.

1721 den 31 Aug. starb zu Egersdorf, Philipp Ludewig v. Campen, Kammerherr bei Sr. Königl. Ho-
heit dem Kron- und Chur-Printzen, begraben zur Neustadt am Rübenberge, alt 46 J. 7 M. 4 T.

1724 den 18 Mertz starb zu Hannover Fräul.
Amalia Charlotte v. Campen, begraben zu Bordenau, alt 1 J. 4 M.

1728 den 4 Mai, starb die Drostin v. Groten zu
Egersdorf, gebarne von Stolzenberg, des Hrn. Ge-
neral-Major v. Campen Frau Mutter, begraben zu
Neustadt, alt 82 Jahr.

1739 den 30 Jul. starb Herr Clamer Wilhelm
von Campen, Ritter des Teutschen Ordens und
Haupt-

Hauptmann unter seines Herrn Vaters, des Generals
Regimente, an einer Blessur, die er in Ungarn den
22ten Jul. in der Schlacht bei Crotzka mit den Türken
erhalten, und ist bei Peterwardein begraben, alt 27.
Jahr 13 T.

1739 den 8. Aug. starb zu Zelle an den Blattern im 29. Jahr seines Alters, Herr Christoph Friederich von Campen, Königl. Chur-Fürstl. Ober-Appellations Rath, und ward zu Bordenau in sein Erb-Begräbniß gesetzet.

1747 den 24. Mai starb zu Hannover Herr Christian Wilhelm von Campen, General en Chef der Infanterie, im 79. Jahre seines Alters. Es war derselbe auf dem Hause Poggenhagen 1668 gebohren, und hatte 60 J. rühmlich gedienet. Die Leiche ward zu Bordenau beigesetzt. Der damalige Pastor loci, weil. N. N. Tolle, hat demselben nachstehende Inscription gesetzt:

En!
Corporis Hoc est Domicilium
VIRI HEROIS
Illustrissimi, Generosissimi,
DOMINI
Domini Christiani Wilhelmi de Campen
Domini Haereditarii in Poggenhagiam, Egerdorffium
Wundstorfium, Neostadium
Augustissimi Regis Magnae Britanniae
Ducis Summi Copiarum Pedestrium
Tribuni Cohortis Peditum
Praefecti Castelli Neoburgici
Heros Natus
Ex Antiqua et Nobili Heroum Stirpe

T 3 Pog.

Poggenhaglae Fer. II. Pafch. MDCLXIIX.

Bene Vixit
Bene Fecit
Bene Valedixit
Deo Pius, Regi Fidus
In Religione Integer
In Imperio Cautus
In Sagatu Fortis
In Togatu Prudens
In Aduerfis Conftans
Iu Secundis Temperans
Bene fecit in officio annos LX
Bene vixit annos LXXIX.
Confenuit
Abiit non Obiit
Diſceſſit in Fide Hannoverae d. 24. Maji
Sepultus Honefte Bordenaulae d. 1. Iun. 1747.
Lector
Mirare Gloriofum Hoc Germanae et Chriftianae
Fidel, Virtutis, Vitae, Mortisque Exemplar
Imitare, Abi!

1759 den 26 Jan. ſtarb zu Hannover, Fr. Anna Louiſa v. Campen, geborne von Hammerſtein, im 71 J. ihres Alters, und ward zu Bordenau an die Seite ihres Gemals geſetzt.

1765 den 15. Mai ſtarb zu Hannover der Major Herr Friebr. Aug. v. Campen, alt 51. J. 9 M. und ward zu Bordenau in das Erb-Begräbniß geſetzt

1742 den 27. Jul. iſt in der Kirche zu Poggenhagen der weil. Hof-Rath Herr Georg Reinhard von Langwerth an die Fräul. Meloſina Sophia v. Campen getrauet worden.

Als

Als eine besondere Anecdote bemerckt der selige Hofr. Scheidt in Cod. diplom. p. 407. daß die Herrn von Campen zu Poggenhagen das Schencken-Amt in dem Kloster Wunstorf iure feudali ehemals besessen, und daß sie verschiedentlich auch noch 1645 um die Renovirung desselben zu Hannover nachgesucht; und den Bescheid erhalten, daß sie die von diesem Amte herrührende Güter specificiren, und sich wegen des Exercitii desselben legitimiren sollten.

§. 6.

III. Die von Campen auf Kirchberg.

Was der Frei-Herr von Krohne in dem allgemeinen teutschen Adels-Lexicon p. 140, und 835 von dieser adel. Familie sagt, stimt mit Harenbergs Erzehlung (in Hist. diplom. Gandersheim, p. 1554, 1041.) und den Nachrichten, die von guter Hand aus Braunschw. sind mitgetheilt worden, ziemlich überein. Die ehemaligen Grafen von Kirchberg sind sehr berühmt. Ihrer wird oft in den Urkunden von den Jahren, 1155, 1231, 1235, 1246, 1266, 1268, 1295, 1398 ꝛc. gedacht, aber weit später erscheinen die von Campen auf Kirchberg. Im J. 1547 hatte Herzog Heinrich der jüngere von Braunschweig seinen mit Eva von Trotten erzeugten natürlichen Sohn, Heinrich Dürdanck Eitel und dessen Bruder Carl Heinrich mit dem Hause Kirchberg belehnet, welches Lehn aber 1597 wieder ist erledigt worden, und erst im Anfange des 17ten Seculi acquirirte selbiges D. Daniel Campe *). Sonst heißt es

*) Im Jahr 1621 ward D. Daniel von dem Herzoge Friderich Ulrich mit dem Hause und Gute, Kirchberg, wie auch

es auch in einer zu Braunschweig gedruckten Leichen-Predigt, ein Uslarius von Dorfeld, der von Osela-rius, de Doro Campo abstammen soll, habe zuvor das Haus Kirchberg besessen.

Der Aelteste also von dieser jüngern adelichen Familie soll Thomas und dessen Sohn Daniel geheiſ-sen haben *). Nach Krohnens Angabe hatte sich letz-ter mit Gertrud von Essen vermälet, und mit ihr ei-nen Sohn, auch Thomas genannt, erzeugt.

Dieser Thomas der jüngere soll eine Wallpurgen von Claer zur Gattin gehabt, und mit ihr Daniel den jüngern erzeuget haben. Derselbe war 1581 ge-bohren, ward Fürstl. Braunschw. Lüneb. Kammer-und Schatz-Rath, auch Berg-Hauptmann, und be-saß Kirchberg und Jdelhausen am Harze. Da diese Schlösser 1626 von den Kaiserlichen Truppen, wel-che die Berg-Städte occupirt hatten, waren zerstört worden, bauete er sie wieder auf, und gab 1646 dem Schlosse Jdelhausen den Namen Friedens-Wunsch, und legte daselbst die Kirche an, die seine Söhne vol-lendeten (Merian. Topograph. Br. Luneb. p. 84.) Seine Gattin ist gewesen Anna Beckerin von dem Ast, mit welcher er sich in dem 24. Jahre vermälet, und 50 Jahre in der Ehe gelebt hat. Er starb 1654, und sie in eben dem Jahre, doch vor ihm, und beide sind

auch dem Dorfe Jlbehausen belehnet, der Lehn-Brief stehet in Hinübers Beiträgen zum Braunschw. und Hil-desheim. Staats- und Privat-Rechte. Th. 3. N 48. p. 100.
*) In den Personalien des Thomas Ludolph von Campen, heißt des Daniel Senioris Vater, Florns Claren, dessen Gattin Gertrud von Rodenberg soll gewesen seyn.

sind zu Kirchberg begraben. Von dieser seiner Gattin
hat er sieben Söhne und sechs Töchter hinterlassen.
Von den Töchtern ward Gertrud Adelheid von
Campen an Friedr. Frantz von Uslar, dessen Vorfah=
ren das Haus Kirchberg besessen, 1634 vermälet;
und eine Schwester, Elisabeth, hatte den Obrist=
Lieutenant v. Rück zum Gemal gehabt.

Von den Söhnen setzten Thomas Ludolf
und Joachim Wilhelm den Stamm fort. Von
dem ersteren heißt es beim Harenberg: Thomas Ludolphus, Doctor iuris et Administrator Ducum Brunsvicensium medio seculo superiori
suscepit Kirchbergam et Jldehusam in feudum
a Ducibus Brunsuicensibus, euectus ad Nobilitatis honores. Seine Gemalin ist gewesen Anna
Margar. Götzen von Ohlenhausen, mit der er sich 1658
vermälet, und die 1702 den 21. April ohne Kinder
gestorben ist. (Personalia). Ioachimus Wilhelmus postea rei metallicae in Hercinia praefuit.
Seine Gemalin ist gewesen Anna Elisabeth von
Rheden, mit welcher er fünf Söhne, Wilhelm
Hartwich, Christian Friedrich Hermann,
Thomas Ludolf Bernhard Adolf, und Mel=
chior August erzeuget hat; und eine Tochter Eli=
sabeth Sophia von Campen, die hernach an Levin
Adam Bock von Wulfingen ist vermält worden. Nach=
stehendes Schema läßt diese Genealogie mit einem
Blicke übersehen:

L   U   Es

Florus Claren ═══ Gertrud von Rodenberg

Dan. Sen. von Campen ═══ Gertrud von Essen

Thomas v. Campen, ═══ Walpurge v. Claer.
Rath bei dem Graf. v. der Hoye

D. Daniel v. Campen ═════ Anna Becker v. dem Ast
geb. 1581 † 1654 Braunschw.   Tochter Hans Beckers v. dem Ast
geheimer Cammer und Schatz-   Fürstl. Braunschw. Lüneb. Canzler
Rath auch Bergshaupm. Erbherr
auf Kirchberg u. Friedenswunsch

Gertrud Adelheid   Elisabeth   Thomas Ludolph v. C. ═════ Joachim Wilh. v. C. ═══ Anna Elisab.
verm. 1634 an Fridr.   verm. an von   geb. 1616 † 1681 von   v. Wheden
Frantz v. Uslar.   Alb.   Herz.   Herz. Rudolf August ge-
                                   adelt u. mit Kirchberg u.
                                   Ibhausen belehnet.
                                   Gem. Anna Marg. geb.
                                   v. Goetzen zu Oelenhau-
                                   sen.

Wilhelm Hartwig.   Christian Fridr.   Thomas Ludolf.   Bernh. Adolf.   Melch.   Elisabeth
                   Hermann   jun.   August   Sophia
                                                                                verm.
                                                                                an
                                                                                Levin Adolf
                                                                                Bock von
                                                                                Wülfingen.

Es hatten dieselben auch von dem Stifte Gandersheim verschiedene Lehne, wie denn auch Thomas Ludolf der ältere von der Abtißin Dorothea Hedwig, Herzogin zu Schleswig, mit der von Michael Büttner resignirten so genanten Salder Wiese (pratum Salderense) 1660 belehnet ward. Als aber dieser Thomas Ludolf von Campe der ältere, sich an der Person dieser Abbatißin thätlich vergriffen hatte, so implorirte sie nebst der Decanißin, Christiana, Herzogin zu Mecklenburg, und dem ganzen Convente die Hülfe des Herzogs Rudolfs Augusts, und erklärte den Thäter aller und jeder vom Stifte habender Beneficien und Lehne verlustig. Der Erfolg ist unbekannt. So viel sagen die gedruckten Personalien, daß der Proceß über 10 Jahre gedauret, und er seiner Güter beraubt sich indessen ausserhalb Landes habe aufhalten müssen.

Das alte Wapen dieser Familie, wie es Harenberg l. c. Tab. XXX. n. 21. bezeichnet, und solches auch auf dem Leichensteine der Gertrud Adelheid von Campen, Gemalin Friedr. Franz von Uslar zu Braunschweig stehet, ist ein aus den Wolken hervorragender geharnischter Arm, mit einem Schwerde in der Hand, das mit einer Schlange umwunden ist. Und auf dem Helme stehen 3 Federn.

Das Wapen aber, welches von Krohne aus Speners Histor. insign. illustr. p. 189. beschreibt, soll ein in die Länge getheilter Schild seyn, dessen rechts befindlicher Theil gelb, und der lincke sechsfach, wechselsweise weiß und schwarz geschacht ist, über dessen Helme eine aufgerichtete weiße Säule, oben mit

einem

einem Pfauen-Schwanze gezieret, siehe. Ist das nicht
fast eben dasselbe Wapen, welches Leßner der Deenser
oder Stadt-Oldendorfischen Familie zuschreibt? . . . .

§. 7.

IV. Die van Campen zu Osterstade im Herzogthum Bremen.

So viel sich aus Mushards magerer Beschreibung und den beigefügten Wapens ersehn läßt, sind
dieser Familien zwo; die eine in Bremen, die andere
zu Aschwerden im Oster-Stadischen. Beider Wapens
sind in so ferne einander ähnlich, daß der Schild durch
einen weißen Querbalcken in zwei Felder gespalten ist,
und über dem Helme 2 Büffel-Hörner stehn, auch im
übrigen einerlei Helm-Decken und Kleinoden haben.
Dadurch unterscheiden sie sich, daß in dem Bremischen auf dem Querbalken im Schilde 3 Reh-Köpfe
mit langen Hälsen im blauen Felde, und ein solcher
Rehkopf auch oben zwischen beiden Büffel-Hörnern
blau in weisser Farbe stehn. Hingegen in dem Osterstadischen stehn auf dem weissen Querbalcken des Schildes im rothen Felde 3 Wolfs-Köpfe in natürlicher
Farbe mit kurzen Hälsen, aufgesperrten Rachen, aus-
geschlagener rothen Zunge und gespitzten Ohren, dergleichen sich auch oben zwischen den in roth und weiß
abgetheilten Büffel-Hörnern befindet. In dem ersteren ist die Farbe des Feldes im Schilde, auf beiden
Seiten des weißen Querbalckens blau, und die Büf-

felshörner

felhörner ſind blau und weiß abgetheilet; in dem andern, dem Oſter-Stadiſchen, iſt das Feld des Schildes roth, der Querbalcken weiß, und die Büffelhörner ſind roth und weiß abgetheilet. Krantz und Helm-Decken haben in beiden die Farben des Schildes. Das Bremiſche iſt ohnſtreitig älter, als das Oſter-Stadiſche, obgleich Mußhard nicht anzugeben weiß, wie das eine aus dem andern entſtanden ſei. Aus der Bremiſchen Linie werden von ihm nahmhaft gemacht:

Jacob Campſen und Otto von Bardenſleth, welche beide 1318 zu Bremen unter den Rittermäßigen benahmt geweſen ſind

Johannes Campen, der 1348 gelebt hat.

Bolecke von Campen, der 1359 für ſeinen Bruder Johannes Bürge geweſen iſt.

Heinrich von Campen, ſtehet 1362 in einer alten Rolle.

Bernhard von Campen 1375, desgleichen Gertrud von Campen.

Johann von Campen, ſtand 1564 in See-Dienſten bei Graf Anton zu Oldenburg.

Zu

Zu der Osterstadischen gehören

Wilcken von Campen, Erbgesessener zu Aschwarden
Cordt von Campen, Erbgesessener zu Aschwarden und Wurthsleth, uxor Bede Stünzen

Carsten v. Campen
Erbgesessener zu Wurth-
sleth, ux. Lucia von
Rossen

Anna von Campen

Friederich v. Campen
Erbgesessen zu Aschwarden
ux. Clara Siegen

Clara v.
Campen.

Hilmar v.
Campen.

Adelheid Anna
v. Campen.

Bede
v. Campen.

Immecke
v. Campen

Friederich v. Campen
Erbgesessen zu Aschwarden ux.
Bede von Rosen

Emma,
Nannde

Anna

Wilcken v. Campen
Erbgesessen zu Aschwarden ux.
Adelheid v. Wurden

Frieder. v.
Campe.

Burchard v.
Campe.

Clara v.
Campe.

Margaretha
v. Campe.

So wie es im dritten Theile des Nürnbergischen Wapenbuchs p. 103 angegeben wird, findet sich auch in Tyrol eine Familie von Camp, in deren Wapen sind Schild, Kleinoden, Farben, mit dem Osterstadischen einerlei, nur fehlen in dem Tyrolischen die Wolfs-Köpfe. Es ist daher der Herr Verfasser des oft belobten Braunschw. Mspts nicht ganz abgeneigt dafür zu halten, daß vielleicht beide mit den von Campe zu Isenbüttel, ehemals eine Connexion mögten gehabt haben, daß nemlich die von Camp in Tyrol von denen zu Osterstade und diese von denen zu Isenbüttel abstammen mögten, obgleich die Isenbüttelische Zacken an dem Balcken des Osterstadischen und Tyrolischen Schildes nicht anzutreffen sind. Unmöglich wäre das nicht, zumal ein Johannes von Campe 1360 bei dem Bremischen Erz-Bischof, Albrecht, einen gebohrnen Herzoge zu Braunschweig-Lüneburg, und Bruder Herzogs Magni Torquati Marschall gewesen. Sollte dieser Johannes oder Jan von Campe wol gar eben derselbe seyn, der wie schon oben ist erwehnet worden, bei Ersteigung der Stadt Lüneburg 1371 dem Herzoge Magnus zu Gefallen das Leben verloren, und der in Schomackers Chronick, ohne seinen Vornamen anzugeben, nur Campe von Isenbüttel, Pötker, genennet wird?

Das Pötker-Amt war ein Erb-Hof-Amt, das im Fürstenthum Lüneburg und im Erz-Stifte Bremen vorzüglich und nur allein im Gebrauche war. Ob aber jemand ein Marschall und Pötker zugleich? oder in dem Lüneburgischen Pötker und im Bremischen

Mar-

Marschall seyn konte? Desgleichen wie er nach Tyrol
gekommen? das ist eine andere Frage.

§. 8.

Anders ließ sich die Geschlechts-Folge der von
Campe auf Isenbüttel nicht berichtigen, als durch die
Vergleichung mit den übrigen Familien und Branchen
dieses Namens, und wie es auch mit Vortheil geschehen sey, das kann der Aufmerksamkeit des Lesers
nicht entgehn. Aber um deswegen blieben doch noch
einige wenige Namen rückständig, denen entweder
bloß nach der Wahrscheinlichkeit ein Platz auf den
Stamm-Tafeln hat müssen angewiesen werden, oder
für die sich gar keine schickliche Stelle finden ließ. Erstere sind mit ( ) eingeschlossen, und zu letzteren gehören etwa

Johannes von Campe Magister 1313.
dessen schon oben aus dem Pfessing. T. II. p. 198 in
Diplom. Marquardi Episcopi Razeburg. Erwehnung gethan ist.

Herman und Johann von Campe, 1422.
Falke in Cod. diplom. Corb. p. 936.

Statius v. Campe et filius eius Iohannes
1457. Treuers Münchhaus. Geschichte in den Beilagen p. 70.

Richard v. Campe 1546, der für den fast
stets abwesenden Probst Frider. Burdigang die Probstei zu Isenhagen verwaltet, Mscpt. Pfeff.

In dem Anschlage zu der bewilligten Türken-
Steuer 1594 werden im Amte Gifhorn Rolef von
Campen und Ludelefs von Campen Erben gewisse
Bei-

Beiträge zugetheilet, wo mag dieſer Lubelef zu ſu-
chen ſeyn?

In der corrigirten Matrikul des Fürſtenthums
Lüneburg 1645 finden ſich im Amte Biſſendorf Melchior und Tonies (Anton) von Campe, Erben
von Wellingendorf; Ju Treuers Münchhauſ. G. G.
wird eines Melchior v. Campe gedacht, der 1602
Schaumburgiſcher Land-Saße geweſen ſeyn ſoll; wohin
mögen die zu rechnen ſeyn?

§. 9.

Unverzeihlich iſt es daher eben nicht, wenn ſich
auch hier noch einige Mängel hervor thun. Haben
wir doch noch bis jetzt noch nicht einmal eine ganz richtige und vollſtändige Geſchichte unſers Vaterlandes,
ſo viel große Männer auch dieſelbe bearbeitet haben;
und wie manche Fürſtl. Kinder entdecken ſich nicht
noch in den Urkunden, die man in allen bisherigen
Stamm-Tafeln vergebens ſuchet. Fehlen uns doch
ſogar Nachrichten von einigen Fürſten aus dem Braunſchweigiſchen Hauſe, der Fürſtl. Gemalinnen nicht
einmal zu gedenken, deren Abſtammung ſich noch nicht
gewiß beſtimmen läßt *). Wenn dergleichen Unvoll-
kommenheiten in einem ſo bebaueten Felde, wie die
Geſchichte des Durchlauchtigen Hauſes Braunſchw.
Lüneburg iſt, noch nicht ganz haben können gehoben
werden, wie vielmehr werden ſie bei billigen Leſern in
einer Geſchlechts-Geſchichte, wo gewiſſer maßen nur
noch erſt die Bahn mußte gebrochen werden, Entſchul-
digung

*) Scheids Vorrede zum Cod. diplom. p. 92-129.

X

digung gewärtigen können! Sie ist in diesen Blättern, was die ältern Zeiten betrift, nur nach der Väterlichen Abstammung dargestellet worden, ohne die
Mütterliche Abkunft anzeigen zu können. Dieser Vor-
zug ist nur den jüngern Zeiten vorbehalten. Seit
dem erst ist man im Stande, ziemlich vollständige Ah-
nen-Tafeln von adelichen Familien zu entwerfen, da
es zur Nothwendigkeit geworden ist, beides, so wol
von väterlicher, als mütterlicher Seite die sechzehn Ahnen zu berechnen. Wie groß würde nicht die Anzahl
der Häuser seyn, wenn sie alle könten namhaft gemacht
werden, die dieser Familie seit 600 und mehrern Jahren Gemalinnen gegeben haben, und wo würde eine
adeliche Familie übrig seyn, die nicht mit den Herren
von Campen auf Isenbüttel verwant wäre? Verschiedene derselben sind bereits erloschen, aber nicht ihr An-
dencken. Heinrich von Campen, der zweite dieses Namens, der Bruder der Fürstin Metta von
Campe, der in der ersten Hälfte des XVI Seculi
gelebt hat, hatte eine Ilse von Mandelsloh zur
Gemalin, und erst von der Zeit an, lassen sich die
Mütterlichen Vorfahren und Ahnen des weiland Herrn
Hof-Richters, Heinrich Wilhelm August von
Campe, in gerader Linie angeben. Es mag seyn,
daß die den Leichen-Predigten beigefügte Folge derselben abgeschrieben ist, so haben sie doch fidem publi-
cam, und denen zur Folge sind bis dahin, dessen
Vorfahren und Ahnen.

Väter-

Väterlicher Seite.	Mütterlicher Seite.
1. Die von Campe.	1. Die von Krosigk.
2. Die von Ahlen.	2. Die von Alvensleben.
3. Die von Krosigk	3. Die von Schulenburg.
4. Die von Troten	4. Die von Hahnen.
5. Die von Wallmoden.	5. Die von Asseburg,
6. Die von Rößing.	6. Die von Alvensleben.
7. Die von Cramm.	7. Die von Asseburg.
8. Die von Dornberg.	8. Die von Quitzau.
9. Die von Spörcke.	9. Die von Steinberg.
10. Die von Wittorf.	10. Die von Wrisberg.
11. Die von Hodenberg.	11. Die von Wense.
12. Die von Oppershausen.	12. Die von Münchhausen.
13. Die von Lente.	13. Die von Wiedensee.
14. Die von Marenholtz.	14. Die von Wense.
15. Die von Watzdorf.	15. Die von Fronhorst.
16. Die von Kunitz.	16. Die von Drossel.

Diese Geschlechts-Folge noch etwas deutlicher darzustellen, ist die dritte Stamm-Tafel beigefügt.

Abschnitt II.

Von einigen in vorstehender Geschlechts-Geschichte vorkommenden adelichen Benennungen und Erb-Hof-Aemtern.

§ 1.

Dieser Anhang würde ganz überflüßig seyn, wenn vorstehende Geschlechts-Geschichte nur für Gelehrte geschrieben wäre. Was du Fresne, Wachter, Burgemeister, Pfeffinger in Vitriario illustrato, Scheidts Nachrichten vom hohen und niedern Adel, Strubens vortrefliche Nebenstunden, Köhlers Abhandlung von den Erb-Land-Hof-Aemtern,

X 2   von

von Löens Abhandlung vom Adel u. a. davon]geschrie-
ben haben, kan nicht von einem jeden nachgeschlagen
werden; und doch würde manchen manches sehr auf-
fallen, wenn diesem Vorurtheile nicht durch einige Erläuterung vorgebeugt würde. Die Namen Miles,
Minifterialis, Famulus, Seruus, Armiger, Ve-
xillarius, Marefchallus, Camerarius, Dapifer,
Pincerna etc. erscheinen fast auf allen Blättern in
der Geschichte der von Campe, und diese Benennungen sind es hauptsächlich, zu deren Erklärung einige
Anmerkungen müssen excerpiret werden.

§. 2.

Der Adel war bei den Teutschen ursprünglich eine
militärische Würde, deren verschiedene Grade in sieben
Classen, die man Heerschilde nante, pflegte einge-
theilt zu werden *).

Zu dem ersten Heerschilde rechnet man die Kaiser
und Könige.

Zu dem zweiten die geistl. Fürsten, aus Ehrer-
bietung für die Kirche.

Zu dem dritten die weltlichen Fürsten.

Zu dem vierten die Frei-Herrn.

Zu dem fünften die Mittelfreien, darunter auch
die so genannten Milites, der heutige Landsäßige
Adel, die Fürstl. Vasallen, oder Lehn-Leute begriffen
werden.

Zu dem sechsten werden gerechnet die so genanten Ministeriales, sonst auch Adel-Schalk genant.

Zu

*) v. Löen Abhandlung vom Adel, p. 31-32.

Zu dem siebenten gehörten diejenigen, die zwar adeliche Lehn-Güter besassen, aber keine Adelheit hatten, nicht von Ritter-Art waren. Nam si rusticus emat feudum nobile, sagt der Sachsen=Spiegel, non ideo fit Nobilis.

§. 3.

Dem Berichte des Tacitus de moribus Germanorum zur Folge waren schon zu dessen Zeiten viererlei Stände der Bewohner Teutschlandes. I. Der adeliche Stand (Nobiles). II. Der Stand der Freigebornen (Ingenui). III. Der Stand der Freigelassenen (Liberti). IV. Der Stand der Knechte (Servi). In dem Stande der Freigebornen fand sich, wo nicht zu den Zeiten des Tacitus, doch unter den Carolingischen Königen, und wol gar noch etwas später, der merckliche Unterschied, daß diejenigen, die sich durch vorzügliche Verdienste auszeichneten, auch gewisse Vorzüge der Ehre und Freiheiten erhielten, welche auch auf ihre Kinder und Nachkommen vererbt wurden. Diese Vorzüge der Freigebornen beehrte man gleichfals mit dem Titul des Adels, aber mit dem Unterschiede, daß die Nobiles die erste Classe, oder den hohen Adel, ausmachten, die geadelte Freigeborne aber zu der zwoten Classe, oder dem niedern Adel gerechnet wurden (Scheidt vom Adel p. 3.). Aber noch nicht genug; es waren nach dieser Eintheilung zweierlei Leute, welche die 2te Classe des Adels ausmachten, die Mittel=Freien (liberi) und die Dienst = Mannen (ministeriales). Wenn ein Dienst=Mann manumittirt ward, so ward er ein Mit-

X 3

tel-

tel-Freier. Da nun zu der erſten Claſſe des Adels
in medio aeuo niemand anders, als Fürſten, Grafen, und Dynaſten oder Freiherrn gehörten, ſo war
um deswegen ein Mittel-Freier noch kein Dynaſte;
ſondern der Stand eines Mittel-Freien machte ſo zu
ſagen eine Claſſem intermediam zwiſchen dem Frei-
Herrn (Dynaſten) und den Miniſterialen aus. Sie
gehörten alſo eben ſo wol, als die Miniſterialen zu
der 2ten Claſſe, nur nach dem Heerſchilde waren ſie
unterſchieden; indem jene, die Mittelfreien zum
fünften, dieſe, die Miniſterialen zum ſechſten
gerechnet wurden. Die Tochter eines Miniſterialis
oder Adelſchalcks, konnte nicht wol einen Dynaſten
und Grafen heiraten, und eben ſo wenig auch umgekehrt; aber in Anſehung der Mittelfreien war
hier eine Ausnahme *).

Vielleicht ließen ſich auch wol vermittelſt dieſer
Claſſis intermediae des Adels, anſtatt der 2 Claſ-
ſen, deren 3 anſetzen. Die Anmerckung des Herrn von
Loen **) verdienet hier angeführt zu werden. Ich halte,
ſagt er, die Eintheilung des Adels in den Hohen,
Mittleren und Niedern, für die natürlichſte und
deutlichſte. Zu dem hohen Adel gehören alle regierende Fürſten- und Grafen-Häuſer; zu dem mittleren der unmittelbare freie Reichs-Adel, und zu dem
niedern der mittelbare Landſaßige und Städtiſche Adel.
Indeſſen ſcheint es doch nicht, daß die Angabe des
Herrn von Löen überall Beifall finden werde. Man
wird

---

*) Scheid l. c. p. 8. u. p. 9. praefat. ad mantiſſ. docu-
mentorum. **) Abhandlung vom Adel, p. 34 ʻ 44.

wird sagen: Mittelfreie sind keine unmittelbare, freie Reichs Adeliche, sondern solche Edele, die keinen Sitz und Stimme auf dem Reichstage hatten, auch nicht als erbliche Dienstleute oder Ministerialen eines großen Theils ihrer Freiheit beraubt waren. Beide Arten der Mittelfreien verpflichteten sich anderen Herren durch aufgetragene oder angenommene Lehne, und da die erbliche Dienstbarkeit nach und nach (vor 1300) verschwand: so entstand der jetzige Adel aus Alten, Mittelfreien und Dienst-Männern. Die jetzigen Dienst-Männer (Ministerialen) sind blos Lehn-Leute, die nur den Titel der alten Aemter führen, und Erbmarschälle, Erbschencken u. s. w. führen, nicht mehr dem Herrn, sondern dem Lande dienen, und daher Erb-Land-Marschälle u. s. w. genant werden, auch bloß bei Huldigung, Beerdigung, und andern ähnlichen seltenen Feierlichkeiten einen Theil des ehemaligen Amts verrichten.

Man wird auch vieles dagegen einzuwenden haben, daß die Gräfen Europa beherrschen, denn die, welche es thun, die thun es nur, weil sie durch Wahl oder Erbschaft Könige geworden sind. Ausserhalb Teutschland sind eigentlich die Grafen nicht, von welchen der Verfasser redet. Denn alle Fürsten, Grafen, Marquis, Vicomten ꝛc. ausserhalb Tentschlands sind Unterthanen, und haben kein ius foederis, armorum, legislationis, und keine vollkommene Landes-Hoheit, wie die Sitz- und Stimmfähigen Grafen und Edele in Teutschland.

Auch

Auch das scheinet nicht ganz richtig zu seyn, daß einige der Blanckenburgischen Familie sollen Grafen, andere Nobiles, andere Ministeriales, andere Famuli gewesen seyn. Denn 1) gehören die Grafen gar nicht zu den übrigen. 2) Sind auch keine Edele Herrn von Blanckenburg bekant, sondern alle nanten sich Grafen, weil der, von dem sie abstamten, und zurrst diesen Titul angenommen, nicht nur Edelherr, sondern auch Ober-Richter oder Graf gewesen war. 3) Sind alle von Blanckenburg, die nicht gräflichen Standes waren, Ministetiales von Quedlinburg, Braunschweig und Lüneburg gewesen, hatten daher Erb-Hof-Aemter, wurden vertauscht und veräusert. 4) War jeder von Gräflich = Edelherrischen, Freien= und Ministerial-Stande so lange Famulus, bis er den Gradum Militis annahm.

Es können daher auch nicht alle Patricier zu dem Land=Adel gerechnet werden, sondern nur diejenigen gehören dazu, welche erweisen können, daß sie vom Lande als Adeliche in die Stadt gezogen sind, oder daß einige von ihnen Ritter, so wol Milites, als auch Ritter aus gewissen Orden gewesen sind, oder daß ihr Stamm ehemals geadelt sei.

Desselben 2te Classe vom Adel würde daher ganz wegfallen. Es komt nicht auf vieles Land an, sondern ein kleines Land, worauf die Rechte eines Stimmfähigen Reichsstandes haften, ist genug, und die, welche solches besitzen, sind einander am Stande gleich. Neue Fürsten heissen nicht Durchlaucht, sondern Gnaden, so lange sie kein Stimmland haben,

wenn

wenn auch gleich ihr Land weit grösser wäre, als das
Gebiet eines andern Durchlauchtigen Fürsten.

Die Stimmfähigen-Grafen und Edelherren wer=
den daher allerdings zum hohen Adel gehören, nicht
aber diejenigen Reichs- unmittelbare und Reichs-Rit=
ter, die nicht zum Reichs-Tage kommen.

§. 4.

Die Lehre von den Rittern nnd Knechten, sagt
der seel. Scheidt *) ist eine so verworrene Sache, daß
man viele hundert Urkunden könne gelesen haben, ohne
zu wissen, daß Miles und Ritter gleichbedeutende
Namen sind, eben so, wie Famulus, Servus, Armiger, Knappe, Knecht, Edel-Knecht, Schildträ=
ger rc. gleich viel bedeuten. Niemand war von Ge=
burt ein Ritter. Der Degen war bekantermassen in
den alten und mittleren Zeiten die vornehmste Beschäf=
tigung des Adels in unserm teutschen Vaterlande.
Wer nicht durch Leibes Schwachheit zum Kriege un=
tüchtig war, oder sich dem geistlichen Stande gewid=
met hatte, dem war es eine Schande, wenn er nicht
dem Militär folgte. In diesem Stande waren nur
zweierlei Grade, der Ritter nemlich, und der
Schildträger, oder Knappen. Wenn es zu
Felde ging, trug der Knappe dem Ritter den Schild
nach, bis ihn derselbe beim Gefechte selbst zur Hand
nahm. Wenn sich der Schildträger bei diesem Ge=
schäfte beherzt genug bewies, und hinlängliche Pro=
ben seiner Tapferkeit abgelegt hatte, so ward er gleich=
falls

*) Scheid in praefat. ad Mant. p. 5.

Y

falls mit der ritterlichen Würde belegt. Was also bei den Römern Tyrones und Veterani waren, das wären bei den Teutschen Knappen und Ritter. Wer zur Würde eines Ritters gelangen wollte, der mußte zuvor als Knappe dienen *). Selbst Könige und Fürsten wurden erst zu Rittern gemacht, wenn sie zuvor im Kriege etwas versucht hatten. K. Wilhelm aus Holland war bereits zum Römischen Könige erwählet, als er sich noch 1247 vor seiner Krönung zum Ritter schlagen ließ; und so lange dies noch nicht geschehen war, hat man ihn nur Domicellum, den Jonckheer von Holland genennet **). Der Titul, Miles, war also keine Benennung, die nur einer Classe des Adels eigen war, indem sowol die Ministerialen als Mittelfreien sich denselben erwerben konten. Es bezeichnet dieses Wort 1) entweder überhaupt einen jeden, der in Krieges-Diensten stehet, oder 2) den Adel, der vornemlich zu Pferde dienete; denn der Name Eques war damals nicht gebräuchlich, oder es bedeutet 3) einen Vasallen, beides aus dem hohen und niedern Adel, oder 4) einen Ritter, der

*) Scheid l. c. p. 52.
**) Es war dieses wehrhaft machen so nöthig, daß, ehe daffelbe geschehen war, bei einigen Völkern vormals die Prinzen bei ihren Vätern nicht zu Tische sitzen durften. Paulus Diaconus de gestis Longobard. erzählet l. c. 15. als einige Longobarden den Prinz Alboin nach einem erfochtenen Siege eine Stelle an der Königl. Tafel ausgebeten, habe der König geantwortet, scitis, non esse apud nos consuetudinem, ut regis fillus cum patre prandeat, nisi prius a rege exterae gentis, arma susceperit. Scheid, p. 527.

der sich durch seine Tapferkeit auf die höchste Ehren-
Stufe im Krieges-Stande hinauf geschwungen hatte.
Wenn Miles so viel als einen Vasallen bedeutet, so
komt diese Benennung auch dem hohen Adel zu, und
in dem Verstande heißt der Graf Günther von
Rupin Miles (Scheidt l. c. p. 249-50.). Heißt
es so viel, als Soldat, so kan beides der hohe
und niedere Adel darunter verstanden werden. Zuweilen bezeichnet auch wol dieser Name einen Palati-
num, oder Aulæ officialem, in welcher Bedeutung
Carolomann bei dem Othlone in vita S. Bonifacii
II. 13. omnes palatii sui milites zusammen berufen
ließ; aber nirgendswo wird man finden, daß Miles
præcise einen von dem niedern Adel bedeute (p. 78).
Die Armigeri oder Knappen waren gewisser mas-
sen Knechte, aber nicht in Ansehung des Landes-Herren, sondern in Ansehung des Ritters, dem sie den
Schild nachtrugen. Denn da wegen der damals üb-
lichen schweren Waffen-Rüstung, indem beides der
Ritter und das Pferd geharnischt waren, solches von
dem Reuter nicht wol gelenkt und regiert werden
konte, so mußten sie solches am Zaume führen. Sie
mußten dem Ritter beim Aufsitzen den Sattel und
Steigbügel halten. Es hatte daher ein Ritter, mehr,
als einen Waffenträger, nötig, und wenigstens allemal
deren zweene zu seiner Bedienung (p. 65. h.)
Es läßt sich nicht mit Gewißheit sagen, wenn
dieser Unterschied zwischen Rittern und Knechten
aufgekommen sei, und wenn er sich zuerst in den Urkunden bemerken lasse. Indeß so lange man in Teutsch-

land

land gewohnt gewesen ist, jemanden durch Feierlichkeiten den Gebrauch der Waffen, als ein öffentliches
Zeugniß seiner geprüften und bewährt gefundenen Fähigkeit zuzusprechen, eben so lange hat man Ritter gemacht, und so lange man Ritter gemacht hat, eben
so lange ist auch der Stand der Knappen und Knechte
gewöhnlich gewesen. In den Urkunden erscheinen die
Namen Milites und Famuli sehr spät. Wenn bis
zu Ausgange des XII Jahrhunderts die Layen als
Zeugen aufgeführt werden, so werden sie blos durch
die Benennung Nobiles vel Liberi, und Ministeriales von einander unterschieden. In dem XIII.
Jahrhunderte hingegen findet man gleich Anfangs den
neuen Unterschied der Titul, miles und famulus in
den Unterschriften der Zeugen sehr häufig. Unter den
vielen Urkunden, die von Herzog Heinrich dem Löwen
noch vorhanden sind, findet sich keine einzige, darin
unter den Zeugen die Namen Miles und Famulus
vorkommen. Hingegen unter der Regierung seines
Sohns, des Pfaltz-Grafen Heinrichs, sind der Mili-
tum nicht wenig; Unter der Regierung seines Enkels,
Herz. Otto des Kindes, vergrößert sich schon deren
Anzahl, bis endlich unter dessen Söhnen Herzog Albrecht dem Großen und Herzog Johannes
v. Lüneburg diese Namen so gemein wurden, daß
man allemal zehn Urkunden, in welchen sie anzutreffen sind, gegen eine, in welcher sie nicht vorkommen,
aufweisen kan. Es ist auch seit dem der Titul Miles
in so große Achtung gekommen, daß die zum hohen
Adel gehörige Edle Herren kein Bedenken getragen haben,

ben, bei Nennung ihres Namens lieber das Prädicat
Nobilis, als Miles wegzulassen.   Ja auch der hohe
Adel hat sich des Namens Famulus nicht geschämet.
Beispiele werden p. XIII. Præfat. f. angeführet. Erst
im XVI. Jahrhunderte ist das wehrhaft machen abge=
kommen, und bis dahin war der Stand eines Knap=
pen in Vergleichung mit dem Stande eines Ritters
das, was in den Klöstern das Noviciat in Verglei=
chung gegen den Mönch ist, der sein Kloster-Gelübde
wirklich gethan hat.   Das Haus eines Ritters von
vorzüglichen Ruhme, er mogte ein gemeiner Edelmann,
oder von Herrn-Stande seyn, war nicht anders, als
eine Schule anzusehn, in welche ein jeder vom hohen
und niedern Adel seine Söhne zu bringen suchte. Diese
warteten mit Verleugnung aller Vorrechte der Geburt,
demselben sogar bei der Tafel auf, und sich seines
Wohlwollens würdig zu machen, bequemten sie sich
wol zu weit geringern Verrichtungen.   Es muß auch
in der That die Anzahl der Edel-Knechte, die Anzahl
der Ritter weit übertroffen haben.   Denn zu geschwei=
gen, daß ein Ritter insgemein wenigstens ihrer zween
zu seiner Bedienung gehabt habe, blieben ihrer viele
Zeitlebens Knappen, nahmen dabei Frauen und star=
ben.   Beispiele genug werden davon p. 95. e. ange=
führt, und zu selbigen gehöret auch ohne Zweifel aus
der Campischen Familie Jordan VII. der Vater
Aschwins von Blankenburg, dessen Bruder und Väter
Milites gewesen sind.   Man konnte ausser dem ein
Knappe, Famulus oder Knecht seyn, und doch in ei=
ner wichtigen Bedienung stehen.   So nennet sich

Y 3   Hein=

Hetnrich von Hardenberg 1337 Knecht, und
doch war er Amtmann auf der Burg zu Lindau, anderer Beispiele zu geschweigen.

Die Frage läßt sich also nicht gerade zu beant-
worten, ob ein gewisses Alter dazu sei erfordert worden, ehe man zu der ritterlichen Würde habe gelangen
können? Denn obgleich viele behaupten, daß man bis
in das 21 Jahr habe warten müssen, so leidet doch
diese Regul sehr viele Ausnahmen. Es pflegte auch
eine feierliche Handlung voran zu gehen, ehe jemand
Armiger oder Knappe werden konte, und vielleicht
können die Worte des Tacitus: scuto frameaque
ornare, ehe übersetzt werden, einen zum Knappen, als zum Ritter machen. De la Curne de
St. Palaye erzehlet beim Scheidt in der Vorrede ad
Mantiſſam doc. p. XV. h. es sei ehemals in Frankreich bei dem Adel gewöhnlich gewesen, daß man die
Söhne, wenn sie das 7te Jahr zurück gelegt, als Pa-
gen an einem Hofe oder bei einem Vornehmen, in Ansehn stehenden Ritter unterzubringen gesucht habe.
Dieser habe sie in allen Arten der Leibes-Uebungen un-
terrichten lassen; wenn sie nun bis in das 14te Jahr
sich wol verhalten, und sie Ecuyers, (Knappen) hätten werden sollen, so hätten die Aeltern und nächste
Anverwandte, jeder mit einer brennenden Wachs-Kerze
in der Hand, den Juncker in die Kirche geführet, wo
der Priester eine Meſſe gelesen, ihm den geweiheten
Degen umgürtet, und unter mancherlei Segenswün-
schen ihm das Recht ertheilet, denselben zu tragen.
Eben dieser Schriftsteller erzehlet, daß niemand den

Namen

Namen eines Knappen bekommen habe, bevor er einer Feld-Schlacht beigewohnet, und daß kein Knappe habe Ritter werden können, bevor er nicht mit eigener Hand einen Krieges-Gefangenen gemacht habe. Wenn der Stand der Knappen regulariter bis in das 21te Jahr gedauret hat; wie mancher Knappe hat alsdenn die Anwartschaft, Ritter zu werden, mit ins Grab genommen! Viele haben es auch wegen der großen damit verknüpften Kosten nicht einmal gewollt. Das Haus eines Ritters mußte einem jeden reisenden Ritter und Knechte bei Tage und Nacht offen stehn; der Ritter mußte allezeit eine gewisse Anzahl Pferde für sich, und seine um sich habende Edel-Knechte auf dem Streu halten. Die Ehre konte freilig wol viele dazu lüstern machen; nur die Ritter führten den Namen Herr, und sogar der hohe Adel pflegte sich denselben nicht eher anzumaßen, bevor er nicht die ritterliche Würde erhalten hatte; Ihren Gemalinnen allein kam der Name Frau, Vern, (Domina) zu; Der Ritter allein hatte das Recht goldne Spornen zu tragen, und seinen Helm, Harnisch und Schild mit diesem Metall auszuzieren; das Silber gehörte für die Knappen; allein alle diese glänzende Vorzüge konten es doch nicht verhindern, daß die ritterliche Würde im XV. Jahrhunderte anfing in Verfall zu geraten, bis sie endlich im XVI. Jahrh. ganz aufhörte. Der zuvor genante Französische Schriftsteller führet eine Menge von Ursachen an, die zu diesem Verfall Anlaß gegeben. Einige derselben sollen gewesen seyn:

1) Daß

1) Daß die Anzahl der Ritter sich allzu sehr des vielfältiget habe. Denn 1382 sollen bei der Schlacht bei Rosbeck deren 467, und 1415 bei Azincourt 500 auf einmal seyn gemacht worden, und bei einer andern Gelegenheit gedenckt er einer Armee von 10000 Rittern und 25000 Knappen.

2) Daß man auch anfing die Ritterliche Würde durch Wallfarten nach dem Heil. Grabe zu verdienen, da denn unter denen, die sie erhielten, auch Mönche und Pfaffen gewesen.

3) Daß durch das nach gerade eingeführte Römische- und Päbstliche-Recht der Adel, der dessen nicht kundig war, sein bisheriges Ansehn in den Gerichten ganz verlor, und dagegen Leute von bürgerlichem Stande zu Richtern und Räthen von Königen und Fürsten bestellet wurden, welche nun als Doctores der ritterlichen Würde vorgezogen zu werden begunten, und an vielen Orten milites justitiæ, milites literati, milites clerici genennet wurden, ja auch selbst zum Theil die ritterliche Würde durch ausdrückliche Kaiserl. Privilegien erhielten. Kaiser Sigismund sprach den Doctoribus den Rang vor den Rittern zu, und seine rationes decidendi waren, er könne an einem Tage hundert Ritter, aber alle sein Lebtage nicht einen einzigen Doctor machen.

4) Daß die Turniere, die sonst die beste Gelegenheit waren sich hervor zu thun, wegen vieler dabei vorfallenden unglücklichen Begebenheiten, durch die Bannflüche der Päbste ganz abgeschaft und verboten wurden.

5) Daß

• 5) Daß, besonders von den Zeiten der Oestreichischen Kaiser an zu rechnen, das Nobilitiren in
Teutschland so sehr zur Gewohnheit geworden, daß
neue Edelleute nicht nur zu Schild und Helm privile-
girt wurden, sondern auch in ihren Adelbriefen die
Vorrechte erhielten, daß sie Rittern und Knechten
sollten gleichgeachtet werden.

6) Daß der K. Maximilian I. eine neue Ein-
richtung der Miliz gemacht, die durch den General
von Fronsberg verbessert worden, dadurch der Unterschied unter Rittern und Knappen ganz unnüz geworden sei.

7) Daß die von Königen und Fürsten gestiftete
neue Ritter-Orden und die mit selbigen verknüpfte
weit ausnehmendere Vorzüge jene Namen, Ritter,
Knechte, Knappen ꝛc. so sehr in Vergessenheit gebracht
hätten, daß man sie in Teutschland fast kaum mehr
verstehe. (Scheid Mantissa praef. p. XXII-XXIII.)

Auch zu den vergessenen Namen gehören die Banner-Herrn. Es ist noch nicht entschieden, woher
dieses Wort stamme, ob es von Panier? (Vexillum) oder von Bann? (territorium, diftrictus)
herzuleiten sei. Banner-Herr, sagt Wachters
Glossarium, vel Panner-Herr, est aliis Dy-
nasta, Pannophorus, qui signum ducis gerit;
aliis Baro, vexillo militari cum dignitate ter-
ritoriali investitus. Du Fresne nennet sie
Banneretos, (Cheualiers Bannerets,) Milites,
viros inter nobiles primarios, qui cum plura
ac maiora praedia possiderent, vasallos suos in

3   proe-

proelium ſub vexillo ſuo conducebant, cum a
Rege vel Principe ſubmonebantur. Milites
vexilla ferentes, vexilliferos. In der
neuen Halliſchen Bibliotheck P. 14. p. 320. wird behauptet, ſie hätten daher den Namen, weil ſie den Blut
Bann auf ihren Gütern, und in dem ihnen verliehe-
nen Bezircke gehabt hätten. Alles kurz zuſammen zu
faſſen, was der Hofr. Scheidt an verſchiedenen Stellen über dieſe Würde diſputiret, ſo war ſolche von
der Beſchaffenheit, daß ſie ebenfalls mit vielen Feierlichkeiten ertheilet ward, und durch Tapferkeit müßte
verdient werden. Edle Herrn oder Dynaſten hätten
nur dazu gelangen können; aber nicht ein jeder Dynaſte ſei eben ſo wenig ein Banner-Herr geweſen, als
ein jeder von Adel Miles oder Ritter geweſen wäre.
Unter dem Titul Edler-Herr und Dynaſte aber ver-
ſtehet derſelbe alle diejenigen vom hohen Adel, die keine
Reichs-Bedienungen gehabt hätten; und könten in
ſoferne verſchiedene Fürſten aus den mittleren Zeiten
dahin gerechnet werden; der Name Freiherr ſei
unſern alten Teutſchen gar nicht bekant geweſen. Wenn
nun ein ſolcher Edler Herr im Felde erſchienen, ſo ſei
ihm ein Trupp von adelichen Vaſallen gefolget; er
habe wenigſtens 10 Helme, das ſind Ritter zu Felde
führen müſſen, und mithin, weil jeder Ritter 2 Knappen zu ſeiner Bedienung gehabt, ſo habe der Edle
Herr mit 30 Mann, die alle Edelgeborne (ex gene-
re militari) geweſen, im Lager erſcheinen müſſen,
wenn er Bann-Heer habe werden wollen; und weil ein
Ritter ſich eben ſo wenig von jemand anders als von

ſeines

feines gleichen habe commandiren laſſen, als wenig jemand, der ſelbſt kein Ritter geweſen, einen andern
zum Ritter habe machen können, ſo habe auch der
Edle Herr, der einen Ritter zum Banner-Herrn inve-
ſtiret, zuvor ſelbſt Ritter ſeyn müſſen. Die Inveſti-
tur geſchahe mit der Fahne, als welche das Symbo-
lum des Banner-Herrn geweſen (cum lancea et con-
fanono). Derſelbe dürfte ſein Panier (vexillum)
nicht eigenmächtig aufwerfen, ſondern mußte ſich mit
einer eingewickelten Fahne dem Herzoge präſentiren,
der ihm dieſelbe vor den Augen der ganzen Armee flie-
gen zu laſſen befahl. Wenn ſich niemand fand, der
gegen die Promotion etwas zu erinnern hatte, ſo
ſchnitt der Herzog die Fahne ins Gevierte, und erlaubte ihm ſie öffentlich zu führen.

§. 5.

Edelmann und Dienſtmann (Miniſterialis) ſchei-
nen in unſerer Sprache einander entgegen geſetzt zu
werden; aber die Dienſt-Männer, von denen hier die
Rede iſt, waren ſo wenig geringer, als der freie voll-
bürtige Adel, daß man, in dem Tone des vortrefli-
chen Scheids fortzufahren, ſagen kann: ſie waren, ſo
zu reden das Holz, aus welchem große Männer, Ma-
reſchalli, Dapiferi, Pincernae, Camerarii,
Milites &c. gezimmert wurden. Oft bedeutet zwar
jener Name auch homines ſervilis conditionis. Alle
Handwercker in villis regiis, alle Officianten an den
Höfen der Fürſten, heißen zwar auch Miniſterialen;
aber zwiſchen einem Hof-Laquanen, Hof-Schneider,
Hof-Schuſter ꝛc. und einem Hof-Marſchall, Ober-

Z 2 Schen-

Schencken, Kammer-Herrn ꝛc. wird man doch wol
einen Unterschied machen müssen. Natürlich laffen
sich also die Ministerialen in 2 Classen vertheilen; zu
der ersten gehören die Hof-Cavaliers; zu der andern
die Hof-Officianten bürgerlichen Standes. Letztere
kommen hier in keine Betrachtung, ob ihnen gleich
ihre angemessene Achtung nicht abgesprochen wird.
Auch erstere waren zu gewissen Dienstleistungen verpflichtet, aber diese Dienste waren von keiner knechti-
schen Eigenschaft. Ja wenn diese Ministerialen die
ritterliche Würde erlanget hatten, so pflegten selbst ihre
Herren ihnen den Titul, Herr, zu geben. Vieler
andern Exempel zu geschweigen, die in den gelehrten
Hannöverschen Anzeigen vom Jahr 1753, 1432,
1437, 1438 angeführt werden, nennet auch Herzog
Otto Puer feinen Dapifer, Anno von Blanckenburg
Dominum (Or. G. T. IV. p. 169.) Sogar der
hohe Adel, Grafen und Dynasten schämten sich nicht
bei geistlichen und weltlichen Fürsten nexum ministe-
rialem zu übernehmen. Exempel genug bestätigen
solches beim Scheid de Nobilit. p. 103. k. Nur
einige davon anzuführen, so sollen die alten Marck-
grafen von Thüringen bereits Marschälle des Erk-
Stifts Maynz gewesen seyn, wie denn auch noch jetzt
die Landgrafen von Hessen dieses Marschall-Amt vermuthlich als Erben der Landgrafen von Thüringen
haben. Der erste Graf von Schaumburg, Adolf,
war Kämmerer des Stifts Minden, und brachte diese
Würde auf sein Geschlecht; der Graf Heinrich von
Veldenz war Truchseß von Chur-Maynz, Graf Heinrich)

rich von Wuldenburg Schencke des Bischoff vom
Hildesheim, und Graf Günther von Kefernburg
zugleich Truchseß der Marckgräfin Agnes von Brandenburg. Daß sich manche von Adel auch bei Grafen und Dynasten als Ministerialen dienstpflichtig gemacht haben, darüber erklärt sich Herr Scheid l. c. p.
104 und 179. Theils die Armuth, theils die Be-
gierde zu guten Tagen und andern Vortheilen, auch
wol der Aberglaube hat eine Veranlassung der Mini-
sterialität, besonders bei Stiftern und Klöstern abge-
geben. Fürsten und Herren sogar ließen sich dadurch
bewegen, sich zu Dienstpflichten zu verstehn, die ihrer
hohen Geburt nicht angemessen waren. Und sollte
wol nicht auch die Liebe dann und wann Ursache gewesen seyn, daß mancher Edler Herr vom ersten Range
durch den Reiz der schönen Tochter eines Ministerialis
gerührt, ihr zu Gefallen sich dazu entschlossen habe?
Der Würde der Ministerialen überhaupt geschahe dadurch kein Abbruch, daß dieses oder jenes Individuum
sich dann und wann zu gewissen præstantionibus und
seruitiis ludicris Vasallorum (divertissements de
Menestreles) hat brauchen lassen; auch das nicht,
daß sie ihrer Lehns Herren Einwilligung haben mußten,
wenn sie etwas an Klöster und Kirchen verschencken
wollten. Es lassen sich viele dergleichen Beispiele beibringen, aber was brauchen wir sie weit zu suchen, da
sie auch in dieser Geschlechts-Geschichte enthalten sind?
Nach Ausweisung der Urkunde Num. I. ward die Einwilligung des Hildesheimischen Bischofs, Conrad, dazu erfordert, als Balduin Miles de Blankenburg,

und

und Campe 1244, der Kirche zu Steinhorst einen
gewissen Zehnten vermachte, und als 1368 die Gebrüder Jan, Anno, und Hans van dem Campe nach
Num. IX. ihren Zehnten zu Isenbüttel an das Kloster
Isenhagen vermachen wollten, suchten sie erst den Consens bei dem Herzog Albrecht II. von Göttingen. Allein dieser Consens erstreckte sich nur auf die Güter,
die sie iure ministeriali von dem Herrn zum Lehn
hatten. Die Ministerialen hatten auch vielfältig ihre
Allodial-Güter, viele Leibeigene Knechte und Vasallen, und damit konten sie frei und nach Belieben schal-
ten; wenn nicht etwa in einem Lande etwas anders
Rechtens war. Man hat Exempel genug, daß Ministerialen vertauscht und verschenkt wurden.

Jordan, Jusarius und Anno von Blanckenburg gehörten 1203 ohnstreitig, wie schon oben
im ersten Theile, Abschnitt I. §. 6. angeführet ist,
zu Herzog Wilhelms Erbtheile, gleichwol überließ dieser Herzog dieselben seinen ältern Brüdern, und 1204
überließ der Pfalz-Graf Heinrich Jordanum III. dem
K. Otto zum Ministerialis §. 7. Aber um deswegen
bekam der andere dadurch nicht gleich das ganze Ver-
mögen des Verschenckten oder Vertauschten.

Den stärksten Vertheidiger haben die Ministerialen an dem ehemaligen großen Vice-Canzeler zu Hannover weiland David Georg Struben in der Abhandlung von adelichen Dienstleuten *). Nachdem derselbe
alle Einwürfe bündig entkräftet, die zur Verkleine-
rung dieses Standes von einigen sind gemacht worden,

*) Desselben Nebenstunden 4 Th. 1755.

den, und hauptſächlich den Unterſchied zwiſchen einer
vollkommenen und unvollkommenen Unterwürfigkeit
veſtgeſetzet und gezeiget hat, daß die größten Staats-
Miniſter und Generale, ſich zu letzterer bei dem Landes-
Herrn verpflichten; ſo wird hieraus die natürliche Folge
gezogen, daß eine ſolche Verpflichtung niemandes Ehre
nachtheilig ſeyn könne, und daß vielmehr die in einer
ſolchen Dienerſchaft lebende von Adel, denen oft vor-
gehn, welche einer größern Freiheit genießen.   Die
Gründe, aus welchen dargethan wird, daß die Miniſterialen geehrte und in großem Anſehn lebende Männer geweſen, welche an den wichtigſten Regierungs-
Geſchäften ihrer Herren Theil genommen, ſind etwa
folgende.

1) Die adelichen Dienſtleute halfen ihren Herren
das Regiment führen, indem ihr Rath und Einwilligung begehrt wurde, wenn neue Geſetze und Verord-
nungen gemacht wurden.   Dies wird §. XIII. l. c.
aus vielen unverwerflichen Zeugniſſen dargethan.

2) Die errichteten Verträge der Fürſten und
Herren, inſonderheit der Geiſtlichen, erforderten ihrer
Dienſtleute Genehmhaltung.   Nachdem die Beweiſe
§. XIV. ſind beigebracht worden; wird ein Einwurf
beantwortet, der daher pflegt genommen zu werden,
daß auch an manchen Orten die Einwilligung des gemeinen Volks zu wichtigen Geſchäften erfordert werde.
Das Reſultat läuft dahin aus: der geringſte Pöbel
ſteht in ſo ferne in keiner vollkommenen, wahren Unterwürfigkeit, wenn die Obrigkeit ohne deſſen Einwilligung keine wichtige Regierungs-Geſchäfte unter-
nehmen

nehmen darf; aber, eine solche Ausnahme von der vollkommenen Unterwürfigkeit, berechtige um deswegen
den Pöbel noch nicht zu dem Vorrechten der Geburt.

3) Die adelichen Dienstleute saßen in den höch-
sten Gerichten, von welchen geringe, verächtliche
Leute ausgeschlossen waren. Unter andern Exempeln
wird §. XV. aus Rethmeyers Br. Lüneb. Chronik,
p. 837. ein Johann von Steinberg angeführt,
der als Ministerialis 1498 Marschall oder Richter
des ganzen Braunschweigischen Adels gewesen; und
war es nicht auch Ludolf von Campen, der, wie
bereits oben aus Grupen. disceptat. forenf. p. 565
angeführt ist, 1354 zur Zeit Herzog Wilhelms zu
Lüneburg, auf dem Runtelshorn bei Hannover, in
Sachen der Grafen von Haller und der Burger zu
Pattensen in Consilio principis (in ufes Heren Rade) in Beisein und mit Rath Graf Adolphen von
Schaumburg, der Grafen von Wunsdorf und vieler
von der Ritterschaft Recht gesprochen? und ohne Zweifel gehörte doch dieser Ludolf von Campe unter
die Ministerialen gedachten Herzoges.

4) Wurden die wichtigsten Hof-Aemter durch
solche Dienstleute verwaltet §. XVI., und sie hatten
großen Antheil an den Bischöflichen Wahlen, indem
nicht nur die von Dienstleuten entsprossene Domherren,
sondern auch die Dienstleute selbst, welche Layen und
Ritter oder Ritterbürtig waren, zur Wahl gezogen
wurden. §. XVII.

5) Sie waren nicht bloße Räthe, deren Meinung der Herr jedesmal nach Willkühr befolgen oder
ver-

verwerfen konte; sondern sie widersetzten sich oft thätlich, wie denn auch die von Steinberg und von
Schwichelt den Herzog Bernhard von Lüneburg in einer Fehde gefangen bekommen, und zu
Bodenburg verwaret haben. Es haben sich zwar auch
wol ehe Bauren der Obrigkeit widersetzet, und zu den
Waffen gegriffen; solches aber ist nicht von einzelnen
Bauren, sondern von einem großen zusammen rottir-
ten Haufen derselben geschehen; dahingegen einzelne von
Adel es gewagt haben, ihre Händel mit großen Fürsten und Herren durch den Degen entscheiden zu lassen.
Die geführten Kriege sind daher ein Beweis der Macht
und des Ansehens, worin die adelichen Dienstleute
in den mittleren Zeiten standen. Mithin sind sie keine
geringe unter das Joch gebrachte Dienstboten gewesen
§. XVIII.

6) Die angesehensten, reichsten, ritterlichen
Geschlechter standen in der Dienst-Pflicht und sind Ministeriales gewesen. Mithin fällt es von selbst weg,
daß aus ihnen die geringeste Art des Adels bestanden.
Die wenigsten sind ihrer Dienst-Pflicht ausdrücklich
und gänzlich entledigt, sondern es ist stillschweigend
geschehen, weil sie mit der Zeit ihren Herren unnütz geworden, und diese sich bei den ihnen verwilligten Land-
Steuern besser befunden, als bei den Kriegesdiensten
der Ministerialen, die ihnen nicht immer zu Gebot
standen. §. XIX.

Daß überhaupt die so genannten Erb-Hof-Aemter, eben so wol, wie ehemals die militärischen Bedienungen, aus dem Stande der Ministerialen sind

Aa

besetzt

beſetzt worden, daran wird wol nicht mehr gezweifelt.
Es iſt auch ſehr natürlich, ſagt Herr Rathlef in der
Abhandlung von den älteſten Hof-Aemtern des Durchlauchtigen Hauſes Braunſchweig Lüneburg, daß ein
großer Herr verſchiedene Bediente von unterſchiedenem
Werthe, nach der ungleichen Beſchaffenheit ihrer Ver-
richtungen unterhalte. Und eben ſo billig iſt es, daß
dieſer zu den Bedienten ſeines Hofes, die er öfters
um ſich haben, und zu ſeinen Ehren gebrauchen muß,
nicht die geringen ſeines Landes nehme, und daß dieſe
Perſonen durch ſolche Bedienungen zu noch größern
Anſehn gelangen. So machten es in den mittlern
Zeiten die Römiſchen Könige, die Fürſten, und die
vornehmſten Geiſtlichen; und ſo machten es auch die
Herzoge des Durchlauchtigen Hauſes Braunſchweig-
Lüneburg. Unter dieſen Erb-Hof-Aemtern werden
hauptſächlich dieſe viere verſtanden, das Erb-Marſchall-Amt, das Küchen-Meiſter-Amt, das
Schencken-Amt, das Kämmerer-Amt; und
können wir uns desfalls dreiſte auf den Schwaben-
Spiegel berufen. Daſelbſt heißt es P. I. Tit. 63.
die geiſtlichen und weltlichen Fürſten Amt, die ſind
vom erſten geſtift mit vier Fürſten-Amptern, mit einem Cämmerer, mit einem Schenken, mit einem
Truchſeß, mit einem Marſchall. Eben dieſe
Aemter finden ſich auch ſecundum morem Imperii,
in den Urkunden, ſo wol vor- als nach Errichtung
des Herzogthums Braunſchweig-Luneburg. Diejenigen, welche dieſe Aemter bekleideten, mich der Worte
des ſeligen Köhlers in der hiſtoriſchen Nachricht, von
den

den Erb-Land-Hof-Aemtern, p. 11. zu bedienen, wären aus der Landes Ritterschaft auserlesene, und wolverdiente Personen, besaßen dieselben mit gewissen dazu gestifteten Gütern zu männlichen Erb-Lehn, hatten deswegen den Landes-Fürsten bei besondern Ehrenfällen, als Landeshuldigungen, Vermählungen, Leichen-Begängnissen und andern Solennitäten vorzüglich vor den ordentlichen bestellten Hofbedienten, auf Erfordern wirckliche Bedienung pflichtmäßig zu leisten, welches eigentlich dem Aeltesten des Geschlechts zukam, und hatten davon auch einigen besondern Nutzen zu erwarten, wurden auch wegen dieser Würde allen andern Vasallen vorgezogen.

Daß aber diese Aemter anfangs erblich gewesen, daran zweifelt Herr Rathleff p. 8. mit Recht. Sie klebten anfangs an keiner gewissen Familie, sondern wurden bald diesen bald jenen verliehen. Die viele verschiedene Namen, und die oft gedoppelt auftretende Hofbediente, scheinen solches sattsam zu beweisen. Wenn aber ein solcher Hofbedienter sich in der Gnade seines Herrn fest gesetzt, und dieser sich an jenen gewöhnt hatte, so war es ganz natürlich, daß ein Bruder, oder der Sohn eben dasselbe Hof-Amt wieder erhielt. Die Jordans von Blanckenburg, und Jusarier von Reindorf, sind in der Campischen Geschlechts-Geschichte dessen unleugbare Zeugen. Jeder Hof-Beamter war zugleich ein Krieges-Mann. Die Hof-Bedienungen sind eigentlich unter Carl V. zum Theil gar erst im 3cjährigen Kriege Civil-Aemter geworden. So war Jordan de Campis 1252 zugleich

Mar-

Marschall und Dapifer bei dem Herzog Albrecht von
Braunschweig, und Jordan V. dieses Namens, nach
unserer Stammtafel, der sich auch Campock nennet,
war Miles und Dapifer zugleich. Erst nach dem
Tode Herzogs Otto des Kindes, wie Herr Rathlef
behauptet, sind diese Hof-Aemter erblich geworden;
und seitdem sollen sie in Erb-Land-Hofämter überge-
gangen seyn; das soll so viel sagen: die adelichen Hof-
Beamte, die sonst beständig bei Hofe seyn mußten,
und theils wegen ihres Amts, theils auch eigene Güter besaßen, versäumten sich oft sehr stark, wenn sie
sich beständig am Hof aufhielten. Sie wünschten daher mehr auf ihren Gütern zu seyn, und versuchten es,
in ihre Stelle andere (Subofficiatos) zu schicken; und
vermuthlich ist dies die Veranlaßung gewesen, daß die
Landes-Herren ihre vorige Hofbeamte von ihrer be-
ständigen Gegenwart bei Hof dispensiret, sie mit Bei-
behaltung ihres vorigen Characters und Lehngüter dahin verpflichtet, daß sie nur zu gewissen Zeiten, und
bei vorfallenden Solennitäten, selbst erscheinen mußten; an ihrer Stelle aber wurden andere adeliche Hof-
Officianten angenommen, und es entstanden nach und
nach daher, Ober-Hof-Marschälle, Ober-
Hof-Meister, Schloß-Hauptmänner ꝛc. deren Würde aber nicht erblich war.

§. 7.

In Ansehung dieser vier Hof-Aemter in den
Braunschweig-Lüneburgischen Landen, muß nothwen-
dig Rücksicht genommen werden auf die Zeiten a vor
Errichtung des Herzogthums Braunschweig-Lüneburg,

von

von Heinrich dem Löwen angerechnet, bis auf dessen
Enckel, Herzog Otto, das Kind genannt. b) Nach
Errichtung des Herzogthums 1235.

Was die erste Periode betrift, so komt uns dabei oft genante Abhandlung des Herrn Rathlefs zu
statten, und von der andern verdient die ausführliche
Abhandlung des seligen Köhlers nachgelesen zu werden.

Wenn auch schon die Geschäfte der heutigen Erb-
Hof-Aemter von den ehemaligen in vielen Stücken ab-
gehen, so ist doch nicht zu läugnen, daß jene den Grund
ihrer Benennung in diesen haben. Der Dapifer und
Pincerna hatten die Tafel und den Keller des Fürsten
in Besorgung; jener die Tafel, dieser den Keller; daher sie auch für die Bewirthung der Fremden sorgen
mußten. Der Dapifer oder Droste war zugleich
Präses in einigen Gerichten.

Der Camerarius hatte bei Hofe die Aufsicht
über die Einkünfte und Kammer-Gefälle des Fürsten,
wie denn auch dergleichen Beamte in den Stiftern und
Klöstern nöthig waren.

Der Marschall hatte Verrichtungen, die sich
weiter, und über den ganzen Hof erstreckten; aus-
genommen die Küche und den Keller, mußte er bei
Hofe alles anordnen. Ausserdem mußte er auch als
Obrister die Lehnpflichtige Ritterschaft im Kriege anführen, und hatte daher auch den Stall unter seiner
Aufsicht.

Da die Absicht des Anhanges dieser Geschlechts-
Geschichte hauptsächlich nur dahin gehet, die Personen
der ersten Periode nahmhaft zu machen, welche aus

der

der Familie der von Campen auf Jsenbüttel, dieses
oder jenes Hof-Amt bekleidet, und auf ihre Nachkommen vererbt haben; so könte ich mich freilich nur auf
die erste Stammtafel berufen. Es kann aber doch
nicht schaden, die Anzahl der übrigen Hof-Beamten
damaliger Zeit einigermaßen zu ergänzen; und aus
den jüngern Zeiten so viel beizubringen, als sich in der
Kürze thun läßt. Zuvor aber muß ich doch erst, was
besonders die Dapiferos und Pincernas betrift, dem
seligen Köhler noch eine Anmerkung abborgen. Sie
stehet in der oftgenanten historischen Nachricht, p. 52.
seq. und ob sie gleich eigentlich auf die Bremischen
Dapiferos gerichtet ist, so sagt sie doch vieles, das
sich nicht blos auf das Bremische einschrencket. Aus
den Dapiferis sind die Drosten entstanden. Seiner
ursprünglichen Bedeutung nach, ist ein Drost soviel,
als ein Herrschaftlicher Vorgesetzter, und daraus ist
das neuere Wort Truchsetz oder Truchseß entstanden. Weil derjenige, dem die Besorgung einer
königlichen oder fürstlichen Tafel anbefohlen war, über
viele andere Leute, durch welche solche gehörig bestellet werden mußte, gesetzt war, so hieß er um deswegen ein Drotzet oder Drost (regiæ mensæ præ-
positus). Dieser Name ist hernach allgemeiner geworden, und überhaupt solchen adelichen Personen
beigelegt worden, die von der hohen Landes-Obrigkeit,
mit einer gewissen Gewalt andern niedern Bedienten
auf dem Lande, als den Unterrichtern, Einnehmern u.
d. g. vorgesetzt wurden, daher Drost in Niedersach-
sen und Westphalen einen Landvoigt oder Oberamt-

mann

mann bedeutet; und man zum Unterschiede sagt, ein
Land-Drost, Reichs-Drost ꝛc. Sonst heißt
auch ein solcher Dapifer Senescallus.

§. 8.

An dem Hofe Herzog Heinrichs des Löwen, standen nach des Herrn G. R. von Praun Angabe, als

Dapiferi
{
   Ludolf v. Blankenb. 1163. (Rathlef).
   Jordan von Blankenborg, cum fratre
     Jusario 1158, 1170, 1190, 1196.
     (v. Praun).
   Erchenbertus.
   Henricus de Scoderstede einem jetzt
     wüsten Orte bei Königslutter.
}

Pincernæ
{
   Henricus. 1170, 1171.
   Lippoldus, 1171.
}

Camerarii
{
   Anno von Blankenburg 1163, 1170.
   Lippoldus 1170.
}

Marescalli
{
   Hermannus de Gustidde.
   Henricus 1170.
}

§. 9.

Nach Absterben Herzog Heinrichs des Löwen
1195 theilten sich 1203 dessen Söhne, Heinrich
Herzog zu Sachsen und Pfalzgraf am Rhein, Otto
IV. Römischer Kaiser, und Wilhelm, Herzog zu
Lüneburg. Jeder von ihnen hatte seine besondere
Hof-Aemter.

Bei Heinrich dem Pfalzgrafen waren

Dapiferi
{
   Ludolfus de Esbete.
   Jordanus senior.
   Jordanus junior, frater Jusarii et
    Annonia de Blankenburg (a).
}

Pin-

Pincerna Jufarius (Lotharius) v. Blankenburg.

Camerarii {Anno de Blankenburg.
{Gercke und Johannes

Marefcalli {Fridericus von Volkmerode (b).
{Wittekinus.
{Wilhelmus (c).

a) Obgleich in der Theilung 1203 dem Herzog Wilhelm urbes Lewenberch, Blankenburg, Regenſtein, Heimburg, ac
omnis proprietas in Nendorpe cum
omnibus miniſterialibus intra iſtos terminos zugefallen war, ſo hatte ſich doch
Pfalzgraf Heinrich, die drei Hofbedienten,
Jordan, Juſar. und Annonem nament-
lich vorbehalten.

c) Willekinus und Wilhelmus mögen
vielleicht nur eine Perſon ſeyn, wie denn
auch oft mehrere Namen ſolchergeſtalt mit
einander verwechſelt werden. Z. E. Hermannus und Henricus, Jordanes
und Johannes, Anno und Antoni-
us, Juſarius und Lotharius, oder
Foſarius, oder Luderus, Henricus
und Heino. Der Name Willekinus
komt in folgenden Zeiten beſonders noch in
der Familie der von Guſtedt oft vor.

b) Fridericus de Volkmerode komt 1196,
bis 1229, und Willekinus von 1204
bis 1240 in der Qualität eines Marſchalls vor.
Willekini Brüder waren, Gercke und
Johannes Camerarii (v. Praun).

§. 10.

§. 10.

Kaiſer Otto IV. hatte ſeine Kaiſerl. Hof-Aemter.
Bei ihm waren

Dapiferi	Henricus von Waldburg 1196, 1209. Conradus von Wilre 1203. Gunzelinus von Wolfenbüttel 1209, 1218.
Pincernæ	Adamus 1198. Walterus de Schipſe.
Camerarii	Otto 1198. Symon Aquenſis 1203. Cuno de Munzenberg 1209.

Mareſcallus Henricus de Kalendin 1189 und
1209 a).

a) Henricus Dapifer de Waldburg, Henricus Mareſcallus de Kalendin, und Walterus
de Schipſa Pincerna kommen auch in einer Urkunde
von dem Gegen-Kaiſer, Philipp vor. Gunzelinus de
Wolfenbüttel ſtand beim K. Otto in gar beſondern
Anſehn. Er hat ſich auch lange nach deſſen Abſterben
bis 1254. Imperialis aulæ Dapifer geſchrieben.
Jedoch hat ſich das Amt nicht auf ſeine Söhne vererbt,
wie denn ſelbſt die Kaiſerl. Hof-Aemter damals noch
in keiner Familie ganz erblich geweſen ſind v. Praun).
Aber die von Schipſe, Kalendin, Walburg,
waren nicht Landes- ſondern Reichsbeamte.

§. 11.

Beim Herz. Wilhelm zu Lüneburg waren

Bb   Otto

Dapiferi {(Otto de Luneborch 1200, 1204, 1209
aus der Familie der Groten, die zugleich
Advocati de Luneborch waren.

Wernerus 1204 (Rathlef).

Pincerna Segebandus 1205, 1209, aus der Familie der vom Berge bei Lüneburg, die
noch im XIV. und XV. Seculo sich
Schencken nanten.

Camerarius Luderus 1205, 1209. Aus der Familie der v. Odeme (v. Praun).

Es scheint aber derselbe vielmehr zu der Familie de Monte zu gehören, weil diese Familie,
wie aus verschiedenen Urkunden erweißlich ist,
bis 1374 das Kammer-Lehn gehabt hatten.

Marescallus Wernerus de Luneborch, aus der
Familie der von Meding, welche bis
auf den heutigen Tag dieses Erb-Mar-
schall-Amt bei sich fortgeführet haben.
(v. Praun).

§. 12.

Als nach dem Tode H. Wilhelms, 1212 Herzog
Otto der Knabe den Stamm bekanter maßen allein
fortgesetzet, und 1227 das ganze Erbe Herzog Heinrichs des Löwen, wieder zusammen gebracht hatte, woraus 1235 das Herzogthum Braunschweig Lüneburg
errichtet ist, waren nach Rathlefs Berechnung bis
1252, da er starb, dessen Hofbeamte

A. von 1212, bis 1227, die er von dem Vater
geerbet

Dapi-

Dapiferi	Werner von Lowenburg 1212, 1214,1224,1225,1226. Gevehard, Werneri frater, 1224, 1225.
Pincernae	Segeband de Monte ob. Wittorp, 1212, 1224, 1226. Jusarius de Nendorp, frater Lotheviei, 1223.
Camerarius	Enderus, 1212.
Marefcalli	Werner von Meding, 1212,1215. Peridamus von Meding, 1225.

B. von 1227 bis 1235.

Dapifer	Jordanus von Blankenburg 1229, 1232, 1233, 1234, 1235.
Pincernae	Segeband 1228, 1234. Jusarius von Nendorp 1235.
Camerarius	Willekinus ob. Willelinus 1232.
Marefcalli	Baldewinus, 1232. Willelinus, 1235. Wernerus, 1234.

C. von 1235, bis 1252.

Dapiferi	Gunzelinus, 1236, 1238. Jordanis, 1236, 1237, 1238, 1239. Anno von Blankenburg, 1241, 1242, 1243, 1245, 1246, 1247, 1248, 1249, 1252. Gerhard von Oflebe, 1260. (Scheid Anmerk. zu Mosers Cod. dipl. p. 717.

Bb 2   Pin-

Pincernae	Baldewin von Blankenburg, Caeſarius Pincerna, 1243, 1246, 1247. Jufarius, 1236, 1239, 1243, 1247, 1248, 1249, 1251. Thidericus de Monte (v. Praun).
Camerarii	Ludolf, filius Annonis de Blankenb. 1237, 1238. Herewicus de Uteſſen, 1247, 1248.
Mareſcalli	Willefinus, oder Wilhelmus, 1236, 1237. Henricus Grabo, 1245, 1246, 1247, 1248. Burchard von Affeborg, 1280, (Scheid Anmerk. zu Moſers Cod. diplom. Vorrede p. 35.

Werner von Meding, 1251.

§. 13.

Nach dem Tode Herzogs Otto, des Kindes, 1252 blieben deſſen Erblande bis 1269 unzertheilet, und führten deſſen Söhne Albrecht und Johannes die Regierung gemeinſchaftlich. In der Zeit blieben auch ohne Zweifel die Hofämter mit den vorigen Perſonen beſetzt. Als aber in beſagtem Jahre durch jene Theilung zwei beſondere Regierungen und Herzogthümer entſtanden, das Braunſchweigiſche und Lüneburgiſche, ſo wurden auch zweierlei Hof-Aemter eingeführet. Herzog Albrecht behielt bekanter maſſen das Herzogthum Braunſchweig, und Herzog Johann bekam das Herzogthum Lüneburg. Das Herzogthum Braunſchweig begriff in ſich das Braunſchweig-

schweig-Wolfenbüttelsche, Göttingische und Gruben-
hagensche Land; und obgleich nach H. Albrechts Tode
dieses Herzogthum 1279 wieder in drei regierende
Häuser zertheilt ward, so ward doch 1345 wegen der
vier Hof-Aemter vestgesetzt, daß sie gemeinschaftlich
solten beibehalten werden. (Köhler p. 12.) Indef-
fen kamen die Hof-Aemter nun auf das Land, und
gehörten ganzen Familien; daher wurden sie immer
von den Aeltesten des Geschlechts verwaltet. Daß
aber der älteste des Geschlechts (wie der Herr Professor
Gebhardi bemerket), das Erbamt alleine, und im Namen der übrigen Agnaten verwaltet habe, siehet man
aus einem Vertrage, den die von Meding unter sich
geschlossen haben N. 27. und aus folgenden Stamm-
Tafeln.

Otto von Meding

Otto, dessen Nachkom-men die heutigen Mar-schälle sind.	Werner	Berldam.
	heissen 1225 auch Marschälle, und müssen also das Amt mit dem Otto gemeinschaftl gehabt haben.	

Friederich v. d. Berge

Henrich		Johannes	
Segeband		Gebhard	Heinrich
Segeband war Schenck 1354, 1368.		Segeband heisset u. war Schenck 1306, 1312, 1316.	Segeband war Schenck 1315, 1354.

N Grote.

Otto 1190, 1204 Droste	Werner Droste	Geverd Droste
Otto		
Gebhard		

Otto,	Gebhard war Droste 1336
Gebhard war Droste.	

Bb 3

1357 ſtehet um ein Siegel ſigillum *Waſinodi de Medinge*, Mareſchalci de Luneburg.

1336 S. *Gheuebardi* Drotſati Ducis de Luneborgh, und im Briefe 1337 Nos *Gheuebardus Grote* miles dapifer illuſtrium Principum ducum de Brunswik et Lüneborch.

1334 S. *Segbabandi de Monte* dicti Pincernæ.

In einer alten Nachricht findet man folgendes:

1477 *Ludelue* vame Kneſebeke Wernero et Maneke filiis ſuis X fl. Rhen. pro uno equo, quem ratione officii ſui camerarie ducatus Luneburgenſis poſtulabant a domino tempore introductionis ſue ſexta feria ante palmarum.

An. 1505 dedi XII. fl. fratri pro equo quem emi in locum illius quem dedi *Ludolpho de Kneſebeke* ratione officii Camerarie, ſed videat ſucceſſor quo iure promiſit eum velle literis ſigillatis probare illum ſibi ac ſuis heredibus debere, ſed nondum literas vidi.

Dieſe Briefe könnte er nicht aufweiſen, daher die Abgabe unterblieb. Man ſiehet aber hieraus, daß 1336 die Erbämter für des Herzogs Bedienung; 1357 aber für des Landes Amt ſchon gehalten ſind, welches letztere aus der Notiz von 1477 noch deutlicher wird. Ferner da nur die Erbbeamte den Titel führten, wenn mehrere ihres Vornahmens da waren, und bei den von Kneſebecken ſich Vater und Sohn in den Sporteln theilten, ſo müßten eigentlich alle, die von dem erſten Erbbeamten herkamen, das Amt beſeſſen haben. So viel indeſſen die älteren Braunſchweig. Erbtruch-

ſeſſen,

feſſen, oder Droſten abbelangt, ſo findet ſich, daß bis 1315 immer ein Jordanus oder ein Anno, Dapifer geweſen, obſchon nicht allemal allein.   So folgen auf einander:

Jordan dapifer, frater Juſarii *de Blankenburg*, 1158-1196. Jordanus Dapifer, frater *Juſarii* Pincernae, *Baldewini* et *Annonis* de Blankenburg 1196-1219. *Anno* Dapifer 1200. *Jordanus* Dapifer, frater Baldewini de Blankenburg vel Hertesberch (Herlingsberge) et Juſarii 1222, 1237. *Anno* Dapifer, frater Baldewini et Henrici 1224-1264. *Jordanus* Dapifer, 1252. *Jordanus* miles de Kampe Dapifer Henrici Ducis 1296. *Jordanus* de Nendorpe Dapifer, 1296. *Jordanus* de Witmarshagen (de Campe) Dapifer Ducum de Brunſv. 1306, 1307, 1315. *Anno* Dapifer 1316. Und auf dieſen *Ludgerus* de Garſenbuttel Dapifer 1319, 1322 etc. mit ſeinen Nachkommen.(von Praun Mſpt. §. 8.)

I. Die Braunſchweigiſchen Erb-Hof-Aemter in den neueren Zeiten.

  A. Das Erb-Marſchall-Amt verwalten die von Oldershauſen, nemlich Ludolf II. 1478, Henrich v. Ollershauſen 1478, Barthold, Ludolf und Hans v. Ollershauſen 1489, 1495, 1557, Adam, Thomas, Dieterich Hans, Rudolph, Barthold von Oldershauſen, 1569. Dietrich von Oldershauſen 1643; Jobſt Ludewig Adam von Oldershauſen. Landdroſt des Herzogthums Lauenburg.   B. Das

B. Das Erb-Küchen-Meister-Amt haben in den ältern Zeiten bis 1315 fast immer ein Jordanus oder ein Anno Dapifer von Blankenburg verwaltet. Nach des Herrn Geh. Raths v. Praun Meynung ist es von dieser Familie auf die von Garßenbuttel gelanget. Schon im Jahr 1319 wird ein Ludgerus von Garßlebüttel, der noch 1341 gelebt hat, als Dapifer nahmhaft gemacht; und nach deren Abgang ist dieses Erb-Hof-Amt an die ritterliche Familie von Honlage gelanget. Nach dem auch diese Familie mit Johann von Honlage 1514 ausgestorben war, hat Herzog Heinrich, der ältere, dasselbe seinem Rathe Curd von Veltheim zum Lehn gegeben. Seit dem hat die ganze Familie der von Veltheim solches als ein rechtes Erb-Sampt-Mann-Lehn besessen; und Herr Josias von Veltheim, Chur-Sächsischer Kammerherr hat dasselbe 1746 vertreten. (Köhler p. 16-18.)

C. Das Braunschweigische Erb-Schencken-Amt

ist seit der Regierung Herzog Heinrichs des Löwen beständig bei der Familie der von Reindorp, den Stamm-Vorfahren der von Campe, geblieben; und da sie so lange dieses Amt gehabt haben, so haben sie auch immer continuiret, sich Schencken zu nennen. In den Jahren 1223, 1231, 1235, 1239, 1251, war ein Insarius an dem Hofe Herzogs Otto, des Kindes; Im Jahr 1319 wird in einer Urkunde vom Herzog Ottone largo zu Göttingen ein Jordan von Reindorp Pincerna als Zeuge angeführt, und 1322 wird
eben

eben derselbe vom Herzog Henrico Mirabili zu Grubenhagen als Zeuge genannt, wie denn auch unter den folgenden abgetheilten Regierungen noch verschiedene von dieser Familie in den Urkunden erscheinen. Etwas ausführlicher ist von dieser Familie §. 3. Abschnitt 2. des ersten Theils dieser Geschlechts-Geschichte gehandelt worden. Nebst den daselbst angezeigten Schenken kommen vor:

Jusarius Pincerna, 1164. Jusarius Pincerna 1196-1212. Jusarius Pincerna 1223-1240, welcher auch 1231 Cesarius Pincerna de Brunsvic heisset. Jordanus Pincerna de Blankenburg 1237, 1238. Jusarius Pincerna et Lodewicus frater 1248, 1254. Jusarius Pincerna de Blankenb. 1251. Jordanus Pincerna de Nendorpe 1289. Lodewicus Pincerna de Nendorpe oder de Nendorpe Pincerna de Brunswic 1273, 1300. Jordanes Pincerna de Nendorpe 1311, 1312, 1319, 1323. (von Praun).

Im Jahr 1458 war Henricus a Wenden von den Herzogen von Braunschweig Wilhelm und Friderich, si forte familia Nendorffianorum desinat, beanwartet; da aber jene Familie schon 1495 mit Johann von Wenden ausstarb, so ist sie auch nicht dazu gelanget, sondern Henning von Reindorf, ward 1569 von Herzog Julius mit dem Schenken-Amte des Fürstenthums Braunschweig und den dazu gehörigen vielen Gütern belehnet. Der letzte von dieser Familie ist gewesen Carl Wilhelm von Reindorf auf dem Hause Reindorf, König-

Ec   niglich

niglich Preußl. Hauptmann, ~~welcher~~ 1744 gestorben
ist. Nachher ist damit belehnet worden der Herzogl.
Braunschw. Geheimde Rath und Regierungs-Präsident von Cramm; da sich aber derselbe dessen begeben, hat der Geheimde Rath von Schliestedt
dasselbe erblich erhalten. (Köhler p. 18, 19. Scheids
Anmerkung zum Moser p. 36, 37.)

 D. Das Braunschweigische Erb-Käm-
  merer-Amt

bekleidete Herewicus de Utessen 1247, 1248,
unter der Regierung Herzogs Otto, des Kindes, Iohannes dictus de Utessen 1282, 1301, bei Herzog Albrecht, Herwich 1322. Ott war von Veltheim, 1495, Gerlach oder Gerloff von Forß,
Jägermeister, D. Joach. Mynsinger von Fron-
deck, 1569 Canzler Herzogs Julii. Mit dessen Söhnen Heinr. Albrecht, und Sigismund Julius gieng
dieser Stamm aus, worauf der Geheimde Rath und
Berg-Hauptmann Bartold von Rautenberg
das Kämmrer-Amt vom Herzog August erhielt, aber
desselben 1648, wegen Malversation nebst seinem Enkel verlustig erklärt ward. Mit diesem eingezogenen
Erb-Kämmreramte ward endlich 1656 der damalige
Kammer-Rath und Hof-Schenke, Fritz v. Cramm,
dessen Brüder und sämmtliche Vettern vom Herzog
August belehnet, wie denn noch 1746 Herr
Franz Jörge von Cramm zu Volkersheim,
Fürstl. Braunschw. General-Major und Commendant
zu Wolfenbüttel, dasselbe bekleidete (Köhler p. 19-22.)

           §. 14.

§. 14.

II. Die Lüneburgiſchen Erb-Hof Aemter.

Deren waren nach der 1269 geſchehenen Theilung anfangs ebenfalls viere, und zwar eben dieſelben, wie
in dem Braunſchweigiſchen. Nachher aber iſt das
Erb- und Küchen-Meiſter und Erb-Schenken-Amt zuſammen gezogen, und dagegen das Erb-Pörker-Amt
eingeführt worden.

A. Von dem Lüneburgiſchen Erb-Marſchall-Amte.

Mit dieſem Erb-Hof-Amte iſt ſeit Errichtung des Herzogthums Braunſchw. Lüneburg die Familie der von
Meding beſtändig verſehn geweſen. Schon im Jahr
1200 wird in einem Lüniſchen Kloſter Briefe von Herzog Wilhelm eines Werneri de Meding als
Marſchalls gedacht.

Werner, Marſchall 1271-1316. Werner,
des vorigen Sohn 1317-1320. Werner, deſſen
Sohn 1321-1340. Wasmod I. deſſen Sohn 1372-
1397. Machovius, des vorigen Vatern Bruders
Enckel 1376-1423. Wasmod II. Wasmods I.
Sohns Sohn 1428. Jordan, deſſen Bruder 1466,
Heinrich 1488, 1493, Jordans Sohn. Heinrich,
Wasmods II. Sohn, um deſſen Schild in St. Michael in Lüneburg ſtehet: Na Chriſti Gebort 1500
des Mydewekens vor Petri vorſtarf, Hinrik
van Medingh der Herſchop to Lnne-
borg. M. Wasmod, ſeines Sohnes Sohn
1499, von dem der erſte Lehn-Brief vorhanden iſt.

Herzog Ernst zu Celle belehnte ihn mit diesem Amte
1532.

Franz von Meding bekennet 1549 daß er,
als der älteste, mit Zubehuf seiner Vettern, Levin
und Carls, Gebrüdern, von den Statthaltern und
verordneten Räthen zu Zelle, und verordneten Vor-
mündern der nachgelassenen jungen Herrschaft weiland
Herzogs Ernst mit dem Marscholck-Amte des Landes
Lüneburg sei belehnet worden.

Henning von Meding empfing 1565 als
der älteste, nebst seinen Brüdern, Heinrich und
Johann, Franzens seel. Söhnen, und seinem
Vetter, Wasmopen, Levins seel. Sohne von
den Herzogen Heinrich und Wilhelm, Gebrüdern
eben dergleichen Belehnung.

Nach Hennigs Absterben empfing 1580 Heinrich von Meding als der älteste vom Herzog Wilhelm, und 1594 von Herzog Ernst dieses Lehn.

Nach dem Tode Werner Augusts von
Meding, Land-Raths und Ausreiters des Klosters
St. Michael zu Lüneburg ward von König Georg I.
Christoph Ernst, mit Einziehung seiner Brüder,
Joachim Friederichs, und Augusts von Meding da-
mit belehnet, und seit 1738 ist Herr Georg Lud-
wig von Meding, Landrath und Ausreuter des
Klosters St. Michaelis, der den 31 Aug. 1766 ver-
starb, der Lehnträger dieses Amts gewesen. Ihm
folgte der General-Lieutenant Ernst August von
Meding.

B. Das Lüneburgische Erb-Küchen-Meister und Erb-Schencken-Amt.

Von wem, und in welchem Jahre, diese beide Aemter sind vereinigt worden, ist noch ungewiß. Unter der Regierung Herzog Wilhelms war Segeband von dem Barge (de Monte) noch allein Erb-Schencke, nachher aber ist diese Familie auch zu dem Erb-Küchen-Meister-Amte gelanget. Im Jahr 1309 findet sich in einer Urkunde, wodurch Gerhard v. d. O-deme dem St. Michaelis Kloster eine Wiese bei Lüneburg verkauft, unter den Ritter Zeugen Fride-ricus Kokemester. Pfeffinger sagt in der Braun-schw. Lüneb. Histor. I. Th. p. 290. daß die von Lang-lingen Küchen-Meister gewesen sind. Diese starben am Ende des XVI. Seculi aus, und ehe die von Barge das Amt hatten. Im Jahr 1367 war Car-sten von Langeln Kockenmester und Johann Spörke Putteker (Landes privil. Herz. Magni in Pfeff. B. L. H. II. p. 1036.) woraus zugleich er-sichtlich ist, daß der Putker weder Küchen-Mei-ster, noch Schencke gewesen sei.

Im Jahr 1535 begnadigte Herzog Ernst seinen Rath Dietrichen v. Berge, als den ältesten mit Zubehuf seines Vetters, Fritzen von dem Berge, und ihrer männlichen Lehns-Erben mit dem Kocken-Me-ster-Amte und Schenken-Amte.

Im Jahr 1560 ward Wicke von Berge von den Herzogen Heinrich und Wilhelm, dem jüngern, und 1568, und 1571 Oswald von Bodendieck und Albrecht von der Schulenburg als Vormün-

Cc 3

der,

der, wegen ihres Mündels Fritzen vom Berge, damit belehnet.

Weil mit diesem Fritz von Berge 1623 das alte adeliche Geschlecht der von Berge erloschen war, so ward 1624 das zurück gefallene Küchen- und Schenken-Amt vom Herzog Christian, Bischof zu Minden, Johann Behren, Groß-Voigten, Geheimden- und Kammer-Rath, Drosten auf Ahlden, der schon 1613 darauf beantwortet war, verliehen.

Und als besagte Hof-Aemter an Herzog Georg Wilhelm wieder zurück gefallen waren, haben solche von demselben Friederich Behr, und dessen Bruder Joh. Albrecht Behr, und deren männliche eheliche Leibes-Erben 1667, den 30. Jul. wieder zum Lehn erhalten.

Im Jahr 1728 den 30. Jul. wurden von König Georg II. Joh. Georg Wilhelm Behren mit zu Behuf seiner Brüder, Adolph Dietrichs Christians, und seiner Vettern, Ludewig Friedrichs, Rabe, Levins, und Ludewig Stats Behren, seel. Johann Albrechts Behren Söhne, mit beiden Hof-Aemtern belehnet, die 1742 an den Rittmeister, Herrn Adolph Friedr. Behr zu Stellicht gelanget sind. (Köhler p. 30, 33.)

C. Das Lüneburgische Erb-Kämmrer-Amt hat die adeliche Familie der von Knesebeck seit 1374 verwaltet, da Werner von dem Knesebeck von Herzog Albrecht zu Sachsen und Lüneburg damit ist belehnet worden. Aber vor 1374 gehörte das Cämmer-Amt einer Linie von dem Berge, die sich

1293 von der andern trente. Nro. XXVIII. Beil. Im
Jahr 1303 komt vor Gebhard de Monte Pincerna.

Im Jahr 1564 belehnten die Herzoge, Heinrich
und Wilhelm der jüngere, ihren Hofmeister Christoph von Kniesebeck, als den ältesten mit Zubehuf Achatius und Georgen, seiner Vettern, damit,
und 1573 erhielt solches Jürgen von Kniesbeck
vom Herzog Wilhelm dem Jüngern, wie auch 1594
vom Herzog Ernst.

Heinrich von Knesebeck, 1612 vom Herzog Christian.

Boldewin von Knesebeck, 1638 an statt
und in Vollmacht Wärner Curdts, als damaliger Aeltester vom Herzog Friedrich.

Joachim Friedrich von dem Knesebeck, Land-
Rath und Hofgerichts-Assessor 1690 vom Herzog
Georg Wilhelm.

Thomas Heinrich von dem Knesebeck,
Amts-Hauptmann zu Marnitz 1733.

D. Das Lüneburgische Erb-Pötker- oder Pütker-Amt.

Ehe das Lüneburgische Erb-Truchseß oder Erb-Küchen-
meister-Amt mit dem Erb-Schencken-Amte war vereinigt worden, verwalteten ersteres die von Groten;
nemlich Otto Dapifer, 1294, 1205, Werner,
sein Bruder 1225, Gerhard, sein 2ter Bruder
1224, Gebhard des Ottonis Ur-Enkel bis 1320,
Gebhard, dessen Bruder bis 1337. Beide Gebharde
hatten Brüder, die das Geschlecht fortsetzten, und
der

der letzte Gebhard hatte einen Sohn, deſſen Söhne 1376 unbeerbt verſtorben.

Im Jahr 1379 war Werner von dem
Berge Droſte, der bis 1381 lebte, und einen
Sohn Segeband hinterließ, der nach 1422 ſtarb.
Nach 1379 findet ſich keine Spur von dem einzelnen
Truchſeß-Amte, ſondern ſtatt deſſen war das Erb-
Pötker oder Pütker-Amt eingeführet worden. Aber
noch iſt es nicht entſchieden, worin dieſes Amt eigentlich beſtanden habe. Anderswo iſt ſelbiges nicht gebräuchlich geweſen, als in dem Erz-Stifte Bremen,
und in dem Fürſtenthume Lüneburg; es müßte denn
ſeyn, daß der Buticularius darunder verſtanden würde, den du Freſne denjenigen nennet, cui buticu-
larum vel potus cura demandata erat; aber das
war ja ſchon die Function des Erb-Schencken. Das
iſt gewiß, ſagt der ſeel. Scheidt in den Anmerkungen
zu dem Cod. diplom. p. 36. daß aus demjenigen,
was Pfeffinger von dem Pötker-Amte ſagt, niemand
klug werden kann; denn T. I. Hiſt. Brunſ. p. 290.
behaupte derſelbe, es ſei nicht das Erb-Schencken-Amt
geweſen, und p. 97, 291, macht er es dazu. Indeſſen iſt ſchon 1367 Johannes v. Spörken an dem
Hofe der Herzoge, Wilhelms und Magnus, Pötker geweſen; und 1403 ſoll deſſen Bruders-Sohn, Johannes, Erbherr auf Molzen, eben dieſes Amt verwaltet haben.

Hartman Spörke iſt 1526 von Herzog Otto
und Ernſt. Johann Spörke 1529 von Herzog
Ernſt, 1556 von Herzog Franz Otto, 1560 von
Herz

Herzog Heinrich und Wilhelm. Ernst Spörke 1583 und 1594 von Herzog Wilhelm. Werner Spörke 1607 von H. Ernst. Werner Herman Spörke 1666 vom Herzog Wilhelm damit belehnet worden, und 1737 ist Herr August Ludwig, Freiherr von Spörke dazu gelanget.

Da alle Urkunden und Lehn-Briefe von den eigentlichen Amts-Verrichtungen dieser Erb-Hof-Beamten schweigen, so komt es darauf an, wer am glücklichsten ist, die Bedeutung des Namens zu errahten.

Die verschiedenen Auslegungen erzählt der seel. Köhler, p. 34·41. Einige derselben können hier nicht übergangen werden.

Der seel. Hofr. Scheid erkläret sich für die Meinung p. 36. l. c. daß das Pötker- oder Pütker-Amt der Herren von Spörke so viel als einen Kellner bedeute. In den Stiftern und Klöstern sei das Amt des Pater Groß-Kellners eines der ansehnlichsten Aemter, welches man ganz unrecht für das Erb-Schencken-Amt halten würde.

Andere glauben, daß unter diesem Pötker-Amte das Küchen-Meister-Amt (Dapiferatus) zu verstehn sei, dem die von Langlingen ehemals vorgestanden, und deren Güter die von Spörken guten Theils besitzen. Püt oder Pott soll nach dieser Erklärung einen Topf, ein unentbehrliches Küchen-Geschirr bedeuten, daher der Pötker ein Ober-Auffeher der Köche, des Küchen-Geschirres und was dazu gehöret, gewesen sei. Dies war freilig die Function der Dapiferorum, der Küchen-Meister, Drosten und Truchsessen;

Dd

seſſen; allein daß das Hof-Küchenmeiſter-Amt, und
Pötker-Amt zwei verſchiedene Aemter geweſen, verſi-
chert der Schluß einer Brieflichen Urkunde vom Jahr
1367, da es heißt: over alle deſſen Stücken
vnd Deeghedingen hebbet geweſen - - *Kerſten
von Langleegne Kockemeſter*, und *Iohann Spoerke
Püτteker*.

Ein anderer behauptet, der Name Pötecker
ſtamme zwar von Pott; aber hier bedeute dieſes
Wort keinen Topf, ſondern überhaupt alle Gefäſſe,
aus welcher Materie ſie auch gemacht wären, und alſo
auch Weinfäſſer. Demnach wäre ein Pötker eigentlich eben ſo viel, als ein Bötticher, Bütner oder
Faßbinder; aber es könne auch ein Keller-Mei-
ſter, oder ein ſölcher Hof-Beamter darunter verſtanden werden, dem die Aufſicht über den Fürſtlichen
Keller anvertraut wäre, welches Amt ſich für einen
adelichen Vaſallen gar wol ſchicke. Aber hat man
Exempel, daß adeliche Perſonen das Keller-Meiſter-
Amt bei Hofe verwaltet haben? Pfeffinger macht den
Pötker zum Ober-Schenken. Aber wenn dem die
Aufſicht über den Fürſtl. Keller ſonderlich anvertraut
geweſen ſeyn ſolte, was war denn die Function des
Erb-Schenken? und würde nicht alsdenn der Pötker, Erb-Schenke, Ober-Schenke entweder
einerlei ſeyn, oder der Ober-Schenke und Püt-
ker hätte nur die Stelle des Erb-Schenken vertreten müſſen? Und alsdenn würde ſein Amt vielleicht
auch nicht erblich, ſondern nur täglich geweſen ſeyn.
Und wollte man unter dem Pötker nur einen ſolchen
But-

Butigler verstehn, der die Aufsicht über die Bu=
teln, Trink=Geschirr, Becher, Schalen, und
alles Silber-Geschirr, das zum Schenk-Tisch gehö=
ret, geführet hätte; so gehörte diese Sorge vielmehr
für den Silber-Cämmrer oder wol gar Silber-Diener.

Die Deutung des seel. Köhlers gehet dahin:
Pütken, oder pötken soll in der Nieder-Sächsischen
Sprache so viel seyn, als das Ober-Sächsische Nip=
pen, d. i. ein wenig kosten, ein klein wenig trinken,
eben das, was die Lateiner pitissare, degusta=
re, nennen. Daher wäre ein Pütker ein Wein=
Koster aber doch ein adelicher Beamter, der dem
Fürsten den Wein credenzet. Und da dieses von ur=
alten Zeiten her ein gar gewöhnliches Hof-Amt gewe=
sen; so sei es höchst glaublich, daß der Erb Hof Pü=
tecker den Lüneburgischen Herzogen bei feierlichen Gast=
malen den von dem Mund-Schenken überreichten Wein
zuvor credenzet habe. Diese Meinung scheinet auch
dadurch einiges Gewicht zu erhalten, weil in der Bre=
mischen Stifts=Matricul der Püteker gleich auf den
Schenken folget. Ein rühmlichst bekanter Gelehrter
erkläret sich hierüber schriftlich also: Nach meiner Mei=
nung war der Truchseß der Aufseher über das ganze
Finanz-Wesen des Hofes, (Schlug aber das nicht in
das Offfcium des Erb-Cämmerers?) so wie ehemals
dem Dänischen Reichs-Truchseß, dem Küchenmeister,
als Aufseher über die Victualien, dieselben zur Tafel
geliefert werden mußten, wie denn noch iezt einige
Beamte in Mecklenburg den Titel Küchen-Meister
führen; der Pötker hatte für die Anschaffung alles

Ge=

G:schirres, und besonders der Trink-Gefässe zu sorgen, so wie der Schenke für das Getränke selbst sorg-
te. Der Pötker war also mit dem Oestreichischen
Erb-Land-Hof-Silber-Kämmrer zu vergleichen. Das
Credenzen ist in Teutschland nicht so üblich gewesen,
als in andern Reichen, wo man mehr von Vergiften
wußte. Pötker heisset nach der Natur der platteut-
schen Sprache ein Töpfer und überhaupt einer, der
mit Geschirren umgeht. Püttken kan Nippen
heissen, ist aber auch zugleich der Pluralis von Pütt,
ein Topf, und wird iezt Püttjen ausgesprochen. Man
pflegt einen geizigen Hausvater-Püttjen Riber zu nennen. In Güstrow am Mecklenburgischen Hofe war
im XIV. Seculo auch ein Pötker; es läßt sich aber
die Beweis-Stelle nicht so gleich finden.

Aber in Schomackers Lüneburgischer Chronick
Nro. XXIX. und XXVI. wird ausser den von Estorp
auch der in Ersteigung der Stadt Lüneburg 1371 er-
schlagene Campe von Isenbüttel Pötker genant,
Balthas. Melzing heißt gleichfalls 1395 Pötker, nicht weniger der von Ostorp. Damals waren
ia schon die von Spörken mit diesem Erb-Hof-
Amte belehnet; und wenn erst genante Herren neben
den von Spörken dieses Amt zugleich verwaltet haben,
so müßten auch mehrere Pötker-Amts Geschlechter gewesen seyn. Das ist eben nichts seltenes, daß
zu gleicher Zeit verschiedene Personen, auch von andern
Familien, an eben demselben Hofe einerlei Hof-Aemter
verwaltet haben. Die Vorfahren des erschlagenen
Jans von Campe waren, so weit die Nachrichten

ten zurück reichen, sämtlich in gerader Linie Dapiferi,
Drosten, Küchen-Meister gewesen; aber schon im Anfange des 14ten Seculi, nemlich 1307 war, wie bereits oben in der Anmerkung zum §. 3. des 2ten Ab-
schnitts im 2ten Theile ist angezeigt worden, dieses
Hof-Amt von der Campischen Familie ab, und auf eine andere gekommen; warum aber solches geschehn?
und in wie ferne das Küchen-Meister-Amt mit dem
Pütker-Amte entweder connex geblieben, oder vertauscht worden, so daß dieses da anfängt, wo jenes
aufhört? das ist der Knote, der sich mit allem Nach-
forschen noch nicht völlig lösen läßt. Vielleicht hat der Erb-
Pötker den Theil des Küchen-Meister-Amts verwaltet,
der die Anschaffung der Victualien, Küchen- und
Keller-Geräthe betraf, da hingegen der Erb-Küchen-
Meister die Aufsicht über die Küchen-Bediente geführet hat. Und so können auch wol in mehrern Districten
dergleichen Hof-Pötkers nöthig gewesen seyn; Wie das
aber eigentlich zu verstehn sei? das müssen wir andern zur
Entscheidung überlassen. Diese einzige Anmerkung des
Herrn Geh. Raths v. Praun aus dem oft angezogenen
Mspt. sei mir noch erlaubt beizufügen: es scheine in
der Mitte des XIV. Seculi nicht mehr üblich gewesen
zu seyn, sich von einem dergleichen Hof-Amte zu schreiben, sondern man habe sich mit den andern Zu- oder
Geschlechts-Namen zu begnügen angefangen.

Anhang

Anhang

der Beweise und verschiedener ungedruckter Urkunden.

Num. I.

Conradi Epifcopi Hildefienfis confirmatio refigna-
tae decimae in Gropelhorne, quam Balduinus
Miles de Blankenburg ecclefiae Steinhorftenfi, in
praefectura Giffhorn, ad fuftentationem facerdo-
tis donat.

1244. **C**onradus Dei Gratia Hildesheimenfis ecclefiae Epifcopus vniuerfis Chrifti fidelibus, ad quos hae literae perue-
niunt, in eo, qui falus omnium eft, falutem! Notum
facimus omnibus, tam futuris, quam praefentibus, quod
Balduinus Miles de Blankenburg decimam in Gropelhorne, quam ab ecclefia noftra iure tenuit feudali, in manus noftras libere refignauit - - - Nos igitur eandem
decimam nobis fine quaeftione vacantem, cum facerdos
deferuiens eidem non poffit congrue fuftentari, contulimus ecclefiae Steinhorftenfi, quatenus idem facerdos
confolationem epifcopalem et nos a Chrifto retributio-
nem perpetuam habeamus. Ut autem factum noftrum
nemini reuocetur in dubium, fed euidens fit et firmum,
praefens fcriptum figillo noftro appofito duximus munien-
dum. Huius donationis teftes funt ecclefiae noftrae ma-
ior Praepofitus, Magifter Geroldus, Hildesheimenfis Canonicus de Verierforo, Johannes Dapifer nofter dictus
de Suthem, Conradus de Embeke, Lippoldus de Stok-
ken et alii quam plures. Actum Poppenborg anno
MCCXLIIII. V. Jdus April. Pontificatus noftri XXIII.

Num.

Num. II.

Jordanus Miles dictus de Campe transactionem facit cum Patruo suo, Milite, eoque Alberti Ducis Dapifero de permutandis decimis in Bodendorp et Blekenstede. **1297**

Nos Jordanus Miles dictus de Campe omnibus audituris hanc literam et visuris volumus esse notum, quod cum consensu et voluntate bona heredum meorum permutationem fecimus cum - in Bodendorp et Blekenstede - quod nos cum consensu heredum meorum dedimus directo patruo meo Jordani Militi Dapifero illust. Principis Alberti Ducis in Brunsswich ac Luneb. decimam in Bodendorp cum omni iure pro Decima in Blekenstede c. omni iure - possidendam. Ut autem hec permutatio rata maneat et in mutabilis presentem literam sigillo meo fecimus roborari. Testes vero sunt Johannes miles et Ludolph miles fratres - de Hohenlaghe, Gheuehard miles de Nerechvelde et alii quam plures fide digni. Dat. anno domini MCCXCVII. vi. Jd. maj.

Num. III. ex Archivo, St. Michael. Luneburg.

Anno famulus dictus Druhste dat Domino Georgio Militi, dicto longo dimidietatem decime in Bodendorpe. **1316**

Vniuersis presentia visuris vel audituris. Nos Anno famulus, dictus Drohstete cupimus esse notum. Quod cum consensu et voluntate nostrorum amicorum heredum damus Domino Georgio militi dicto longo dimidietatem decime in Bodendorpe cum omnibus iuribus ac pertinenciis, sicut ad nos spectat, et si indiget, ipsi plenam Waradiam prestabimus & consuetam. In cuius rei testimonium sigillum nostrum presentibus duximus apponendum. Dat. in Bodendike anno Domini MCCCXVI. in festo omnium sanctorum.

Num. IV.

Jordanus Miles Dapifer, senior donat Monasterio S. Michael in Luneborg dimidietatem decime in Bodendorpe. (ex eodem Archivo.) **1319**

Vni-

Vniuerfis Chrifti fidelibus prefentia visuris feu audituris, Ego Jordanus miles dapifer fenior notum effe cupio. Quod Fridericus Pafteke cum fuis fratribus et ipforum progenitores dimidietatem decime in Rodendorpe dudum a me et a meis progenitoribus iure poffederant pheodali. Cum igitur dictum ius pheodi fit ad me folum et ad meos heredes legitimos deuolutum, Ego confenfu et ratihabitione omnium heredum legitimorum meorum prefatum ius propter deum et ad Inftantias proborum virorum contuli Abbati et conuentui Monafterii S. Michaelis in Luneborg perpetuis temporibus poffidendum. Ut igitur hec mea donatio propter falutem anime mee et parentum meorum rationabiliter facta firma perfeueret et inuiolabilis figillum meum coram pluribus clericis et laicis, militibus et famulis fide dignis prefentibus eft appenfum. Datum anno dominice incarnationis MCCCXIX. v. Kl. Augufti.

Num. V.

1330 Anno Dapifer filius Domini Jordani totalem decimam quatuordecim manforum ad curiam ipfius in Ysenbutle pertinentium vendit Conuentui Monialium in nouo Ysenhagen.

In nomine dei Amen. Ego Anno dapifer dictus de Kampe filius dni Jordani dapiferi felicis memorie ad ppetuam noticiam omnibus, quibus prefens fcriptum oftenfum fuit cupio pervenire, quod totalem Decimam quatuordecim manforum ad curiam meam in Yfenbutle pertinentium vendidi in ppetuum pro decem octo marcis in pfolutis Dno Wafmodo prepofito et Conuentui fancti monialium in nouo Yfenhaghen cum omnibus fuis vtilitatibus et fructibus ac iuribus vniuerfis tam in campis quam in agris ppetuo poffidendam. et renuntiaui expreffe et renuntio per prefentes omni vtilitati et Juri quod m in predicta decima qualucunque et vndecunque in campis agris et filuis competebat et competere potuiffet in futuro.

taro et promifi fide data et promitto per prefentes Dno.
Prepofito et Conuentui predictis quod volo eos ab omni
impetitione fi quidem ipfis ab aliquo mouere contigit de
predicta decima legitime disbrigare et indemnes confer-
uare quandocunque id a me fuerit requifitum. Ad quod
faciendum et fideliter complendum me ipfis obligo prefentibus literis figillo meo et figillis amicorum meorum
Dni Rodolphi militis de Garslebutle patenter
et firmiter communitis. Huius rei teftes funt prefati omues
qui figilla fua huic pagine appofuerunt et Widikindus
dictus de Garslebutle, magifter Conradus, vicarius apud fanct. Blafium in brunswic, Ludolph dictus
de Withinge et filius fuus Johannes et alii quam
plures fide digni. Datum anno domini millefimo trecen-
tefimo tricefimo pridie Kalendas Marcli.

Num. VI.

Kauf Brief wegen des Zehenten zu Bodendorpe,
den Heinrich und Jordan von Campe mit Con-   1344
fens ihrer Brüder an die von Guftede verkauffen.

We Hinric unde Jorden Brudere gheheten vamme
Campe bekennen openbare in desme breue vnder vfen
ynsheghelen. Dat we hebben vorcoft - - den brüderen.
van. Guzstede un eren eruen de lenwere des tegheden
to bodendorpe met willen vn met volbort vser bruder
vn vser eruen - - also vfe vader en vs gheeruet heft. Vn
scolen en des eyn recht were wesen wor se des bedoruen vn begherende sint. Vort mer tu eyner beteren
wisneheit we Bertram Ludolf vn Cunrat brudere
vamme campe bekennen des indesme suluen breue
dat desfe cop desfes tegheden is gheschin met vseme
willen vn volbort vn willen vsen brudern hinrike vn
Jorden helpen rechte were wesen vor Jordene vseme iunsten bruder vn vsen eruen vn wor de van
guzstede des bedoruen. Dat desfe rede ewigch vn vn-
vorwandelt scal bliuen - des hebbe we vse ynshesheghele

Ee   laten

laten ghegheket an desſen bref na godes bort druteyn
hundert iar in deme ver vn verteghesten iare in der we-
ken vor sunte viti daghe.

Num. VII.

A ſchwins van dem Kampe Verkauff-Brief.

1345 Ek Aſchwin van dem Kampe bekenne openbariken
in duſſen breue alden de duſſen Bref ſen odder horen
dat ek hebe vorkoſt J ane van Garsnebutle vn ſinen
brodern Bertolde vn Jurieſe vn Koleue vn eren
rechten Eruen enen hof in deme Dorpe to Eſſenrode
met aller nut alſo ekene vore hadde an Dorpe an Velde
an hoſte an weyde, deſſen vorbenomenden Houes wil ek
ere rechte were ſin vor allerleye Anſprake vn dat duſſe
ding en ſtede vn vaſt gheholden werde ſo hebe ek en duſſen bref beſeghelt mit mineme ynghefegle, duſſes vorbenomenden Kopes des ſint tughe Gunſelin Droſte iunge We-
dekint van Garsnebutle vn lippolt Boterek vn ſin ſone
Lippolt. Deſſe bref is ghegheuen na der bort ghoddes
duſent iar vn drehundert iar in deme viue vn verteghe-
ſten iare des donnerdaghes na mit vaſten.

Num. VIII.

Heinrich und ludolff Brüder von Wenden verkaufen
1350   an die von Gersnebüttel 2 Höfe zu Iſenbüttel.

We Hinrik und Ludolff brodere gheheten van Wenden Knechte ichtes wanne hern Hinrikes ſone van Wenden redderes bekennen openbare in diſſen ieghenwor-
dighen breue vor alle den di ene ſen ider leſen, dat we
mit gudem willen hebben verkofft to rechtem Kope Lu-
degere deme Drozten vn J ane vn Bertolde van
Garsnebutle broderen vn eren eruen twene houe in
dem dorpe to Yſenbutle, vn eynen hof in deme dorpe
to Kaluerlaghe, vn eynen hof in deme dorpe to Allers-
butle - - - des einer betughinge - ſo hebbe we en diſſen bref gegheuen, de beſeghelt is mit vſen ingheſeghlen
vnde is gheschen na ghoddes bort Duſent iar drehundert
                                                        iar

Iar in deme viftigheften iare des anderen Sundaghes in
der Vaften wanneme finget reminifcere.

Num. IX.

Refignatio decimae in Jfenbüttel. 1368
Deme edelen Vorften vnfeme gnedeghen heren hertoghen Alberte hertoghen to Brunsw. un ouer Wold - -
Jan, Anne un hans brodere ghebeten van deme
Campe ere un deneft to allen tyden berede - - de lenware des teghenden des landes dat to deme houe to
ysenbütle hort un ouer alle land dat to ten houen höret
de den van Garsenbütle weren, de we van juwen Gnaden hadden to lene de gheue we gik up to des clofters
hand to ysenhaghen un bidden gik denftliken dat gi de
lendere des teghenden der vorbenomeden Stücke en willen eshenen dorch God un vnfes Denftes willen weret
dat gi des nicht en deden so en is vnfe up send - -
nicht. In eyne betüghniffe deffen vore fcreuenen - -
fo hebbe vnfe inghefeghele ghehenget an deffen bref
dat. in anno domini MCCCLXVIII in die - - virginis.

Num. X.

Schenkungs-Brief wegen einer Mühle an die Kirche
zu Steinhorft.

Wy Henrick vnde Wyger brodere geheten van 1372
dem Kampe bekennen openbare in diffen breue vor uns
unfe erven unde vor allesweme de enne seen edder hören lefen dat wy dorch vnfer Oldern unde unfer Zele
Zaleheit geuen dem Ridder funte Gürgen der Kerken tor
fteinhorft unse Queren Molen darfulues vnde eyne katen
darby vnde alle dat dat to horet in velde in wischen un
myt aller gerechticheit nütte, vnde tinse syner Kerken
vnde dar nene ansprake mer an to doende wy vnde alle
vnse Eruen de nu rede gebaren fint vn noch gebaren mo-
ten werden, dat loue wy vorbenompte Broders den Ritter funte Yurgen Stede vn vafte to holdende vnde fodane
molen nicht wedder to eschende sondern ewichliken by

ſunte Yurgen to blyuende. Dat alle unſe Olderen un alle
unſe Eruen Zele mogen delhaftich werden der guden
Werke de dar ſcheen an ſyner Kerken an Miſſen Beden
an allen guden Weiken to den leuen Gade to bedende
düſſer· nñlden Gauen eyner getuchgeniſſe hebbe wy
vorgemelten Broders vnſe ingeſegel wittliken an duſſen
Brefft heten hengen na Chriſti unſes heren Gebort drit-
teinhundert in dem twe vnde ſeuenegſten Jare an dem
hilligen Dage ſancti Gegorii des hilligen Marteleres.

Num. XI.

1261
1302

Arnolds von dem Lohe Stifftung einer Capelle zu
Bordenau.

Ick Arnold von dem Lohe bekenne vor my un mine Eruen de ſe ſind un hernahe to ewigen Tiden wäſen
möget, dat ik hewwe tho dei Ehre der Moder Gcddes
eine Capelle tau der Bordenau gebawet un einen Vicarien darin beſtellet, dat dey ſchal vor mine Seele aller
miner Vorfahren un aller miner Naſolger Seelen alle tit
den leſten Fritag in Monate ock tau dey ver Tjede alle
Feer tage firen un vor uſer aller Seelen Vigilien un Seel
Meſſen leſen in Andacht eine Stunne des Tages tau der lewen Moder Goddes Been un dat uſe Seelen in den Him-
mel genommen un nich gepeiniget wäret. davor ſchal
uſe Vicarius einen frien Hoff un drey Haufe Lannes un
TeinFeuer Grases Teget un Schatt frieen-hewwen darto ok
einen Garen von veir Acker Lannes, dat hewwe eck von mi-
nen ſchlote tau der Bordenau in dei Ehre de Moder Goddes
gegewen, ock ſchallen un willen mine Veddern to Luch-
huſen dei Capelle ohnbegifftet ſich laten. Dagegen
ſchal uſe Vicarius wen wie det begehren, bowen dei
Tien us Vigilien un Miſſe leſen un wen dei verſtarfft
oder aſtöge ſau ſchal hei dat Lehn mit 20 Rienſchen Gul-
len verbetern un ſolckes bi der Belehnung anlowen. Wo
den dat Herr Dirick Polle den ick tom Vicarien beſtellet
angelowet hefft un dei Kranken to beſeucken un ober ſei

dei

del Miffe to hoblen nicht verwegern ſchal un wat tau
einen truen Vicarien mebr hört. Duſſen Breiff heff ick
verſegelt in Jahr MCCCII. an des hilgen Marterers Ste-
phans Tage.

Num. XII.

Arnolds von Dom geheten von Campen Donation 1306
an die Capel e zu Bordenau.

Ick Arnold von Dom anders geheten von Campen,
Dircks Sohn eines Ridders bekenne und betüge mit
düſſen Brefe, dat ick in dei Ehre der hilgen Marien bi
miner Veddern Capelle to der Bordenau geuen heffe
eine Huſe Lannes oſtwerts belegen. Davor ſchal der Campen
Vicarius Mi un Herr Dircken un Gotſchalk von
Campen to alle vier Tien eine Miſſe ſingen un ſune
Naſolger dei Haule Lannes Schat un Teget frie hewwen,
aſſe ick un mine Erwen ſei alletit Schat un Teget frie
hat hewwct. Dat to der Nachrichtung hewwe ick min
Jngeſegel an cüſſen Breif hanget, dat ſchein is in Jahr
1306 am St. Thomas Tage,

Num. XIII.

Auszug aus Lindenblatts geſchriebener Chronick in dem 1391
conttnuirten gelehrten Preuſſen 1725. p. 36. 47.

Anno Domini XC. primo (1391 uff deſſe Czit wart ge-
köpt zu Dompnow Her Otto von Kampen, der
eyn gewonet apt was von Lünenburg vor ſenthe Michael,
der hatte eyne ſin herſchafft das nymant wuſte woler
was gebleben, unde was lange Czit zu Pruſſin geweſt
mit dem Wibe, und als her von erſten quam yn dat
Lant, do wart her Glockner czum Tyrgarthen und
wart dornach hoffemeſter czu Merckelshofe unde - -
- - dornach czug her ken fredelant vnde
melczte und arbeite als ein arm Man vnde hatte eyn ey-
gen buſs do gekaufft vnde kauffte deme kompthur von
Brandenburg getreide yn als ſin diener, und uff eyne
Czit als Got nicht lenger vorhengen wolde, vvoren geſte

Ee 3   in

in deme Lande den is vormelt vvart, die hulffen im zu
dem tode, das her gericht vvart als her vvart funden.

Num. XIV.

1573   Copeil. Auszug aus einem Fürſtl. Vertrage auf die
Kirche zu Bordenau, so Herz. Erich und Lulff
von Campen eigenhändig unterschrieben.

Betreffendt die Capelle zu Bordenau, wiewohl Lulff von
Campen Vorfahren Sehl. dieselbe lange zuvor, auch ehe
weyl. unser Seel. geliebter Herr Vetter (Vater) Hochlöbl.
Gedächtniß den Poggenhagen unter andern derer von Campen Güther in Siß bekommen, nicht verliehen; jedoch weil
er gleichwohl darüber ießo seine Gerechtigkeit mit unverlezten
Siegeln und Briefen dargethan, sich auch in andern Puncten
aller Schicklichkeit erbothen; so haben wir solche Gelegenheit und seine Unterthänigkeit angesehn und ihm hinwieder
solch sein ius conferendi mit Gnaden eingeräumt und über-
geben, thun auch solches hiemit vor uns und unsern Erben
und Nachkommen dieser Gestalt, daß er den ießigen von uns
dahin präsentirten Pfaar Herrn alba unentseßet will bleiben
laßen, doch ießo von demselben seine habente präsentation
empfahn und dagegen ihm seine inveſtituram mit theilen und
geben - - - und also ferner bei uns und unsern Erben das
ius confirmandi in alle Wege stehn und beruhen soll, ohne
alle Gefehrde. Anno 1573. d. Febr.

                Herzog Erich
                Lulff von Campen?

Num. XV.

1291   Otto Dei gratia Dux de Bruneſwic et dominus in
Luneborg omnibus has literas inſpecturis ſalutem in domino. Quia neceſſarium eſt ut acta preſentium ſcriptu-
rarum teſtimonio perhennentur ne cum curſu temporis
a memoriis temporum evaneſcant. Igitur nos recognoſcimus volentes rationabile factum noſtri dilecti domini
Hartvvici prepoſiti et totius ſui conventus in Medinghe
ad noticiam poſterorum peruenire quod nos habito Con-
ſilio

filio dileƧi noſtri patrui venerabilis domini Conradi Verdenſis Epiſcopi et noſtrorum confiliariorum cauſa utilitatis noſtre eidem prepofito et ſuo conventui unum chorum fal's & dimidium chorum falis in falina Luneborch in domo Montſinghel in quolibet flumine tollendum refignauimus pro aliis bonis equiualentibus in diƧa falina titulo permutationis in perpetuum poſſidendum nobis heredibus et fucceſſoribus noſtris michil iuris in eisdem referuantes. Preterea Warandiam et defenfionem diƧorum bonorum in perpetuum preſtabimus ecclefie memorate. Et ut hec diƧo prepofito et fue ecclefie pariterque fuis fucceſſoribus a nobis heredit us fucceſſoribus confiliariis aduocatis noſtris inuiolabiliter et perpetualiter obferuentur. Nos et noſtri Confiliarii infra ſcripti fcilicet Thydricus de Monte aduocatus noſter Gheuehardus. Heynricus fratres de Monte. Wernerus de Medinghe Marefcalcus noſter Thederic. de Altene. Boldevvinus de Bodendike fidem preſtitimus manualem, nos etiam Conradus verdenfis ecclefie epifcopus fecognofcimus publice proteſtantes quod prefentialiter interfuimus permutationi jam prediƧe habite inter ecclefiam medinghe et illuſtrem principem Ottonem patruum noſtrum ducem de Brunefvvich, ad evidentiam huius faƧi figillum noſtrum ad prefentem literam figillatam figillo eiusdem patrui noſtri Ottonis duximus apponendum. AƧa funt hec anno domini MCCLXXXXI. in die fanƧi Viti prefentibus viris honeſtis et difcretis.

Num. XVI.

Boldevvinus. Wernerus. Johannes. Boldevvinus diƧi de bodendike omnibus falutem in falutis autore. Ad noticiam peruenire uolumus tam ad prefencium quam ad futurorum Quod nos pari confenfu et bona voluntate quidquid iuris in decima uille hasle habere dinofcimur ecclefie fanƧe marte nec non fanƧi mauricii in medinghe donamus propter deum per prefentes literas libere refignando, ut autem noſtra donatio uoluntaria

1286

taria

224

taria maneat ftabilis et inconuulfa noftris figillis duximus
confirmandam. acta funt hec An. Domini M. CC.
LXXXVI. hartvvico præpofito eandem ecclefiam procurante.

Num. XVII.

1317 Ex I. H. Büttneri collectione virorum cum clericorum tum
laicorum nobilium et ignobilium, qui teftes adhibiti fuere
in Diplomatibus antiquioribus. (Ex Copiario Monafterii
Ebbekeftorpenfis).

N. 24. Albertus Bokmaft et Johan Wreftede milites Dietericus Bokmaft et Hinricus Ottersleue famuli atteftantur quod Ermegardis Conradi iunioris de Boldenfen
famuli uxor Dn Henrico Praepofito et Conuentui Ebftorfienfi dotalitiam fuam (Leibgebing) quae fuit curia in villa
Bolzen cum 3 m denar. Luneb. et 9 menfuris filiginis
cefferit praefentibus Ottone von der Schulenburg feniore
Henning van Badendik Ioh. Bockmaften famulis
Bernhard Brufchen Johanne Stein Bernhardo Vilters Frederico van Roderfen Confulibus Urbis Ulleffen.

N. 37. An. 1318. in die b. Martirum Thebæorum
Johannes de Melzing fenior Johannes et Henricus fratres b. Hinrici v. Melzing Equitis filii vendunt Nicolao
Praep. et Conv. Ebftorf. Curiam etc. in Eftorpe cum omnibus attinentiis pro 55 marcis denariorum Luneburgenfium manuali fide praeftita a Fred. Spörken, Johanne de
Merica Bukmaft, Bernhardo et Hinrico de Remftede,
Henningo van Badendick

N. 50 Henning, Anno, Conrad, Baldevvin et Werner fratres de Badendicke beati Werneri Equitis filii donant Monafterio Ebftorff villam Lindedhe propterea
quod forores fuas Margaretam et Gyfelen affumferant in
Monafterium. Anno 1320 in craftino B. Jacobi apoftoli.
Praefentibus Johanne v. Badendick patruo eorum, Wernero, Conradi fenioris et Warnero Conradi junioris de
Bol-

Boldenfele et Annone et Baldewino patruelibus eorum, et tandem Johanne de Badendick.

N. 102. Johannes et Henricus fratres de Meltfin-
ge, filii domini Henrici quondam militis dicti de Melt-
zinghe permutationem faciunt cum Domino Nicolao Praep.
Ebftorfienfi unius Curiæ in Ebftorp antiquo, quam inhabi-
taverunt et 2 cafarum ibidem etc. pro 3 curiis in Retfin-
gen cum decima totali earundem &c. et promittunt ho-
neftis viris et famofis Dn. Prepofito jam dicto et Dn. Sege-
bando a Wittorp et Dn. Wedekindo Protonotario etc.
cum compromifforibus Ioh. de Meltfinghe patruo ipforum
et Bernhardo de Remftede avunculo nec non et Johanne
Wrefteden famulo Boldewino de Bodendicke
Thyderico de Eldinghe Dat. 131S. in Oct. pafchæ.

N. 153. Anno, Boldewinus et Werner fratres, Iohannis Equitis de Badendike filii cum confenfu patris
fui vendunt Nicolao Praep. Ebftorf. 8 curias in villa Stadorp cum omnibus juribus inprimis Advocatia &c. pro
285 Marc. denar. Luneborgenf. warandantibus avunculis ipforum Wernero, Conradi fenioris, et Wernero,
Conradi junioris filiis, Equitibus, v. Boldenfele.

N. 154. Henningus eques et eius filii Anno et Boldewin famuli de Badendick vendunt Hildemaro de
Odeme 7 curias in villa Stadorp ad aquam Swinow pro
140 marc. Luneb. denar. fub conditione reluitionis An.
1320 feria 3 poft diem Palmarum. Compromiffores
funt vvernerus de Boldenfele, Ioh. de Merica
ad manus Henningi &c. fupradictorum uti et Dni Gode-
fridi militis, Gevehardi et Gerhardi dictorum de Odem et
Thyd. dicti Gyz famulorum.

N. 155. Iohannes de Badendik miles cum
confenfu filiorum fuorum Annonis, Boldewini, et Warneri vendit Præpofito Nicolao et Monafterio in Ebftorp
Curiam in Stadorp Ao. 1321. in die S. Ioh. Bapt.

$$\mathfrak{F}\mathfrak{f}$$ N. 163.

N. 163. Anno et Boldewin fratres, Iohannes de Badendick militis filii cum confensu patris, et fratris Werneri vendunt Nicolao Praepofito et Monaferio in Ebftorpe 3 Curias in Wefterweynde: compromifforibus Dn. Ioh. de Badendick, nobili viro Dn. Conrado v. Boldenfele et Bardamo de Knefebeck &c. Anno 1317 die B. Nicolai.

Num. XVIII.

1371   We Wedekind Ludingher und Sander deffulven Wedekindes Sone alle gheheten van Garfenbutle Knapen bekennen openbare - - dat vve mit endrechticheyd und mit vulbord alle unfer eruen vorkopen to eyneme rechten evveghen Kope unfen groten Sedelhof in deme dorp, to Edzenrode mit twen Kempen uppe deme woften Velde daran fin twene und drittich morghen landes teghet vry by der Suderwifch twene und dryttich morghen landes teghet vry uppe deme Dyftel Kampe twolf morghen landes teghet vry. und uppe deme herze campe twintich morghen landes teghet vry de Suderwifch de Stummelwifch und ver deyl in der deylwifch. und de Syuerde wifch un wat dar to horet und dat holt bouen deme herze Campe dat holt twiffchen deme woften Velde und deme Dyftel Kampe dat holt bouen deme vvoften Velde und twene Achtword in deme Kleye und mit aller nut und rechte im Dorpe -- Alfe wy one befetten hebben zoweliken wente an deffen dach und unfe Vader gheeruet heft Jane vamme Campe ver Yifeben finer hüf-vrowen und eren eruen un on to trüwer hand Pardeng vamme Knefebeke. Otrauene van Wenden und Han fe vamme Campe vor dre und drittich lodeghe Mark Brunfwiker wichte und witte de uns rede deghere un al betalet fint, ok fcholle we und willet on helpen to den herem was we moghen dat id on ghelepet werde. vortmer do we, Afn ftichte van deme Gode dat we und alle unfe eruen reyne Anfprake dar mer an hebben fcholen -- Datum Anno Dni. M.CCC.LXXI. in octaua Epiphanie Domini.

                       Num.

Num. XIX.

Ego Jordanus Dapifer ad notitiam vniuerfo- 1291
ram volo pervenire quod filiis nobilis viri Annonis de
Heimborg pie memorie quondam commorantis in Tzellis
videlicet Henrico Herwico Conrado et Annoni dimifi decimam in Lufge decimam in Rideslo Decimam in Havec-
horft et Decimam in parvo Helem fub hac forma ut dictas
Decimas poffideant eo iure quo avus ipforum Henricus
miles de Oefingen clare memoriæ ipfas poffedit temporibus vitæ fuae. Nihilominus ipfos remitto ad Nobilem
virum Ottonem Comitem de Welpia a quo dictas decimas in pheodum tenui ut ab eodem inpheudentur de decimis memoratis. Huius rei teftes funt Baldewinus de
Wenden, Henricus de Wenthen, Johan de Efcherte, Henricus Hohurft, Kanno milites ac Ludolphus Honhorft.
Ad cuteam abundantem figillum meum duxi prefentibus
apponendum. Datum Brunfvig An. M.CC.XCI. XII.
Kal. Augufti in die B. Praxidis Virginis.

Num. XX.

Nós Jordanus Miles et Marfchalcus de Cam- 1252
pis et Henricus de Campis et Bodo de Campis 1292
fratres. Uniuerfis notum effe volumus per prefentem
litteram roboratam appenfione figilli noftri nichilominus
proteftantes quod nos reliquimus filiis domini Annonis
de Heimborg beate memorie quondam commorantis in
Tzellis videlicet Henrico Herwico Conrad Annoni decimam in Lufge et decimam in Ryderle et decimam in Ha-
vechotft et decimam in parvo Helen eo iure quo Henricus miles de Ofinge habuiffe dignofcitur ipfos quidem
fupradictos filios domini Annonis nos remittentes quo
etiam Dn. Jordanus Dapifer remittet ad Dominos noftros qui
porrigunt decimas memoratas. Teftes vero huius rei funt
Dni Johannes miles de Efcherde, Ludolfus de Hohnhorft dat.
An. Inc. Dn. MCCXXXXXII. Kal. Aug. in die Praxedis Virg.

Ff 2   Num.

(Diese und die vorige Urkunde stehen schon in Pfeffing. Br.
ælin. Hift. II. 1064. Aber die Jahrzahl scheinet nicht recht angegeben zu seyn, und muß wol 1292 heissen.)

Num. XXI.

Bernardus et Adolphus Comites de Dannenbergk.

1245 Ne quod rationabiliter gestum est dubium fiat uel oblitioni forsitan deleatur non inutiliter scripti memoria et lingua testium introducta est. Noverint igitur presentes pariter et futuri quod nos intuitu remunerationis eterne nostrorum in remissionem peccatorum jus pheodale quod de Isenhagen habuimus pro petitione Domini nostri Ottonis Ducis in Brunswic in manus ipsius ad edificandam domum monachorum Ordinis Cysterciensis resignavimus liberaliter et libenter et hanc resignationem in monasterio Ulleffem publice nos fecisse presenti littera et sigilli nostri testimonio profitemur. Huius rei testes sunt Conrad. Comes de Welpe. Conrad de Haldenstede, Geuehard de Moldessem Nobiles. Johannes de Bodendick, Otto Magnus de Luneborch et Wernerus de Zwerin fratres, Winandus advocatus de Cellis. Ministeriales nostri et alii quam plures acta sunt hec Anno MCCXLV.

Num. XXII.

1303 Nos Otho dux de Brunswich et de Luneborgh recognoscimus in his scriptis quod cum karissimis avunculis nostris Alberto et Erico ducibus Saxonie unionem concordiae inivimus sub hac Forma quod a festo S. Michaelis proxime nunc venturo ad triennium propter nullam causam nec propter aliquem erimus inimici nec aliquod damnum vel periculum eisdem de Terra seu munitionibus nostris in quantum precavere poterimus ab aliquo fieri permittemus. Ut autem hec premissa firmiter observentur. Nos una cum militibus infra scriptis promisimus fide data videlicet Gevehardo et Henrico de monte Wasmado de Knesebeke item Johanne et Wernero de Bodendike militibus et Domino Henrico de Wendhem item Ottone Barvot, Henrico Ryben Wemerode Mudinghe Gerhardo de Odem et Conrado de Estorpe militibus promisimus etiam premissa fide quatuor millitibus supradictis Geuehardo scilicet de monte Q. Scachen Hinric.

sico de Parkentin et Walmodo de Knesbeken firmiter
obfervare quicquid fuper omnibus caufis inter nos venti-
latis five ventilandis ordinaverunt faciendum. In cuius
rei teftimonium figillum noftrum prefentibus eft appenfum datum Eyslinge Anno gratie MCCCIII. in die omnium fanctorum.

Num. XXIII.

Nos D. G. Otto Dux Brunfwicenfis et Luneburgens.   1290
recognofcimus prefentibus publice proteftantes quod Ho-
nefto viro Henrico de Veltzftede Civi Brunfwicenfi et
fuis veris heredibus vendidimus et dimifimus pro centum
et quinquaginta marcis puri argenti ponderis Brunfvicen-
fis duos Choros falis omni flumine in fulta [Luneborg In
quatuor fartaginibus fitis in domo que dicitur Volquar-
dinghe iure hereditario perpetuo poffidendos Ita ut ipfe
fuique heredes legitimi hiis iugiter fruantur bonis eo Iure
quoad Nos pertinebant, nullos enim de hiis cenfus dabi-
tur feu exactio aliqualis, Praeterea fi nos quod abfit
contigerit cum dilectis noftris Patruis Ducibus de Brunf-
wich feu cum quocunque alio difcordare nichilominus
idem Hinricus aut fui Heredes dictorum reddituum pro-
ventus recipient omni impedimento procul moto. Si
vero defectus quis dicto Hinrico aut fuis Heredibus fub-
ortus fuerit in premiffis pro ipfo fubplendo nos una cum
noftris Militibus Infra feriptis domino Eckardo de Boyzeneborg Domino Wernero de Medingh Domino Afwi-
no de Saldere ad octo dies prehabita monitione Tfellis In-
trabimus inde non exituri donec dicto Henrico aut Heredibus de defectu huiusmodi fuerit fatisfactum. Idem
Dominus Thidericus de Altben Honouere iacebit Das
Thedericus de Walmoden intrabit Lichtenberg aut Indaginem Dn Ludolphus de Cramm Hildenfen Lichtenberg aut
Indaginem Dn. Boldewinus de Bodendike Vlleffen
aut Bodendike intrabit Dn. Ghevehardus & Dn Hinricus de
Monte dicti Luneborg intrabunt obftagio ad iacendum.
Dicti vero milites noftri quamcunque iftarum munitio-

Ff 3   num

num primitus ingreſſi fuerint litte non extent cendo dicto
Henrico aut ſuis Heredibus fuerit plenarie ſatisfactum.
Adicimus cum hoc quod ſi preſcripta bona reemere de-
crevimus a proxima feſto nativitatis S. Johannis Baptiſte
dehinc ad annum infra tempus illud hec reemere poterimus pro preſcripte peccunie quantitate. Hec autem
omnia quemadmodum ſunt prenotata ſepedicto Henrico
et ſuis Heredibus ſervare inviolabiliter promiſimus fide,
data una cum noſtris militibus prenotatis hiique Milites
ſunt huius rei teſtes. In evidentiam etiam pleniorem
prenominato Hinrico preſens contulimus ſcriptum noſtri
ſigilli munimine roboratum. Datum Luneburch Anno
Domini MCCLXXXX in die Palmarrm.

Num. XXIV.

1263 Dei Gratia Albertus et Johannes Duces de Brunef-
wik omnibus hoc ſcriptum cernentibus ſalutem in Domino, recognoſcimus tenore preſentium quod cum nos
gravati multis debitis peteremus dilectos burgenſes noſtros in Luneborch et alios Bona in Salina noſtra ibidem
habentes ut in ſubſidium ſolutionis debitorum noſtrorum
quatuor marcas puri argenti de ſingulis ſartaginibus Nobis darent ſine quorum adjutorio a tam gravi debitorum
onere non poteramus abſolvi quia nos dictos Burgenſes
noſtros qui nobis ſicut et noſtris Progenitoribus ſemper
benevoli in Neceſſitatibus extiterunt in admiſſione huiusmodi petitionis noſtre voluntarios invenimus et paratos
ut ipſi nobis dictam ſummam favorabiliter exſolverunt.
Nos eis deinceps parcere volentes talem ipſis eorum exi-
gente benevolentia concedimus libertatem quodſi Nobis
impoſterum incumbat ſimilis neceſſitas talis petitio ſive
exactio hactenus inaudita contra ipſos nec per nos nec
per Fratres noſtros attemptabitur ullo modo. Ut autem
hec libertas a Nobis conceſſa dictis Burgenſibus noſtris
rata impoſterum et firma permaneat preſens ſcriptum ſi-
gillorum noſtrorum appenſione munitum ipſis dari juſſi-
mus

mus ad cautelam. Huius rei-teftes funt. Conradus de
Dorftat. Luthardus de Meinerfen. Nobiles. Baldcwi-
nus de Campo. Baldwinus de Wenethen; Henricus
de Wreftede. Jordanus Pincerna nofter. Fridericus de Nendhorpe. Heinricus de Heinborch.
Heinricus de Borchdorpe. fideles noftri Otto magnus.
Hunerus de Odem. Wernerus de Medinge. Ecgehar-
dus Scacko. Lippoldus et Tethardus fratres de doren.
Fredericus de Moyle. Otto de Boyzeneborg. Euerardus
de Odeme : fideles noftri. Item. Gherardus nipere. Hogerus de promerio. Ricbernus Bernardus Sabel. Godchar-
dus. Volcmarus de noue foro. Wicbernus Paron. Hoie-
rus Stufe. Johannes Todonis. hogerus albus. Lodinge-
rus confules. et alii quam plures. Datum Tfellis per
manum prepofiti hinrici. Anno dni M. CC. LX. III. in die
beati vitalis.

Eben diefe Zeugen find in einem gleichlautenden Documente der Herzoge, Dat. Lubeke Anno Dni. M CC
LXIII. in octava apoftolorum petri et pauli. Es ift
daffelbe in des Herrn Hofrath Jung Abhandlung de
iure falinar. fylloge Docum. fect. II. n. V, p. 80. feq.
aus dem Original angeführet.

Num. XXV.

In nomine fancte et individue trinitatis. Mechtildis 1267
dei gratia. Duciffa de Brunefwich omnibus in perpetuum. Quia diutina temporum vetuftas rerum geftarum
obliuionem inducit multoticns et errorem confultum uti-
que fore nullus ambigit fane mentis ea facta quorum memoria utilis eft, et neceffaria priuilegiorum teftimonio
confirmari. Prefertim, ut quod rationabiliter ordina-
tur a prefentibus non poffit a fubfequentibus irritari.
Omnibus igitur tam prefentis, quam futuri temporis, fidelibus, volumus effe notum, quod dilecti burgenfes
noftri in Luneborg, diligentes honorem ac libertatem ci-
uitatis ipforum multis nobis petitionibus inftiterunt, ut
étiam

etiam fummam pecuniae acceptaremus et daremus proprios homines noftros, quoscunque in ipfa ciuitate Luneborg haberemus, a proprietate liberos et folutos.
Nos itaque cum rationabiles eorum preces femper exau-
dire in omnibus, que honorem ipforum refpiciunt inten-
damus, ad petitionem eorundem Quinquaginta marcas
argenti acceptantes, de pleno filiorum noftrorum, Alberti. Johannis et Ottonis. et filiarum noftrarum confenfu, vniverfos proprios homines. tam mafculos, quam
feminas. quofcunque modo eos, fiue ratione patrimonii,
fiue ratione aliorum bonorum noftrorum in ciuitate Luneborg manentes habemus, filios quoque et filias ipforum fi quos progenuerint, nec non et omnes eorum fuc-
cefſores, ab omni fervitute et proprietate, liberos dimit-
timus et folutos. dantes eis per omnia et perpetuo inte-
gram libertatem, ita quod nec nos, nec filii noftri. nec
filie noftre. neque aliqui fuccefſorum noftrorum, quicquam
juris, in ipfis de cetero habeamus. neque in hervveda. neque
in Rade accipienda nec in aliquibus bonis ipforum, fed tota-
liter liberi fint a nobis. Ne igitur hec donatio libertatis, a
nobis publice celebrata, ab ullo heredum, vel fuccefſorum noftrorum, mutari valeat vel infringi prefentem pa-
ginam inde conferiptam in augmentum fidei et teftimonium veritatis, figillo noftro, fecimus roborari. Huius
rei teftes funt. Olricus Comes de Regenftene. Ludolfus. Comes de Halremunt. Borchardus Comes de Wol-
denberge. Hermannus nobilis de Werberge. Ecbertus
de Afſeborgh. Hanno de Heynborg. Baldewinus de
blankenborg. Anno dapifer nofter. Henricus
Grubo marfcallus nofter. Herwicus camerarius nofter.
Fredericus de Esbeke. Heino de wenden. Gheuehardus
de borffelde. Otto magnuf. Gherhard de Doven. W. de
Medinge. Gheuehardus iuuenis. Otto de boyceneborg.
Seghebandus et Luderus fratres de monte. Manegoldus
et Alardus fratres de Eftorp. Segebandus de Marbolde-
ſtorpe.

:ſtorpe. Nicolaus Aries. Theodorus de Area. Euerardus
-de Odem. Seghebandus Aduocatus noſter. Milites. Burgenſes vero Nicolaus de Lubec. Hoygerus de pomerio-
Jordanus. Gherardus, filius Lamberti Nyperl. Herman-
·nus iuxta cimiterium.· Lambertus inſtitor. Waſmodus.
Ludwardus, filius Cleri. Bertramus Monetarius. Gerber-
tus Iohannis Todonis. ·Ricbernus. Bernhardus et Abel.
Volcqwardus. Johannes ſartor. Johannes Lamberti. et
·frater eius Nicolaus. Iacobus et Johannes filii Jacobi.
Ludingerus. Olbernus. Fredericus auriſaber. Leonardus.
·Florentius et alii quam plures viri probi et honeſti. Da-
-tum Luneborg. per manum Iohannis notarii noſtri anno
dominice incarnationis. ·M. CC. XL. VII. die vitalis.

Aus einer gleichzeitigen, und im XV. Jahrhunderte
collationieten Copey.

Num. XXVI.

Wy Hinrick van Godes gnaden Hertoghe to Brunſ-   1 388
wik vnde to Luneborch. Bekennet openbare in ceſſen
breue vor alles weme dat wy twyſchen nu und paſchen
negheſt to komende na ghiſt deſſes breues deſſe nabeno-
meden Vanghenen ledighen ſchullet vnd willet alſo datt
ſe der Vengknyſſe alſoſe vor Wynſen up der Alre in des
·hiigen lychames daghe negheſt vorghangen.   Vnd oken
deyl eer gevangben worden. deghere vnd all quiit led-
dich vnde loos werden. Vnde dyt ſint de Vanghenen.
de wy ledeghen ſchullen. der wy nogh vnmechtich ſint.
Her Gherd vnde her Ortghis Klenckoke. Her Haſe. Ro-
dolf van Oppyn. Ludelef van Eſtorpe. de iunge
pütteker. Junghe Schulteke.   Hinrik Vyſcule. Hinrik Bleke. Heyne Quand. Erneſt Bok. Langhe Wulbrand van Reden. Werner van Reden. Wulbrand düuel.
Wygbertzen. Gherd van Botmer. Johan van Botmer.
Iohan Slepegrelle de eldere. Clawes vnd Henneke van
Bremen. Swederſtorp. Jungheberch. Haſſele. Gherd
van Stelle. Clouwynghuſen. Ludelef Moltzan. Hans
Gg   Hid-

Hidzaker. Johan Romele. Cord van dem Hove. Junghe
Zegheband van dem Berghe. Vader. Ghereke Schutte.
Hinrik ftos. Lowenkop. Dyderik Lutzeke. Konyngk.
Dyderik van dem Haghen. Henneke Schutte. Harneyd
van Wreftede Borcholte. Swaff. Hinrik van dem Heym-
bruke. Alard van deme Bufche. Ludeke Bere. Otto van
Senden- Keyenberch. Johan bok. Cop. Seghewan van
Bauenfen. Frederik Wend. Werneke bok. Johan van
welmede. Amelungh van deme Bufche. Hermen van der
Borgh. Dreweleke van Atzünghe. Olrik Schilder. Bernd
van Ghefmode. Alard van Velften. Gherlich v. Leyde-
bur- Egghehard Slingkworm. Yorden van Hentzinge-
dorpe, wynnynghufen. Hennyngk molbergh. wedeghe.
Quitzow. Hans Kemerer. Luder. Tydeken. Sunnenbach.
Hans des daghes. Henneke van deme wede. Und alle
deffe vorfcreuenen Knechte de gevanghen find. Konde
wy auer de vorbenomeden Vanghenen alle nicht ledeghen bynnen deffe vorfcreuenen tyd. fo fcholde uns eyn
verdendeel yares ane vare wefen, men bynnen der tyd.
fo fcholde uns eyn verdendeel yares ane vare wefen men
bynnen der tyd fchalle wy fe alle ledeghen. were ok
yement van den Vanghenen vorgheten. den de Rad to
Luneborg. edder de Rotemefter mit ereme rechte behol-
den wolden. dat fcolde ok ane vare wefen. Vnd dat wy
Hertoge Hinrik de vorfcreuenen vanghenen ledighen
fchullen vnde willen bynnen deffe uorfcreuenen tyd. dar
vorpende wy vore to vorwaringhe deme Rade unde den
Borgheren to Luneborch mit willen vnd mit volbord vnfes bolen hertogen Berndes Luchowehus unde Stad mit
aller tobehoringe, fo langhe bruckliken und roweliken to
beholdende, bet wy de Vanghenen ledighen. alfe vore is
gefcreuen. wanner wy auer de merkelikeften der vor-
fprokenen vanghenen gheledighet hedden fo fcholde
wy vor de ungheledegen vanghenen deme vorfcreuenen
Rade to luneborch, andere vorwaringhe dön. de denne

nug-

nugh aftich were na befegghinge der Prelaten vnde man-
feop. de vnfeme Rade find. de vorwaringhe fcolde de Rad
to Luneborch denne van uns nemen vnd uns Luchow
wedder antvvorden in vnfe vvere. Dyt loue vvy Hinrik.
Hertog to Brunfvvyk. vnde to Luneborch vorbenomet
myt vnfen eruen. deme vorfcreuen Rade unde borgheren
vnde eren nakomelinghen in guden truvven to holdende
unuorbroken. vnd vvy Bernd van Godes Gnaden. Hertoge to Brunfvvik vnde to Luneborch bekennet in deffem
Breue. dat deffe uorfcreuene vorvvaringe. vnde vorpen-
dinghe mit Luchovve. deme Rade. und den borgheren
tó Luneborch. ghefcheen is myt unfer vvitfcop vulbord
unde vvillen. Vnde des to bekanntniffe hebbe vvy brodere beyde vnfe Inghezegele. vvitliken und mit vvillen.
ghehenghet heten an deffen breff. de gheuen is to Luneborch Na Godes bord drytteynhundert Iar. dar na in
deme. achte und achtentegeften Iar. in deme hilgen daghe
aller Apoftele. alfo fe delet vvurden.

Num. XXVII.

Wy Wafmot unde Jordan Broder gehetemm van
Medingenn bekennen openbar vor unns unnd vor unnfe   1423
Eruen vor alfvvehme dat vvy mit vvilkere unnd berade-
nem Mode unde na Rade unnfer Frunde in beidenthal-
uenn frundtliken hebben gedelet unnd entvvey ghefat
unfere Gudere de vvy unvorfat unde unvorpendet hadden
vonn unfenn vaderliken Erue des vnnfer ein den andern
ein Regifter befegelt hefft med finem Ingefegele uthge-
nomet fo beholde wy thofamende dat mar-
fchalckamt mit aller Rechtigkeit in deffer
wife. vor wy thofamende up dem Velde zyenn fo
fcholle wy alles vordeils ghelik genetenn wor aver uon-
fer eyn wehre und de ander nicht de fchal des Vordeils
bruken gefunden woet dar eyn ftrid gefchlagenn worde.
ftad eller slot ghewunnen worden dar fick van der Ban-
te weghen edder Ampts vordeil aff borde dat fchal uns

fem-

femmettiken gelden unde de Oldeſte in unſeme ſleehte
de Banre tho hebben. Vortmer beholde wy thoſamende dat Gerichte over twe Dorpe to Voghelſen unde tho
Mechterſenn. vortmer beholde wy thoſamende unnſe
Kockenſolt ver und twintich ſus de vnns de Proveſt vann
Lüne giffc, vnde twelff Sus de uns de Sotmciſter
betalt unde vort ſo beholde wy thoſamende eynen wu-
ſtenhoff to der Putzenn und dat holt darſulueſt unde eine
Kote tho Badendorpe unde eine Kote to Wortorpe. deſſe
vorbenomede Güder ghedelt efft ungedelten ſchal unſer
neyn vorlopen vorſettenn edder vorlatenn unde nicht ho-
her vorpendenn ſunder des andern Willenn unde volbor-
de unde mag unſer eyn unnſe Güder van unſenn. veder-
likenn Erue tho ſick loſenn wan eme dat beqweme is.
wan ock de ander effte ſine erven willen ſo mogen ſy
deſüluen Güder umme de helffte des Geldes to ſick loſenn unne denne dat like delen. Ann deſſer degedinge,
unde Delinge ſe bekenne wy her Geverd vann Bervelde,
eyn Her to ſunte Mychele Herrn Warner vann dem
Berghe Ritter Iohann vann Wittorpe Bertram und Luleff
geheten Haſelhórſte vor uns geſcheen is twiſchen Waſ-
mude unnde Jordan unnſer Friinde. Des tho mehrer
Tüchniſſe ſo hebben wy Waſmut unde Jordan vorſchre-
uen vnſe Ingeſeghele vor uns und vor unnſe Eruen ann
deſſen Breff ghehanghenn de geven unde ſchreuen is na
Gadesbort Duſent verhundert iar dar na in deme achte unde
twintigeſten Ihar in ſunte Dyoniſius Daghe na Michaelis.

Num. XXVIII.

1374 Wy Albrecht van GodesGnaden Hertoge to Saſſen vnde
to Luneborch bekenne openbare in deſſeme Breue dat wy
hebben geligen unde lene gegenwardigen in duſſem breue
Wernere vame Kneſſebeke wandages Hern Ludelue ſone
vame Kneſſbeke enes Ridders deine god gnedich ſy dat
Kamer ampt unſſer vorbenómpten Herſchop to Luneborch dat eme erfflikenn vanne ſines Elder Vaders weghen

ghen Hern Werners van den Berghe Ridders angefallen
is unde togefundenne in aller wyffe alfe uns dat to Le-
nende boreth donde alfe dat vor unfer gegenwardicheyt
unde duffer naghefcreuenen Heren unde van ehn ghede-
let unde ischedenne is myt rechte vore deme Erwerdl-
gen in god Vader unde Hern Heren Gherde bifchop
to Hildenffem Herrn Wedekinde bifchop to Mindenne
vor deme hochgeborne Furftenne Frederike vnde bernde
Hertoghen to brunfwik unde Luneborch Greuen Ker-
ftiano vamme delmenhorft vor den Eddelen Herren Hinrike Herren vanne Homborch lunghere Dadenn vanne
Hombroch Herrn Wedekinde Herrn to deme berghe
Junghere Szimone Junghere Otten Junghere
Johanne fzineme broderen vor denen ftrengen Ridderen Wernero van Bertensleue Ludelue van Knefsbe-
cke Diderik van Altenne unde vor mer guden Ludenne
Ridderen unde Knechten to eyner beteren bowifinge
hebbe wy unfe logefeghel gehengen heten wytlikenn to
dulfeme breue, ae gefcreuenn unde geuen is to Luneborch Na gades bort drutteyhunderth Jare in deme veer
unde feuentigften jare in funte Mertensdage des hylg-
henne Biffchoppes.

Num. XXIX.

Aus Schomakers luneburger Cronika nach einer faft
gleichzeitigen Handschrift.

Ad An, 1371. De vornemeften erfhclagenen Viende. Hr.
Siuert van Salder Johann van Salder H. Sy Sohn Hr
Bartoldt van Brake Ridder. Hartoch Ritzerowe.
Campe van Ifenbuttel Pottker. Meltzing.
Bü dehöuet. Hartich Pren. Puftke. Henninck van
Bodendick Grote Heine. Boldewin van Meding.
Dyrick van Alten Hl. Dy. Sohn.

Ad An. 1395. Item et worden vnfe G. H. velen Forften
und Edlen ungenedich der Sacke haluen den fe
wolden de Sacke gar underdrucken dar fich Graff

Gg 3　　　　　Otto

Otto van Schonborch und vele van Adel wedderſet-
teden und vvulden de geſchvvarne Sache holden
und geholden hebben, darauer vvorden die Heren
Hertzog Hinrich und H. Berndt dem Grauen Viendt
und deden veele ſchaden Im lande. Item de Hern
unde den Grauen tho entſcheidene vvart van den
Sateshern ein dach thor Harborch geholden, dar
vvorden vam Rade tho Luneborg geſandt Herr Iohan Lange H. Hinrich Viſchkule unde Burgermei-
ſter Her Claus Schomaker Herr Johan Semmelbe-
cker Radtmann. Auerſt de Vientſchop word nicht
componeret. Darauer wort ein groth Kriech. Dat
Hertzog Hinrich und *H* Berndt dem Grauen eine
Veſte Inn ſin Landt buweden und deden daruan veele Schaden. De Veſte hete de Fredenoue. Item
umme diſſer Sake willen, dede de Förſten der Stadt
ock vele Ungnade. Iohann Meltzingk Pottker dede veele Schaden vor der Stadt.

Ad An. 1371. Na deſſer tidt is eine harte Ridende Vee-
de twiſſchen den Heren vann Saſſen unde Hertog
Magno und S. Gnaden verwanten etliche Iharlang
geholden, beſondern ihrden Verwanten H. M. to
Blekede und andere Veſte vonn wegen H. M. Inne
hadden alſe Siuerdt vann Salder und denn van
Oſtorp Potkerſs hart tho geſettet alſo dat der-
ſuluen vaeken Schade belegent is de ock Schaden
vvedderumb gedan hebben.

Dieſer Hauptmann v. Blekde heiſſet in andern Nachrichten
Maneke von Eſtorpe.

Nro. XXX.

Auszug aus Georg Hamſtedd ungedruckter lüneb.
gleichzeitiger Chronik, die 1567. vollendet iſt.

Ao 1520. Hartoch Hinrich. heſſt mit einer ledigen Deren Anna v. Campen heimliken tho geholden, derowegen ehme de
Fürſtin und ſin Sohn, Hertoch Ernſt gantz weigerl. geweſen,

tog.

tey verhalben in Frankrich un blef der lange Tlott der Lande
wegen vehler Unkost to groter Beschwehrung.   Ao 1527.
Edt kam Hartoch Hinrich wedder uth Frankrich und tog up
Winsen.   Indeß hefft Hartoch Ernst einen Landtach to
Scharnbecke geholden, dar sind hengeschicket Hr. Lüdke von
Daffel, Hr. Levert Töbing beide Börgemester, do öhme disse
Handel mit-waß, toch he am stillen Frydage spade tho Lüne-
burg up sin Huß, so he to vor Anno 1508 he sülvest habbe
buwen laten.   Hartoch Hinrich lag tho Lüneborg bitt de
Freydag nach Jubilate.   In der Tiedt sande öhme eer Rath
däglich uth des Solmesters Köke 7 Richte und 4 Stöveken
Wien, do averst Geschrevende an den Rath kam von Hartoch
Ernst, worden Hartoch Hinrich de Breve thogestellet u. öh-
me ward nicht mehr gesandet.

    Actum Jubilate.   Doch sleff Hartoch Hinrich te Lüne-
borg beth de Sake dahin verhandelt, dat öhme to Winhusen
ein Hofflager bestellet ward, dar Eine Fürstlike Gnaden ok
gestorven u. begraven.   Nach Affstervende sines Gemahls
der van Meißen hefft he eine andre Brschleversche gehatt
mit welker lichtfardigen Plage de Fürste sonderl. verhaftet is
gewesen.   Desülve hefft he sk sinen Sonen tho weddern tho
Lüneborg dorch einen Papenmester Diedrich Rohden bybringen,
u. truven laten, und mit dersülven getheget twe Sonen, welke
seck hernach tho se to Jahren kehmen, hebben mit thom Land
theen willen.   De eine iß von Hartoch Ernstes Sonen de
herren van Zelle in ewiger Gefängniß geholden, darinne he
ok gestorven.   De andere, Frantz Hinrich geheten iß in
Frankrich woll daran gewehsen.

Nro. XXXI.

1403 aus den Braunschw. Anzeigen de anno 1746,
    Nro. 60, 61.

    Werner, Boldewin, Ludolph, Gevert, Dietrich und
    Alverich von Bodenteich verkauften 1403 dem Prob-
    ste und der Priorin zu Ebstorf das Dorf Elkinge-
    dorf oder Ellendorf.

We Her Werner von Bodendicke, Baldewin und ludolff sine Sones Her Henning Domher tho Minden, Gevert desolven Her Werners Brödern, Dieterick u: Alvert und Werner, Heren Werners Veddern, alle geheten van Bodendicke bekennen openbahre in düssen Breve, dat we mit Willen unde Vullbord unser Erven, de nu sin u. noch kamen mögen, u. alle der da sick mit Rechte darto then mögen, hebbet verkofft u. laten u. verkopet u. laten ewiglichen in düssen Breve den Ehrlicken geistlicken Lüden, Heren Heinricken Proveste u. der Priorinden u. dem Covente des Klosters Ebbeckstorpe u. ehren Nachkahmlingen u. deme de düssen Bref hefft an ere webderspraken unse ganze Dorp tho Eldringdorpe, mit dem thegenden, Grat u. Lüdick u. mit alle den Hofen u. Hoffsteden de dar binnen belegen sind, mit Holte u. sunder Holte, mit Achtworden mit Drifft mit Ackern mit Watern mit Fischerige u. mit Wende u. mit allem Rechte, u. Richte Hogest und Sibest u. mit aller Thobehörunge, alse et dar tho höret u. alse we dat der tho gehad hebben u. von Lehn Guth beleden hebben wente an düssen Tag vor twe hundert Mark u. tein Mark Lünes börger Penninge, de uns redelick nach Willen leverd sin u. uns se Erven willen u. schullen en alle düssen Guhdes Rechte wahrende wesen vor rechter Ansprake, de dar mit Rechte up dohn mögte welke Tiet se dat Escher odder Eschen latet; u. we dat alle dehes Gudes ene Rechte vortichten, u. beholdet uns u. unsen Erven in dem ganzen Gude u. Dorpe tho Eldringdorpe mit dem tegenden mit siner thobehöringe, als se vorschreven is nenerlei Recht. Ocken schollt wy noch en willet de lenware unsen Heren ope geven mit guden Willen. Tho mehrere Bekandt nusse hebe we unse Frundt de hierna gef hreven staht tho borgen u. en tho Wissenheit gesazt. Und wr Cord van Boldensen, ok den Cordes Sohn, Johann Pürker wohnhaftig tho Molzen Ernst Spörken darsülwest, Segeban: van Estorpe, Segebandes Sohne, Herman Spörke, Hartmans Sohne bekennen openbare in düßen sülven Breve, dat we gelavet hebben u. lavet dem vorbenommeden Heren Hinrick Proveste, der Priorinden u. dem ganzen Covente u. dem de düssen Brev hefft

hefft ane ere Wedderſprake. Were et dat en in enig Anſprake
mit Rechte geſchehge an dem vorbenomten Dorpe u. dem Guh-
be tho Elderingendorpe mit ſynen tho Behbringen edder hinder in den Artickeln, alſe verſchreven iſ u. we darumme mah-
net werden, ſament edder beſundere, ſo ſchulle we u. willen
de Anſprake alſdon binnen den negſten veer Wecken na der e-
nige ane Wortog. Were et dat we es nicht en deden, ſo ſchullen we en willen beyde Sake Walden u. Börghen van ſtunde
an, wenn veer Wecken ummekamen ſin, rieden in de Stade
Uelßen u. dar en recht in lager holden, u. dar nich buten tho
ben achtende de anſpracke u. hinder ſy berichtet u. entworden.
Alle düſſe vorſchrevene Stücke de love we Her Werner van Ba-
denbiecke, Boldewinm, u. Ludelef ſyne Söhnes, Her Henning, Gehverdt, Diederick u. Alverick u. Werner, alle geheten van Badenbicke, Sacke walden vor urs u. uſe Erven.
We Cord van Boldenſen, Johann Dülker, Ernſt Spör-
le, Segeband van Eſtorpe, Herman Spörke, Börghen alſe
vorbenomet den vorbenomenden Heren Hinricken Proveſte, der
Priorindin u. dem ganzen Convente tho Ebbeckeſtorpe u. denne
de düſſen Brev heffe ane ere Wedderſpracke, in güden trnwen
mit ener ſameden Handſtede u. faſt tho holdende ane Argeliſt.
Das tho mehrer Bekdntnüſe we alle Sackwolden u. Börghen vorbenohmet unſe rechte Ingezegele mit Wittſchep u. mit
guden Willen gehengen laten an düſſen Brev, de geven u.
ſchreven is na Godes Bort. veertehn hundert Jar, darna
in dem dritten Jare des negeſten Mittewekens na der Dominu-
cken alſe man ſinget, Jubilate.

Nro XXXII.

Des weil. Paſtor, Conrad Koch zur Harburg Troſtſchreiben an die Fürſtin Mechtilde gebohrne von Campe, wegen Ermordung Ihres Bruders, Hinrichs
v. Campe 1546.

Des Durchlauchtigſen Hochgebornen Fürſten und Heren Hern Otten Hertzogen tho Brunſuick vnd lüneborgh

neborgh mynes G. H. Chrifligken Gemaeß Frumen
Metten mynner gnedigen Frumen.

De Gnade Gades des Vaders, de Frede unfes Heren Jefu
Chrifti, melker all Sonne avertridt, de Werkunghe unde trö
ſunghe des Hiligen Geiftes ſy G. F. unde Förſtinne myth
J. G. ſampth mynen G. Hochgebornen F. unde H, unde alle
den Jumen van Gade dem Vader durch ſynen einigen gebor
nen Sone unſen Heren unde einighen Heilant Jeſum Chri
ſtum. G. F. unde Fürſtinne, indem ick offte unde velmiales gefeen
unde gehöret wo fürich unde heſtig J. G. de waren godtliken
reinen hiligen Schryfft Bel. – leſen unde dar van ſo vertreuliken
reden, alſe eyne ware Chriſtlike Fürſtinne, darvan ſick iber
man verwundern mach, ock erdelen moth dath ſülckes nicht
anhe den Preiſe Gades geſchen kan, da dath ock by unſer vee
len de wo Gades Worth predighen ſülke grothe Krafft unde
Vorſtant nicht geſporet werth, dar uth my ock gantz woll
bewuſt dath J. G. ock in allen Troſt ſprocken der Gadliken
hilgen ſcryfft woll erfaren - ſick ſüſueſt ock woll weten darmede
tho tröſtende in allenanligende nöden unde droffniſſn, meth wel
ken J. G. nycht meinich beladen. Dewile auerſt dath Fleſch ſuack
is unde nimmermehr troſtes genoch edder tho vell hebben kan in
dem Crütze— wo men dat ſülffte klar ſehn moth in dem XIV. XV.
XVI. unde XVII. Capitel Johannis do he umbe unſer ſünde
willen dath ſuare Crütze ſynes Lidens dregen ſchalde, wo vell
mehr troſtes unde— bedornen wy arme ſüncken Minſchen.
Ick erkenne my J. G. arme dener des Euangelii Jeſu Chriſti
vorplichtet gehorſames Dienſtes, ock umbe mennigfeldiger un
telliken grothen Hülpe unde Woldath, ſo my G. H. unde F.
und J. G. ahn my unde den mynen mannigerli Whyſe ertöget
ock nach dglikes bewieſen unde ertöhgen plichtig unde ſchuldig
hebbe der Orſacke ock nicht unterlaten kénth nach mynen rynk
hen Vormöghen duſſe kleine troſtſcryffte ahn J. G. tho ſchri
uende ſo ick erfaren hebbe dath J. G. tho weten gekregen heft
den klageliken Affgank J. G. geleweden Broders van deſſer
Welt, wo van ick woll ermeten kann dath J. G. nicht myth
wini

vnger Sorge vnde dröffnissen beladen is. Ick hebbe ock
J. G. woll eher geschreven, wenn ick nicht sülvest durch anlig-
gende dröffnisse so J. G. woll bewustlth wer verhindert geweft.
J. G. willen derhalven my entschuldiget, nehmen, unde
düsse myne ringen Trostscrifft in Gnaden ahnnemen unde tho
Harte vaten.

Erstliken. G. F. und Fürstinne schall J. G. sick erinnern dath wy in der Werlt gekamen sint, nicht dath wy darinne bligven schallen, wenthe dath wer im Elende gebleven,
darummhe wenner Gade durch den tytliken Doth uth düsser
Werlt nimpht, lunse Vader, moder, Süsterre, Broder
edder andere Fründe ja ock uns sülvest, so wert henwech geleght
alle Elende, Arbeit, moge unde Sorge, dat men des alle
enthleddiget werth, wente dyth levent is alse S. Pawel secht II.
Corin. V. alse eyne Hütte unde erdisch Huß, unde wen dat
thobrocken werl, dath wy ein gebuwet hebben van Gade gebuwet, eyn ewich Huß dorth im Hemmel, dath nicht myth Han-
den gemacket is, wor nach uns varlanghen schall, dath wy
myth der Behusinghe bekledet werden, wente in düsser Hütten
synt wy — unde II. Petri I. Ick weth dath ick myne Hütten
balde afflegen moth ock schriven beide S. Peter unde S. Pawel,
dath wy hyraman Fremdelinge unde Pellgrimme syn de hir nene
bliuende Stadt hebben. Dewile den J. G. gelevede Broder
un affgeleght hefft düsse vergencliken Hütten, schal jhom erften
dyth J. G. Troft syn, dat he affgeleght hefft unde enthlediget
is düsses Elendes arbeides, möge unde Sorge, dath syn aff-
scheident embe nenen schaden sünder vollmehr vordeel unde Ge-
winft gebracht alse S. Pawel tho den Philippern I. fecht. Ster-
ven is myn Gewinst, alse is ock alse men finget var der Christ-
liken Begreffnisse Syn Jammer dröffnisse unde Elende is ge-
komme tho eynem saligen Ende. He hefft getragen Christus
Jock, is gestorven unde levet doch noch, dath is syn Ge-
winth.

Thom andern wille J. G. sik ock vorinnern unde trö-
ften, myth der herliken Troft Predingen S. Pawels I. Thess.

XV. dath de Christen nicht schallen trurich syn alß de Heiden
de nenen Hapen hebben Sünder de leuendige Hapenunge de
wy in Christo hebben schall alle trurigheit verdriuen,) dath
is well war, dat in sulchem Falle dat minschlike Harte ahn alle
Traurigheit nicht syn kan, wente wy synd nicht stene edder Blö-
ke, dat wy gar nicht dar von scholden Bewogen werden, wenner uns eyn guder Frundt affgeit. So wan sick schall, unde
anderen trösten alß S. Pawel dar by sicht, so meth jo tho varen Truricheit dar syn, anders wer nenes tröstens von nöden.
Wy hebben ock helle exempell in der Scrift, dath sick de Christen umenhe ehre guden Frunde bedrövet hebben, Alse S. Pawel tho den Philipp. II. bekent dat he sy bekümmert gewest um
de hebbe truricheit gehat alse Epaphroditus Hrbbe krank gelegen, In den Geschichten der Apostell am VIII. hebbe wy, dath
alle Godssürchtige Menne hebben gret leid gehat ower Ste-
fanum do he gesteniget was. Ock sehen wy Johann am XV.
dat unsem Heeren Jesu Christo sülven de ogben sont auergahn
alse Lazarus gestorven was, dat de Jöden sprecken, seth wo-
leff heft he en gehat. — Ja. S. Pawel vorbüt myth salcken
Worden den Christen nicht, dat se sick uth thegene be leue ohres
Vorlaren Fründes, gar nichts de beduren schallen. Sünder
dat se nicht uth Vortwieelinge unde ungeloven sick umber de
Dehren bedröven schallen, wente dat wer idill bitter Galle dar
ut eyne Truricheit ower de ander kamen wörde, — G. F. unde
Fürstinne düssen söten Zucker schall J. G. Manck de bittern
Gallen juwer do suffe mengen unde ju darmede trösten, des
wile J. G. sülvest weth sampt alle der Juwen, Ja wy ock
unde alle de J. G. geleuenden Broder gekannt hebben wetent
nicht römens tho seggende sunder Gade tho ehren. J. G. unde
den Juwen tho tröste, dath he in synen leuende Jesum Christum
recht bekannt heffi ohne unde syn gödelike ware reine Wort gelesen, gehöret, gefordert ock sülvest uthgebredet unde gerne
dar vau geredet, Is ock in sinem latesten Nederlich doby gebleven, alse ick van laffwardigen luden von Brunswick darbe in
Got verschorden is gehöret, de ehme des seligen Gedechnisse
unde

unde lůchniffe nach gruew. Nun fecht unfe Herr Jefus, wel
wy bekent vor dem Minfchen den wyll ick wedder bekennen vor
mynem Hemmelfchen Vader, Item woll Rederlich blift wen
te in dat Ende de wartt falich worden, fo is nun fo gewiffer,
dat he de Hemmelfche ewighen Behufinghe, de nicht mynth
Henden funder van Gadt gebuwet is, erlanget hefft, dat te
nun by Godt dem ewigen Vader unde unferm Heren Jefu
Chrifte varhaftich is in fynem Ricke de Hemmele, van dar
he fyck nicht wedder wunfchede. Is J. G. dat nicht eyn
groeth Trofth, welck J. G. under alle de fynen billick mehr
tho Frewde alfo tho Truricheit forderen fchalk. Jefus Sirach
fecht am XXXVIII. Capittel. Myn Kynd wann eyn fterver,
fo bewene en, unde trófte dy ock wedder. ect. — Alfo dede ock
de gelówighe Kónigh david am II. Bócke Samuelis am XII.
Cap. auer finen Kynde dath geftorven was onde fprack, Nu
idt doet is wath fchall ick nun faften, kan ick en ock wedder
ummhe halen? ick werde wol tho em-faren, idt kumpt averft nicht
wedder to my. J. G. wylle fick ock fo tróften hyr mith unde
alfe eine Chriftlike gelówige Fürftinne holden unde bewifen.

Thom dritten, beneuen diffem andern vornem:clickeften
Hopßen trófte dat J. G. geleuende Broder feliger Gedechtniffe
durch Jefum Chriftum den he bekenet, bekant, unde in de
he gefónet in dath ewighe leuent hendurchgedrungen is, fo is
J. G. dath ock nicht eyn kleine Trofth, dat he ock hir in fi
nem leuende eyn gadfalich leuent gefóret hefft, de wile nu
mant vom em myth Warheit nha reden mach, alfe von einem
Oweldeder, Mórder, Deff, edder Eh-brecker, funder dat
he ein frommer Chrift gewefen is mit Worden unde Wercken,
ia dat he ock ungerne eyn Kindt vorlórnet hedde, móten wy
alle de myth em ummehegahn hebben ock betůghen, unde wo
woll he leyder fo vorrethliken, Hemmeliken unde erbarmliken
is verwundet unde gedódet worden, mach doch niemant feggen
dath he alfe eyn Oweldeder gelióden hebbe, funder als eyn
unfchuldig Marteler, darvon he nicht unbillick in den Tal der
Hilligen Marteler mach getellet werden, in dem fe nene rechte

Sacke

Sacke tho em gehat hebben, dat ock sine Unschult gantz Brunswick betüget unde beklaget, wenner J. G. nu datß de Trü-
richeit wolde vormeren unde grotmaken, datß he so vorrethliken is ummbe gebracht worden. also woll tho gedencken is,
so schall J. G. sick erinneren unde trösten der Tröstlichen Wörde Christi, datß alle unse Haer up dem Höuede getellet syn
unde der sülfften nicht eyn anße dem Willen des Vaders im
Hemmel darvon fallen kan, Ja dat ock nicht eyn Sperlinck,
der men doch twe ummbe 1. Pf. köpen kan, nicht en fallt van
dem Hemmel anße den Willen des Vaders, wo vell meßer
dan J. G. gelevende Broder, de meßer is geweß alse vele
Sperlinge, kan nicht anße den Willen unde Tholatinge Gades so ummbe gebracht syn, J. G. wylle ock anseßender hellen
tröstlichen Exempel derScrifft, wo velmalsGodt der bösen Werlt
thogeseßen unde thogelaten hafft, eher wötent unde wordent
aßn die Framen tho vullenbringen, wor was Godt? was he
nicht im Hemmel ein almechtig Gode? Saeß he idt nicht?
Do de Mordesche Cayn synen Broder den unschuldigen Framen rechtferdigen Abell doet stoch? Ja sriglick saech he idt woll,
Gadt sprack tho Cayn, dat bloet dines Broders scriet tho my
in den Hemmel, Item S. Johannes de Döper, de hillige herlke
man, vor welke van Framen nemand groter uppestaen, de ey-
nige Fründe des Brudegammes, eyn Wörlöp'r Christi, de meßer is geweß alse alle Propheten, is nicht mith Gerichte edder
rechte gedödet, ock nicht mith falscher anklage vor Gerichte
(wo unse Herr Christus) sundern vorrethlicken unde hemeliken
warth he ummbe gebracht in dem Gefencknisse, düsser beider
Hilliger Menne unschuldige Doeth, unde aller anderen Hilligen Merteler Doet so Godt hefft thogelaten unde thogeseßen,
schall J. G. trösten. Alle dröffnisse unde Truricheit vortrie-
ben — — — Mit düsser kleinen korten trostscrifft u. mith an
anderen trostspröken unde exempeln der scrifft. Sio J. G.
Gade loff woll bewuß, wylle sick J. G. trösten unde schu-
veß sick nicht tho seßr krenken — — Unde de wylenun Gadt
J. G. gelevenden Broder geropen u. gefordert hefft uth düssen
elende

elende in ewige Freude u. falicheit, So schall J. G. idt will
lichlick u. gerne von Godt upnemen, dewile idt eck syn wylle
ys, darum he wyllet ock nicht teghen fynen Wyllen reden
edder schrien — nemet idt mith Gedult van em ahn, alse
eyne viderlicke heimsökinge, sprecket mith Job, So wy dat
Gude van der Hant des Heren entfangen hebben warumb
wolde wy dat quade den nicht lyden, de Herr hefft ehn uns
gewene, de Herr hefft ehn wedder hengenomen, de name
des Heren sy gebenedeiet, alse idt dem Heren hefft gefallen
also isst geschen.

Juwe G. wylle ock Juwe leven süster ock de nagela-
ten Wedewen u. Wesen dusses sulfften gelicken trösten, dath
Godt J. G. u. se alle versöcken wyll alse den Job, wo gy
Juw stellen wyllen un he Jio uth den Oghen genhamen hefft
dat Juw leffu. werthis gewest, dat Juw darumb trurigh syn,
dat leth Godt woll tho, auerst men mouth uth dem Crature
Gades, idt sy Vader, Moder, Süster, Brober, Wyff
odder Kinder nenen Affgodt macken, dat kan Godt nicht
lyden, wente wy möthen alleyn unsen troest u. Hopen up
Gadt stellen u. wy unse Troest u. Hopen up eyner Mynschen
setten u. up andere Creature meyer, so isset unrecht unde
gent de flöck over uns dar de prophete Jeremias van secht,
verflocket sy de Mynsche, de synen Hopenynghe up eynen
Mynschen settet, weube allen mynschen Hülpe synt allene tho
gebruckende, wenn se gegenwardich synth. So balde auerst
alse se uns entogen werden sjo schülle wy up eyne andere
Hülpe sehen, dat is up Gade u. varen laten wat dar varet,
wanne in wolcker creatur wy am meisten unsen troest u. leve setten, so ehet werde de lever Godt uns datsülffe uth den Og-
gen nymptth u. vöret uns so up sick. Wer ide nu Gades wylle
gewesen, dat her im levende gebleven wer, also idt nichts gewest is So hedde he myth Gades Hülpe syner Frowen u.
Kindern alse eyn Mydbell van Gade gegeuen helpen kont, alß
he ock trumelick gesinnet was, dewile he ock am latesten do
be hyr tho der Harborch was uth christlicker Vaderlicker guder

der Meninghe syne twe Sones Ernst u. Hinrick so se noch
tho Huß hebbe myth mn tho wesende, in de schole tho gande
bestellede up dat se in Christlicken Dogenden tho der erbe Godes mogten upteroghen werden. Nu enbe overst sülck Myd-
del u. Hülpe van Gabe genomen, wyll se Gode alse up sick
wören dat se im solcke Hülpe van Gabe bybden u. warnhe-
men schollen hirump secht ock Christus Math. XXIII. dat
wy nemande Vader heten schollen hie up erden, na dem male
eyn unse Vader im Hemmel is, dat is Godt wyll n. mach
des nicht liden, dath wy ichtes wath up erden hebben dar wy
uns up verlaten, alles guben hopen u. vorwathen u. wente
ock unse inßlicke Vader wer, wente he suluest godt wyll al-
leyne syn, tho dem sick men könlycken vorsehen schall, wente
he kan uns nicht vorlaten de wyle he nicht eyn erdischer sünder eyn hemmelscher Vader is.

De sülffte almachtige Godt unse ware rechte Vader
tröste u. sterke J. G. sampt J. G. Hochgebornen christlicken
Eegaden mynen G. H. u. Fürsten myth allen so J. G. vor-
want myth dem rechten waren troster dem hylligen Geiste in
allen Anliggenden nöden u. droffnissen, geue und vorleihe ock
mynen G. H. u. F. unde J. G. gelucksaligen Wossunge der
heylsamen waren erkenntnisse Jesu Christi aller godtselich-
heit, segen, sterke, tytlicker Wolfart, unde gudt Regiment
u. na dessen leuende dat ewighe leuent durch Jes. Christum
unse alder leuesten Herrn u. eynigen Heylandt: Amen Amen
gegeuen tho Harburgh den IV dach Juny MDXLVI
J. F. G.
underdenige Dener
Conradus Kock Pastor thor Harburgh.
Num. XXXIII.
Auszug aus des Herrn Geheimden Raths v. Prann
Mspt. besonders die gemeinsame Abkunst der v. Campen
zu Isenbüttel u. der Schenken v. Meindorf betreffend. 1750.
§. 23.

Daß die Schencken von Meindorf mit den von Campen
ungezweifentl. zusammen gehören, ergiebt nicht allein die
durch,

durchgehende Gleichheit des Wapens, welche sich in den ältesten Siegeln de anno 1251, 1289, 1299, 1319, 2c. zeiget, sondern auch dieses, daß anno 1196 Jusarius Pincerna ein Bruder von Jordano Dapifero und Annone de Blankenburg ausdrücklich genennet wird, und daß Ao. 1296 Jordanus Dapifer selbst sich de Nendorpe nennet.

Auf einander folgend kommen vor: Jusarius Pincerna 1196-1212. Jusarius Pincerna 1223-1240, welcher auch anno 1231 Cesarius pincerna de Brunswic heisset. Jordanus Pincerna de Blankenb. 1237, 1238. Jusarius Pincerna et Ludewicus fratres 1248, 1254. Jusarius Pincerna de Blankenburg 1251. Lodevicus Pincerna de Nendorpe oder de Nendorpe Pincerna de Brunsvvic 1273 - 1300. Jordanes Pincerna de Nendorpe 1311, 1312, 1319, 1329.

§. 24.

Die Oerter des Nahmens Neindorf sind mancherlei. In dem Fürstenthum Wolfenbüttel ist ein Neindorf am Oesel, bisweilen Kraut=Neindorf genant, nicht weit von Bißwenden, so die von Loehneisen ietzt inne haben. Ein anderes soll ehemals zwischen Mackendorf und Bardorf gelegen haben. In der Mark Brandenb. bei Gardeleben ist ehemals ein Kloster Neindorf gewesen. Im Fürstenthum Halberstadt und zwar im Amte Oschersleben ist ein Haus Neimdorf, so denen von der Asseburg gehöret, und ein ander Haus dieses Namens im Amte Gatersleben unweit Schwanenbeck, wovon diese unsere Schenken, welche auch sonst zu Wegeleben und Gröningen gesessen, den Namen haben, obschon auch an eben diesem Orte ein Königl. Amt ist, und gewisse Wulfen daselbst gesessen sind, so von hier (Braunschweig) mit einigen Landereien zu Giltzen belehnt werden.

§. 25.

Diese Schenken von Neindorf aber sind ferner, so wol von denen Halberstädtischen Schenken, die von Dunstedt, Emersleben und Flechtingen sich schreiben, und 2 über einander gehende Biber im Wapen haben, als auch von andern Familien gleiches Namens von Neindorf wol zu unterscheiden.

J 1   Die.

Die Halberſtädtiſche Schencken haben vorhem das in hieſigen Landen belegene Gut Lauingen im Amte Köningsluttter von hier zur Lehu getragen, ſo ietzo die Müllere inne haben, und Heinrich Schenck Gebhards Sohn zu Langleben nebſt Achim von Veltheim. Heinrichs Sohn zu Deſtedt iſt anno 1594 auf die hieſigen Schencken Güter expectiviret worden —

§. 26.

Das Haus Meindorf, wovon die hieſigen Schancken benahmt ſind, hat wie aus dem Theilungs-Receß vom J. 1203 zu erſehn, denen Herzogen vor Alters angehöret, durch die Kriegeszeiten iſt es aber ab- und in dem Sti t Halberſtadt zu liegen gekommen. Das Haus ſelbſt iſt auch zuletzt nicht mehr, ſondern nur das Kirchenlehn mit der Capelle und einem Altare daſelbſt von hier zur Lehn gegangen. Das Ober und Mies der Schencken Holtz am Vallſtein nebſt dem mehrern Theil von denen andern zum Schenckens-Amte gehörigen Pertinentien liegt im vorbeſagtem Stifte. Das, was davon in hieſigen Landen zu Riſſenbruck, Volzem, Salzdahem ꝛc. liegt, und noch ausfündig zu machen geweſen, iſt an einige Braunſchweigiſche Patricios verlehnet. An. 1361 iſt von dem Herz. Albrecht zu Grubenhagen das ganze Dorf Rüningen nebſt Vogtei und Kirchen Lehn, an Jordan den Schencken von Meindorf annoch verliehen worden.

§. 27.

Die unterſchiedenen Familien des Namens von Meindorf können beſſer nicht, als durch die beſondere Vornahmen und Wapen von den Schencken ſo wol, als unter ſich unterſchieden werden. Es ſind auſſer den Schencken derſelben vorneml. noch 3, ſo zu Ende des XIII. u. in der Mitte des XIV. ſeculi vorkommen. Eine derſelben iſt, wozu Olricus et Theodericus de Nendorpe, cives Magdeburgenſes, die An. 1282 vorkommen, gehören. Theodoricus war zugleich auch miles: denn ſeine Söhne Henricus, et Theodoricus werden An. 1322 filii Theodorici Militis genennet. In den Siegeln haben ſo iene, als dieſe einen Querbalken geführt. Es iſt daher faſt die Vermuthung, daß ſie eine Seitbranche von den Schenken von Meindorf mögen aus ausgemacht haben. Von einer andern Familie ist gewesen Henricus miles de Nendorpe cognomine Meyer dictus, dessen Siegel de anno 1290 zween Pfäle aufweiset. Und wieder von einer andern Familie sind gewesen die milites et famuli de Nendorpe, castellani in Esbecke, so von An. 1350 biß 1363 in 4 Generationen vorkommen und in ihren Siegeln de anno 1314, 1333, und 1363 drey krumme Widdershörner geführt haben. Leztere beide scheinen zu denen Schenken dieses Nahmens nicht zu gehören, wiewol auch die Ungleichheit der Wapen alleinihnen die Agnation abzusprechen nicht hinlängl. ist.

§. 28.

Derer von Campe und von Nendorf alte Lehen-Herren sind nicht allein die Herzoge von Braunschweig (An. 1245, 1253, 1267, 1300, 1332) und die Bischöfe zu Halberstadt (An. 1270, 1302, 1306) sondern auch die Erb-Bischöfe von Magdeburg (1303) die Grafen von Limbere (1209) die Grafen von Woelpe (1252) die Grafen von Schladen (1265) die Grafen von Falkenstein (1273) die Edle von Meinersen (1278) die Grafen v. Schaumburg (1305) und die Grafen von Werningerode (1338) gewesen, wie aus denen Lehensauflassungen zu ersehen: denn vollständige Lehn-Briefe von diesen älteren Zeiten nicht herbei zubringen sind. Die erste Urkunde, so einer aus der Familie selbst ausgestellet hat, ist vom J. 1229 und aus andern Familien werden sich auch nicht viel ältere auftreiben lassen. Vorhero kommen Personen adeliches Standes nur als Zeugen in andern Urkunden vor, oder es wird in diesen ihrer, daß sie etwas von ihren Gütern verschenkt, oder aufgelassen, nur Erwehnung gethan. Ueberhaupt ist, daß man so viele alte Nachrichten von dieser Familie annoch hat, es ihrer Mildigkeit zu danken, welche sie den hiesigen Stiften und Clöstern wie auch dem Hospital B. M, V. in Braunschweig erwiesen. Es will gar vorgegeben werden, als habe sie das Closter S. Crucis vor Braunschweig gestiftet, allein aus dieses Closters eignen Urkunden will sich nicht erfinden lassen, daß sie demselben mehr, als einem andern Closter zu gute gethan. Das Closter Michelstein am Harze hat ungleich mehrere Freygebigkeit sich von ihr zu rühmen.

Num.

Num. XXXIV.

Dem Erbaren unserem lieben getrewenn Jahn v. Camp (1569)
Von Gottes Gnaden Heinrich der Jünger, Herzog zu Braunschweig und Lüneburg.

Erbar lieber getrewer. Wir mögen dir nicht verhalten, das der Hochgeborn Fürst unser freundlicher lieber Oheim und Schwager, Her Frantz der Jünger, Hertzog zu Sachsen, Engern und Westphalen bedacht ist, vier und zwantzig Rappen bei einander zu hab:n, unter welcher Zaal Jme noch etliche mangeln. Wan wie uns den zu berichten wissen, das du verschiener Zeit einen Rappen von Hausen Schluter bekommen hast, als thun wir gnedig gesinnen, du wollest denselben vberlassen u. fürderlich den nechsten anhero bei deinem diener nach Lawenburg schicken mit Anzeigung was ehr dir stehet, das soll dir alßdan Fürstlich und woll erstattet werden. Dartzu verlaßen wir uns und sein es in Gnaden zu erkennen geneigt. Dat. Lawenburg am 14. Aprilis Anno 1569.

Heinrich der Jünghere. manu propr.

Wollest uns damit jo nicht nachlaßen, ob du auch ein ander swartz Pfert wissest an einem Ort stehn, das wollest du uns bei deinem Diner alßbald wissen lassen.

Num: XXXV.

Dem Erbaren unserm lieben getrewen Jhan v. Camp (1569)
Von Gottes Gnaden Wilhelm der Jüngere, Herzog zu Braunschw. und Lüneburgk.

Erbar lieber getrewer, Wir mögen dir nicht verhalten, daß der Hochgebornen Fürst unser Freundtlicher lieber Vetter Gefatter und Bruder Herr Julius Hertzog zu Braunschweig und Lüneburg uns umb Willpret gebeten; wenn wir den S. l. gern hiertzu wilfaren wolten, aber mit Netzen, Hunden und Winden dieser Zeitt übel versehen sein, als thun wir gnediglich begeren, du wollest uns deine Netze, Hunde und Winde eine kurtze Zeit leihen und mit denselben jemandts deiner diener abfertigen, welcher morgen Mittwochs bey unserm Jegermeister zu Giffhorn an kommen und Ihme doselbs nach Rehen und Hasen helffe iagen. Daran geschicht Uns zu ungemeinen Gefallen in Gnaden zu erkennen. Dat. Zoll am 27. September An. 69.

Wilhelm d. Jüng. H. Br. u. lüneb. ppeia manu.

Anno I. v[...]
Kämrer H. H[...]
1163[...]

Cunemannus 1173.

Anno II. [...]udorf
Kämmrer Pf[...] 1223.
1196-12[...]

[...]enb   Lothevicus   Iohannes, Minifterial.
Ludolf v. na   1248-1254.   Otten. Pueri 1226-1244.
Kämrer Her[...]4.   von welchen vielleicht die
1237,12   v. Bodendike abftammen.
                                        T. IV.

                    [...]rf.
Jordan Miles et [...]eino de Campis   Bodo de C.   Theodoricus
Marfchall de Campis 1269-1281.   1252. (1269)   1279.
(1252) 1291.   (1292)

          Otto Abt zu Hildesheim   Johannes Magifter
                1297.   1298, 1313, 1321.

          I
Anno IV. Drofte   Bertram de C.   Jordan VII. Famulus
1327, 1330, 134[...]   1344. 1350.   1296. 1320. 1344. 1346.
Anno V. de Campe
1347. 1367.   Afche de Campe 1345, 1346.
      Anno VI.   Gerhard 1346. 1376.   Helmond (Hermann)
   1383, 1428.   1364, 1376.

+ (H

Roleff
1527, 1546.

auf Jfenb
hagen
mann
Geu
2)

Heinrich v. Campe.
Ilse v. Mandelsloh.
Balthasar v. Ahlen.
Magdal. v. Spiegeln
Heinr. v. Krosigk.

Baldeu
1280

Henning	*Anno*
1320	1320
1321	132

DerAlte
1346

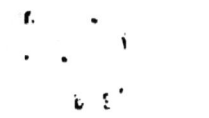

AVERTISSEMENT.

Weiland Herrn Werner Heinrichs v. Campe Bruder, deſſen p. 76 gedacht wird, heißt nicht Ernſt Friedr. Vollrath, ſondern Ge. Rud. Ulr. Wilhelm; und anſtatt 1760 muß 1700 geleſen werden, anſtatt 1700 muß ſtehen 1706.

Die Tabelle p. 140 müßte eigentlich alſo angeordnet ſeyn:

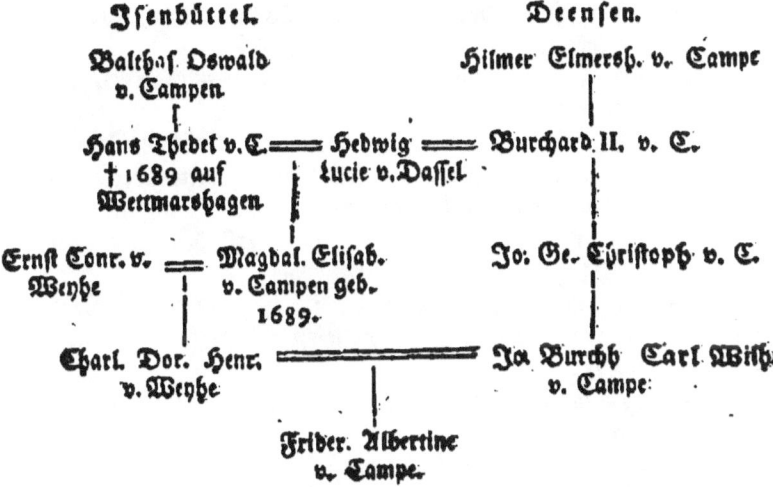

Iſenbüttel.		Deenſen.
Balthaſ. Oswald v. Campen		Hilmer Elmersh. v. Campe
Hans Thedel v. C. † 1689 auf Wettmarshagen	Hedwig Lucie v. Daſſel	Burchard II. v. C.
Ernſt Conr. v. Weyhe	Magdal. Eliſab. v. Campen geb. 1689.	Jo. Ge. Chriſtoph v. C.
Charl. Dor. Henr. v. Weyhe		Ja. Burchh. Carl Wilh. v. Campe.
	Frider. Albertine v. Campe.	

Einige Berichtigungen.

Pag. 28, Zeile 9 fällt beim Jahr 1263 die unschickliche Wiederholung dessen weg, was schon p. 27 beim J. 1247 gesagt war.

— 48 in der letzten Zeile muß es heissen: daß jener Ankauf nur eine Erweiterung - - müsse gewesen seyn.

— 85 in der letzten Zeile ist die angezogene Kupfertafel nicht Nro. 4 sondern Nro. 14.

— 86 muß in der 10 Zeile Klacenborch gelesen werden.

— 86 Z. 22 erlaubt die Verbindung nach Nro. 16 keinen großen Buchstaben.

— 163 geht, ohne es anzuzeigen, der dritte Theil an, und müßte der daselbst angegebene zweite Abschnitt eigentlich der erste heissen; dahingegen der p. 214. beigefügte Anhang erst den zweiten Abschnitt ausmachen würde.

— 215 in der Urkunde Nro. 2, ist vielleicht anstatt Jordan de Campe zu lesen. Campo oder Campok.

— 235 muß bei der Urkunde Nro. 27 anstatt 1423 stehn 1428.

Auf der ersten Stammtafel muß bei Anno IV, Droste, stehn 1316 und nicht 1306.